JN439928

조 명 상 지음

BOOK STAR

머리말

2030년 인간은 왜 미래 시간을 담으려 하는가!

나무는 크게 자라면서 미래의 자기 모습을 향한 가지와 잎을 만들어 간다. 사람들도 각자 정해진 미래 목표를 향하여 한 걸음씩 옮겨가면서 삶의 가치와 이치를 깨달아 간다.

현재 2030 세대들은 어떤 직업군에서 게임을 하고 있으며, 미래 어떤 직업을 통해 인생의 게임을 즐기려고 하는지, 사회는 청년들의 소리를 귀담아들어 주어야 한다. 그리고 2030 세대와 5060 세대와의 소통을 위한 해법을 찾아야 할 것이다. 소통 해소의 방안으로 가족 안에서의 갈등, 회사 조직 안에서의 갈등, 공동체 사회 안에서의 갈등 등이 선행적으로 소통이 이루어져야 한다. 그리고 베이비붐 세대 미래의 행복한 삶의 질에 관해서도 관심을 가져주어야 한다.

공동체 이해

사람이 100세를 건강하게 살아가기 위해서는 세대와 세대 간의 소통과 존중이 반드시 필요하다. 미소를 통한 소통과 함께 복지문화가 정착화된다면 비로소 우리 사회는 삶의 질을 향상하기 위한 균형 잡힌 아름다운 공동체 사회라고 말할 수 있을 것이다.

2030 세대는 국가적 가치로나 개인적 가치로 볼 때에도 가장 중요한 시간을 보내고 있는 사람들이다. 복권 당첨을 기대하는 허황된 꿈을 꾸는 2030 세대가 있는가 하면, 너무나도 현실적이어서 노력에 대한 실질적인 대가를 바라고 무식할 만큼 돈을 벌기 위해 허리띠를 졸라매는 2030 세대도 있다.

팍팍한 세상을 살아가고 있는 청년들에게 뜬구름 잡는 식의 이야기를 하거나 현실과 괴리감이 있는 이론적인 학습 방법을 제시하지도 않는다. 다만 현재 그들이 알고 싶어 하는 것이 무엇인지 분석하고 또 자연의 생태 법칙 속에서 개인적 가치를 올릴 수 있는 방법을 제시하고자 한다.

원 생활과 축구공의 탄성

인간이라는 한 생명체가 탄생할 때 원 생활의 굴레 속에 규칙이 담겨 있는 둥근 공의 공학을 선물로 받는다. 둥근 원은 자아의 운명이 담겨 있는 굴렁쇠 형태와 같고 원 순환적인 삶의 법칙을 스스로 굴러가야 하는 일이 우리네가 살아가는 일상적인 모습이라고 말할 수 있을 것이다.

지구는 둥근 공과 같다. 시계의 시침은 둥근 원을 그리면서 24시간을 돌고 돌아간다. 둥근 원의 시간적인 공간 속에서 사람들은 축구공의 공학적인 기능으로 하루하루를 살아가며, 인생에서 삶을 엮어가는 방식과 경기장에서 운동선수들이 게임을 하는 방식과 색다른 점이 없어 보인다.

청년이라 함은 축구공과 같은 기능으로서 무한한 탄성을 가진 인성체이다. 축구공의 성질은 상대성 원리를 가지고 있으며, 작용과 반작용의 법칙에 의해서 동적으로 움직이며, 그에 작용의 값이 입력되면 즉시 반작용의 값으로 표출한다.

그렇다면 둥근 공을 어느 장소에서 어떤 목적으로 어떻게 굴려가야 하는 방법론에서 자아의 운명을 행복과 불행으로 풀어갈 수 있는 이정표의 기점이 된다.

그러므로 우리 모두는 자연 속에서 유연성이 담겨 있는 물질과 축구공의 상대성 이론을 통하여 자아의 가치를 재창조할 수 있는 길을 찾아야 할 것이다.

녹색 산업의 희망

미래 2030년은 녹색 자원을 활용한 에너지원 산업이 블루오션의 장을 열어줄 것이다. 다가오는 2020년에는 휴양문화 산업이 주목받아 일상생활에 활력소의 기능으로 역할을 할 것이며, 한국인 정서에 맞는 한국형 휴선문화가 휴식 기능에 주류를 이루는 프로그램으로 자리매김할 것이다.

그러므로 녹색 자원을 활용할 수 있는 미래의 첨단 기능을 익혀야 한다. 다가오는 미래를 준비하는 자는 월계관을 얻게 될 것이고, 그 대가로 향기로운 와인이 담겨 있는 축배의 잔을 들게 될 것이다.

우리나라는 전 국토의 64%가 산림인 대표적인 산림 국가이다. 임업 경영 활동에 따른 생산 유발과 고용 창출 잠재력이 최근 크게 두드러지고 있다. 임업 생산은 경사지에서 자동화가 어렵고 작업 과정이 다양하여 많은 인력이 소요된다. 임업 성장과 고용 확대의 연동 효과를 키우기 위해서는 산촌영농조합 법인체나 목재산업체 같은 기업형 경영체가 만들어져서, 그들로 하여금 경제성 높은 수종을 선정하고 생산비용 절감을 위해 정부 지원으로 임지 집단화, 복합영농 특성화, 임산물 기능성화, 숙련인력 양성과 같은 경영 인프라를 확충해야 한다.

정부는 국민들로 하여금 녹색 자원들을 바라볼 때 경제성에 관한 미래 비전을 제시해 주고 녹색 에너지 산업을 통한 삶의 질이 향상될 수 있다는 중장기 긍정적인 희망을 제시해 주어야 2030 세대 및 베이비부머들이 농산어촌으로 귀농, 귀촌을 많이 할 것이며, 농・산・어촌에서 정착하고자 하는 의욕을 높여주는 기회가 될 것이다. 그러므로 이들은 녹색 자원들의 가치를 높고 넓게 이해하게 되는 동기부여가 된다.

지역 주민으로 하여금 신선한 아이디어 창출을 통한 농・임산물 자원 활용 기법 연구 및 실행을 통해서 6차 산업화로 가는 길을 열어주어 지역적으로 활성화될 수 있도록 정부는 이들을 뒷받침을 해주어야 할 것이다.

이 책은 삶의 질 향상과 행복한 빛을 창조하기 위한 휴선(烋仙) 시스템의 연속 편으로 휴선(烋仙)은 기다림(氣茶碄), 선울림(仙蔚琳), 담체(潭体)로 3가지 콘텐츠로 구성되어 있는데 2030 녹색 희망은 휴선 3가지 콘텐츠들을 모아서 핵심 요약을 하여 녹색 자원들을 이용함에 있어 도움이 되도록 포괄적인 방법으로 표현하였다.

이 책이 발간되기까지 필자와 인간관계를 맺고 있는 많은 분들의 관심과 격려가 바탕이 되었다. 이 지면을 빌려 머리 숙여 감사의 인사를 전한다.

끝으로 물심양면으로 고행(苦行)을 함께해 온 국립 한국농수산대학 휴선 포럼 및 휴선 아카데미 가족들, 그리고 바우솔 김진호 선생님과 책 출간의 기쁨을 함께 나누고 싶다. 또한, 책 출간에 끝까지 많은 배려와 노력을 함께해 주신 북스타의 박정태 사장님과 임직원 여러분께 깊은 감사를 드린다.

2012년 햇볕 열정 가득 담긴 여름날,
백두대간 설악에서 조 명 상

글 싣는 순서

01 인생 90분의 희망 게임

02 청년 희망 재테크

03 베이비부머 뿌리 깊은 느티나무가 되리라

04 자연과 하나 되는 휴선의 지혜

01

인생 90분의 희망 게임

인생 90분의 희망 게임 법칙

인생은 둥근 공과 같고 삶의 현장은 축구경기장과 같다.

인간이라는 한 생명체가 탄생할 때 사주팔자 속에 담겨 있는 운명의 시간을 선물로 받는다.

인생에서 자신에게 주어진 운명의 숫자가 90이라고 한다면, 사람의 연령 90세와 축구경기 90분은 너무나도 닮은 점이 많이 있다. 사람은 주어진 운명의 시간 속에서 자신 만의 독특한 팔자를 만들어가기 위해 주어진 현장에서 매일 새롭게 작전을 세우면서 게임을 시작한다.

다수의 사람은 운명적으로 주어진 시간을 잘 활용하는가 하면, 혹자는 자신에게 주어진 운명의 시간조차도 다 활용하지 못한 채 생애를 마감하는 이들도 있다.

삶을 엮어가는 운명의 시간 속에는 원(圓) 생활의 굴레라는 규칙이 담겨 있고, 그 규칙 속에는 둥근 공의 공학에 의한 생활 역학이 담겨 있다. 생활 역학 속에 담겨 있는 둥근 원은 자아의 운명이 담겨 있는 굴렁쇠 형태와 같고, 원 순환적인 삶의 법칙을 스스로 굴려서 가야 하는 일이 우리네가 살아가는 일상적인 모습이라고 말할 수 있을 것이다.

지구는 둥근 공과 같다. 시계의 시침은 둥근 원을 그리면서 24시간 돌아간다. 둥근 원의 시간적인 공간 속에서 사람은 공의 공학적인 기능으로 하루하루를 살아간다.

그렇다면 둥근 공을 어느 장소에서, 어떤 목적으로, 어떻게 굴려서 가야 하는 방법론에서 자아의 운명은 행복과 불행으로 풀어가는 이정표가 될 것이다.

인생에서 삶을 엮어가는 방식은 각각의 경기장에서 운동선수들이 게임하는 방식과 색다른 점이 없어 보인다. 인생 100세의 의미는 축구에서 100분의 게임 규칙과 매우 흡사하며, 인간들의 삶의 현장 실행 방식에서 두뇌와 함께 몸 전체가 혼연일체가 되어 움직여야 한다는 점이 같은 부분이기도 하다.

축구 게임의 규칙은 전·후반전으로 나누어지며 시간적인 공간 구성은 전반전 45분, 휴식을 포함한 작전타임 10분, 후반전 45분으로 되어 있다.

인간들에 게임 규칙도 전·후반전으로 나누어지며 전반전 50세, 후반전 50세로 활동 공간에서 연령적인 제약을 받는 것이 현실이다.

게임의 규칙에서 사람이 두 발로 걷는 것과 공을 발로 차는 것, 일반인들이 업무를 통해서 두뇌에 스트레스를 받는 것과 선수가 헤딩을 통해서 두뇌에 스트레스를 받는 것 등 참으로 유사한 점이 많다.

사람이 사회에서 성공하기 위해서는 건강, 개인 기능, 전략 등이 필요하고 축구에서 승리하기 위해서는 체력, 개인 기술, 전술 작전 등이 필요하다. 여기서 성공과 승리를 향한 기획 부분은 건강한 체력, 개인 재능, 기능성 기술, 팀의 전략 및 작전이며 반드시 성공과 승리해야 한다는 강박관념 속에서 욕심을 부린다는 것 또한 사람의 마음과 운동선수의 마음이 흡사하다는 것이다.

자연 속에 음과 양이 존재하듯이 게임에서도 승자와 패자가 존재한다. 성공과 승리자에게는 열렬한 축하를 해주고 실패와 패배자에게는 아픈 상처를 치유할 수 있도록 배려해줄 수 있는 기백이 있어야 한다. 그리고 게임의 결과적인 목표는 성공과 승리를 하는 데 있음을 잊지 말아야 한다.

월드컵 축구경기장으로 들어가 본다.

1850년대 잉글랜드에서는 많은 학교와 클럽들이 각 지역마다 독자적인 경기 규칙에 따라 풋볼게임을 즐기었다. 우리나라에서는 1896년 최초 대한축구구락부라는 축구팀이 창단되었다. 1921년에 제1회 조선축구대회가 첫 공식 축구대회로 열렸고, 1933년 조선축구협회가 조직되어 본격적으로 축구를 보급하고 발전시켰다. 그 후 대한민국 축구는 1948년 FIFA에 가입하면서 세계 무대로 진출했고 2002년 한일월드컵에서 4강에 오르는 쾌거를 이루었다.

월드컵 축구경기장의 규격은 길이 : 110m, 너비 : 90m, 골포스트 크로스바 : 2.44×7.32m이며, 축구공의 크기 둘레는 68~71cm이고, 무게는 390~453g이다.

축구 경기는 대부분의 공식 경기가 전·후반 각 45분으로 이루어진다. 전·후반 사이에 주어지는 휴식 시간은 보통 15분이다. 동점으로 정규 경기 시간을 마치고 나면 규정에 따라 전·후반 각 15분의 연장전을 치를 수 있고, 그것으로도 승부가 판가름나지 않으면 승부차기까지 할 수 있다.

사람의 삶의 게임과 축구 게임에서 다른 점이 있다면, 공간적인 범위와 출전 인원, 그리고 게임 규칙이 다소 다르다는 점이다.

축구경기장은 지정된 장소와 규격이 존재하지만, 사람의 게임 공간은 규격과 지정된 장소가 아닌 자신에게 선택권이 있어 게임 공간이 자유롭다.

축구 경기에서는 출전 선수가 11명으로 제한되어 있다. 그러나 일반 사회에서는 11명이 아닌 인원 제한이 없이 상대 업체와 경쟁적인 게임을 한다. 축구경기장의 게임 규칙은 사람의 게임 규칙보다도 약간은 단조로운 면이 있어 보인다.

자, 그러면 삶의 굴레를 축구공 속에 담고 삶의 축구 게임을 한 판 뛰어 보자.

심판의 경기 시작 신호와 함께 경기가 시작된다. 선수들은 게임이 시작되면 아군끼리 공을 패스 형식으로 돌리면서 전반전 10분간은 상대팀의 전술을 탐색하는 과정으로 여유로움을 보인다. 이 시간은 선수들은 긴장을 풀면서 팀워크를 맞추어 가는 공간이다.

이때 사람의 연령은 1~10세이다. 세상을 향한 출생의 울음소리와 함께 자아의 모습을 만들어가며 인성 학습을 위한 초등교육 과정을 진행하는 시기이다. 운명의 시계는 자의든 타의든 자기 스스로 의지와는 관계없이 이 순간에도 하염없이 돌고 돌아간다. 기구한 운명의 멍에는 지금부터 시작된다. 그러나 아직은 부모로부터 사랑을 받으면서 해맑은 표정으로 여유로움을 보여준다.

자연의 세계로 들어가서 본다면 나뭇가지에서 잎의 새싹이 발아(發芽)하는 과정이라고 말할 수 있을 것이다.

경기 시작 11~20분이 지나면 골을 넣기 위한 전술이 발 빠르게 시작된다. 뛰면서 때로는 상대편의 허점을 이용해 득점을 하려고 합동 공격을 시도하기도 한다. 관중석에서는 선수들에게 '골! 골!'을 외치면서 힘내라고 응원한다. 때로는 관중들이 선수들의 개인 평가를 하기도 한다.

사람이 11~20세에 이르게 되면 초등 과정, 중등 과정, 고등 과정을 걸쳐 성인이 되는 대학생이 된다. 이 시기는 사회생활에 있어서는 보호자의 도움을 받으면서 사회 진출을 위한 학습을 부지런히 하는 과정이다.

신체 발달로 본다면 제일 왕성하게 성장하는 시기이다. 이때 사춘기라는 과정을 겪기도 하며, 대학생이 되면 미래를 위한 진로에 관하여 고민하는 시기이기도 하다.

자연의 세계에서는 나뭇잎을 비교한다면 찻잎이라고 표현할 수 있고, 생기가 돋아나는 새순이라고도 말할 수 있다.

경기 시작 21~30분이 지나면 축구 감독은 결과물을 요구하게 된다. 이 시간까지 득점이 없게 되면 선수 자신부터 마음이 조급해지기 시작한다. 또한, 코치와 감독으로부터 따가운 채찍, 관중으로부터 압박과 회유 등등으로부터 자유롭지가 못해서 선수는 경기가 생각대로 풀리지 않는다는 것을 감지하게 된다. 그래서 온몸이 땀이 흠뻑 젖은 채로 동분서주하면서 열심히 뛰어다닌다. 그런데 경기장 밖에서는 최선을 다하고 있는 심정을 모르는 체하면서 골을 넣으라고만 채찍을 가한다.

21~30세가 되면 글자 그대로 인생에 있어 아름다운 꽃이 피는 절정기

라고 말할 수 있을 것이다.

이 시기에 우리나라에서는 남자와 여자의 동선(動線)은 확연하게 다르다. 남자는 대학 공부를 진행 중에 군 복무라는 과정을 치러야 한다. 그러나 여자는 대학의 공부와 함께 전문 과정을 밟을 호기를 누르기도 한다.

그리고 청춘 남녀가 결혼이라는 과정 속에 백년가약을 맺고 가정이라는 둥지를 만들어가는 시기이기도 하다. 그러나 위와 같은 내용들은 일련의 순리적인 과정에 불과하다. 부모의 능력에 의해서 자연생활 환경이 준비된 상위급의 몇 %를 제외한 다수에 청년들은 고민이 많다. 가정 형편이 어려운 학생들은 학교 수업료 관계로 아르바이트나 직장을 선택해야 하고, 졸업생들은 직장 선택을 위한 취업문을 두드려야 하고, 직장인들은 결혼 적령기임에도 결혼을 선택하지 못하고 있는 등 여러 가지의 형태로 청년들이 고뇌하는 모습을 볼 수가 있다. 취직 못 하면 사회로부터 따가운 눈총을 받고, 시집 또는 장가 안 가면 부모로부터 성화를 받는다.

또한, 30대의 맞벌이 부부들은 육아 문제, 집 장만 문제, 부모 공경 문제 등으로 마음 편하게 웃음을 보이는 자들은 극히 드물어 보인다. 이와 같은 현상은 축구경기장 필드에서 뛰고 있는 선수의 심정과 다를 바가 없어 보인다. 부분적으로 나타난 현상이지만 생활이 어려워 난이도가 있는 환경 속에서 직접 뛰어보지 않은 자는, 땀을 흘리면서 뛰고 있는 사람의 마음을 다 헤아릴 수가 없다.

자연의 세계에서 계절을 살펴보면 봄철 꽃 피는 과실나무를 보는 듯 싶다. 산과 들, 그리고 과수원 과실나무에 푸른 잎과 함께 꽃봉오리가 피어나는 과정이라고 할 수 있을 것이며, 꽃 피는 과실나무 군락지를 보고 있노라면 젊음이 싱그럽다는 것을 느끼며, 희망이 새롭게 도약하는 감동을 느끼게 한다.

경기 시작 40분이 지나게 되면 서서히 관중의 요구도가 높아진다. 1골을 넣었으면 1골을 더 넣으라고 감독은 독려하고, 관중 또한 골을 요구하면서 응원을 한다. 만약에 이 상황에서 동점이면 동정표라도 주는데, 지고 있으면 감독과 관중으로부터 매서운 채찍을 받게 된다.

경기를 지고 있는 선수의 심정을 헤아려 보았는가? 이럴 때 파울이 종종 발생한다. 경기가 거칠게 진행된다는 의미이다.

31~40세쯤 되면 생애에서 파란기를 맞이하면서 길을 찾는 과정이다. 요즘 대학을 졸업하고 사회로 입문하게 되면 남자는 27세, 여자는 25세 무렵이다. 그런데 대학원이라도 진학하면 학위를 패스하고 남자는 31세에서 33세 정도, 여성은 27세에서 29세가 된다.

그러므로 이 시기에 남자로서는 사회 초년생으로서 업무 파악과 실적에 바쁜 일과를 보내는 시기이기도 하다. 활동성으로 본다면 제일 왕성한 힘을 발휘하는 연령층에 속한다.

미래를 크게 고민 없이 보내기도 하며 문화 및 레저 공간을 부담 없이 즐기려고 하는 나이이기도 하다. 이쯤에는 직장이 안정되어서 경제력이 수반되어야 가족과 사회로부터 동정표를 얻을 수 있다. 그러나 직장 준비가 안 된 사람은 가족이나 지인들로부터 소외감을 받는 환경에 놓여 스스로 괴로워하게 된다.

축구 게임은 후반전이 시작된다.

휴식과 함께 심신에 건강을 재충전하고 새로운 작전을 통해서 마음가짐을 강건하게 하였을 것이다.

현재 게임이 지고 있는 상황이면 1골을 만회를 하려고 할 것이고, 동점인 상황에서는 득점을 지키거나 한 골을 더 넣으려는 작전을 세웠을 것이다. 전반전 45분을 땀 흘리고 뛰면서 내면적으로 깨달음을 많이 얻었으리라고 생각한다. 그 과정 속에는 단맛과 쓴맛도 체험했을 것이다. 휴식하면서 재충전을 하였다고는 하나 필드에서 뛰고 있는 육체적인 기능들은 생각과 같이 못 움직여 주므로 게임에 효율성이 없어 보인다.

사람의 나이 41~50세가 되면 솔 향기가 솔솔 풍기는 연령층이라고 본다.

계절로 표현하자면 늦가을 추수의 시기이다. 가정에서는 가정 구성체가 있고 직장에서도 책임이 막중하다. 축구경기장에서 선수 역할로 비유한다면, 중앙선을 넘나드는 윙에 해당하는 중요한 포지션이기도 하다. 사회적으로는 쉴 틈이 없이 종횡무진하며 움직여야 조직이 살 수 있는 길이 보일 것이다. 때로는 업무적인 문제로 문화생활 등을 제대로 찾지 못하는 경우가 많다. 그래서 소나무 냄새가 담겨 있는 향수를 제일 많이 느끼는 시기이기도 하다. 남자들은 이 시기가 되면 힘들고 외로움이 가장 많을 때이다.

축구 경기 중 70분이 지난 시간이면 후반전을 시작한 지도 25분이 지나는 순간이 된다. 이 시간쯤 선수들의 마음은 어떠한 감정을 지니고 있을까? 한 번도 교체가 되지 않은 선수는 숨을 헐떡이면서 갖은 노력을 할 것이고, 이제 곧 교체된 선수는 더 많은 활동을 하게 될 것이다. 이 시간쯤 되면 팀이 이기고 있어야 모든 팀원들이 힘을 내면서 팀워크를 더욱더 잘 맞추어 간다. 반대로 팀이 지고 있으면 팀원들은 결집력이 약하게 되어 게임 활동은 열심히 하나 득점은 잘 안 된다.

이때는 나이로 보면 50~60세의 층이라고 본다. 인생을 살아가면서 가장 성숙된 단계이다. 업무 기술, 대인관계, 사회적 위치, 인격적 대우, 경제적 안정 등은 글자 그대로 골드의 빛이 자동으로 순환을 하는 시기이다.

그동안 차분하게 기반이 안정적으로 정립된 사람은 행복한 여유의 시간을 보낼 것이고, 반면에 기반이 불안정한 사람은 숨을 헐떡거리면서 여전히 일을 열심히 하고 있다. 그러나 행복한 시간을 보낼 수 있는 사람은 상위층 몇 %에 불과하다.

그 밖의 사람은 부분적으로 위치가 불안정하다는 것이다. 기술은 넘쳐 나서 일은 하고 싶은데 사회적으로 흡수해 주는 공간이 부족하고, 사회 제도 자체도 바뀌어 가기 때문에 요즘 많은 사람이 심각하게 고민하는 추세이다. 이 연령대의 위치는 새로운 일을 하고 싶어도 마음뿐이지 활발하게 행동으로 움직이기가 어렵다. 기반이 없는 사람은 육체와 몸이 따로 움직인다는 시기가 바로 이 시점에서부터 시작된다.

이 시기쯤 되면 모든 인간들은 제2의 인생이란 것에 관심을 가지게 된다. 공직에서 물러나면 20년이란 시간을 어떻게 유용하게 보낼 것인가? 요즘 제일 큰 화두이기도 하다. 그래서 50대의 연령이 되면 삶의 중간 점검을, 또는 제2의 인생을 위한 생활환경을 재점검하는 시기이기도 하다.

축구 게임 80분이 경과하게 되면, 경기장 분위기는 그야말로 절정에 이르게 된다. 현재 경기 상황에서 이기고 있는 팀이나 지고 있는 팀이나 마지막 남은 힘을 집중하는 시기이다. 감독은 목이 터지도록 끊임없는 작전 지시를 보낼 것이고, 관중은 우리 팀이 이겨줄 것을 간절히 기도하면서 열심히 응원할 것이다. 한마디로 말한다면 종합 예술을 짓는 공간이라고 보면 좋을 듯싶다.

이 시점에서 관중들의 우렁찬 소리를 들어본 적이 있는가! 가슴이 뛰고 세로토닌이 넘쳐 나서 스트레스가 맑게 사라지는 효과는 직접 체험을 해보지 않은 사람은 그 짜릿한 맛을 모른다.

이윽고 90분의 경기가 종료되면 승자와 패자가 가려지고 서로 다른 기분을 맞이하면서 경기장을 퇴장한다.

참으로 축구경기장에서의 열기는 미묘한 마력과 기운을 지니고 있다.

이때는 사람의 나이로는 70~80세의 층이라고 본다. 황혼의 빛을 아름답고 슬기롭게 맞이하면서 삶을 엮어가는 시기이다. 빨간 단풍잎에서 수분이 없는 단풍잎으로 시들어가는 아쉬운 시절이기도 하다. 지나온 시간들이 아쉬움이 남아 새롭게 시작하고자 하는 의욕이 넘쳐난다.

그러나 이 시기에는 생각과 몸이 따로 움직이는 생체 생리적인 문제가 수반이 된다. 노후 준비가 잘되어 있는 자들은 여유가 있을 것이고 노후 준비를 못한 자들은 새롭게 시작되는 시점이기도 하다.

떨어지는 낙엽을 바라보면서 이때 '처음처럼'이라는 말을 생각하게 되고, 그 말 속에서 후회의 눈물을 글썽이게 된다. "내가 다시 태어나면 인생을 멋있게 살 텐데……."라고 중얼거리며 하염없이 눈물을 흘린다.

현대의 2030 청년들은 어떤 게임을 원하며, 현재 어떤 게임을 하고 있는가!

청년의 설레는 가슴속에는 꿈과 희망과 함께 한 그루의 거대한 소나무가 되고 싶을 것이다. 그리고 그 소나무 옆에 그림 같은 집을 짓고 사랑하는 임과 함께 100년을 살고 싶어 할 것이다. 청년이라 함은 축구공과 같은 기능으로 무한한 탄성을 내포하고 있다. 축구공의 성질은 상대성 원리에 의해서 작용과 반사작용을 기능적으로 동작해 준다.

청년들이여 자연 속에서 자연 물질과 축구공의 상대성 이론을 통하여 자아의 가치를 재창조할 길을 찾아보자.

그렇다. 어차피 자신에게 주어진 운명의 시간이 90분이라면 주어진 시간 안에 희망이 담긴 공을 신나게 차 보아야 할 것이다.

아침에 잠자리에서 눈을 뜸과 동시에 희망이라는 단어를 떠올리게 된다. 1년 365일 × 100년 = 합계 36,500회

생애를 살아가면서 미래를 꿈꾸면서 희망을 마음속에 담는 날이 36,500번이나 된다는 말이다. 물론 100세를 살았을 때의 기준이라고 말할 수 있다. 이렇게 인간들은 희망이라는 가설적인 법칙을 앞에 두고 하루하루를 전투하듯이 작전 속에서 삶의 생활 게임을 영위하고 있다.

인생의 전반전, 이런 마음으로 설계하라

청년들이여, 자연 속에서 자연스럽게 길을 찾자.

자연에 놓인 녹색 생명들은 청년들이 녹색 향기가 담겨 있는 곳으로 방문하기를 원하고 있다.

아니, 청년들아 ! 이곳 자연 속으로 오라 하며 녹색 공간이 부르고 있다. 청년들이여, 이 순간 그대 귓가에 녹색 물결소리가 들리지 아니한가!

청년들이여! 꿈에서 깨어나고 잠자리에서 일어나라.

그리고 농산어촌에서 녹색 새싹이 싱그러운 향기를 맡으면서 기지개를 힘차게 켜보자. 바로 이곳에서 녹색 향기와 함께 인생 전반전을 설계해 보자. 인생 전반전의 설계 속에는 실패를 두려워하지 않고 성공으로 가는 길을 담아야 할 것이다.

청년들이여, 천연의 샘터에서 에너지가 샘솟는 샘물을 마시자.

그러면 샘물은 당신에게 맑은 에너지가 담겨 있는 아이디어를 줄 것이다.

인생에서 청년의 시대

청년은 곧 청춘이며 청춘이라는 꽃봉오리 속에는 꿈과 희망이 가득 담겨 있다. 청춘은 푸른 봄날이다. 또한, 청춘은 봄날 물가에서 피어오르는 안개와 같다. 안개로 말미암아 앞을 바라볼 수가 없어서 미래가 불투명하게 보이기 때문에 고립된 생각 속에서 스스로를 고민하게 된다.

그 안갯속에서 진로에 관한 갈등과 번민을 하면서 방황하게 된다. 안갯속에서 출구를 찾기 위해 이리 부딪치고 저리 부딪치면서 희미하게 보이는 길을 찾아가기도 한다. 그 과정에서 넘어지기도 하고, 상처가 나기도 하고, 그냥 포기도 하고 싶을 것이다.

청년기에는, 때로 실패를 하기도 한다. 그리고 그 부산물로 좌절이라는 위기감 속에서 인생의 쓴맛에 관하여 고민에 빠지게 된다.

청년에게 실패는 청춘의 특권이기도 하다. 청년기의 실패라는 의미는 높은 절벽에서 떨어진 것이 아니고 평범한 계단을 오르다 가볍게 미끄러져 넘어진 것과 같다. 그 때문에 한번 넘어졌다고 해서 깊이 좌절할 필요는 없다. 청춘이라는 에너지원 속에는 다시 오를 수 있는 시간과 재능이 잠재되어 있다. 다만 좋은 경험에 대하여 수업료를 지급했다고 생각하라. 실패는 인생에서 좌절을 의미하는 것이 아니고 주행 중 브레이크 페달을 밟은 것에 불과하다.

그렇다. 인생이란 물가에서 피어오르는 안개나 마술사와 같다고 할 수 있다.

청년들이여!

동해에 떠오르는 태양을 가슴으로 맞이하면서 희망이 담긴 소원을 자아의 그릇에 담아보자. 그리고 이글거리는 태양과 같은 열정과 함께 자신에 젊음을 불태워 보자. 그리하여 애국가 가사인 “동해물과 백두산이 마르고 닳도록”이라는 노래를 불러가면서 100세까지 후회 없고 아름답게 살아보자.

또한, 청년들 어깨에 국가의 미래가 달려 있으므로 더욱 분발하고 개발하며 혁신해야 한다. 젊다는 것은 용기와 도전정신, 그리고 강인한 체력이 있기에 아름답다. 그러한 것이 바로 성공을 만들며, 목표를 향해 나아가는 원동력이라 하겠다.

선 드림(sun dream) 성공학

나는 할 수 있다.
나는 성공할 수 있다.
나의 미래학에는 결코 포기란 없다.
나는 태양 같은 열정을 발산하고 싶다.

저 하늘에서 이글거리는 태양을 가져 보자.
나는 반드시 그 물질을 갖겠다고 맹세를 해보자.
소유의 과정에서 맹세는 노력으로 보답할 것이고
노력은 밤낮으로 최선을 다하는 의지로서 뜻을 보이리라.

빛 속에 색다른 빛이 있고, 색다른 빛 속에는 새로운 길이 보이며, 새로운 길을 걷고자 하는 자에게 밝은 빛이 길을 인도해줄 것이다.

실패와 시련이 있다 해도 결코 좌절하지 않으리. 저 하늘에서 이글거리는 태양을 가져 보자. 아니 그 속에 있는 에너지들을 맞이할 수 있는 꿈을 가져 보자. 단순한 꿈을 꾸기 위한 꿈이 아닌 현실적으로 실현이 가능한 따뜻한 온도가 있는 설계를 가슴으로 안아 보자.

온몸을 바쳐서 열정을 가져 보자. 저 하늘에 떠 있는 태양 에너지를 내 안으로 맞이하자. 때로는 삶에서 실패와 시련이 있다 해도 나는 결코 좌절하지 않으리. 나는 눈물도 흘리지 않으리. 나는 후회도 하지 않으리.

한 겨울날 깊은 산 속에서 양지 녘에 앉아 태양을 맞이해본 적이 있는가? 태양의 빛은 우리 몸에 비타민 D의 영양소를 제공해 주기도 한다. 그러나 더욱더 신비한 기능을 한다는 것을 새롭게 체험하였다. 양지 녘에 편안한 자세를 갖춘 상태에서 태양의 기운이 온몸으로 스며들 때면 생체의 생리는 감성적으로 묘한 기분을 돌출시키는 작용을 한다. 이 순간 엔도르핀과 세로토닌이라는 물질이 온몸으로 퍼지고 있다는 것을 느낀다. 또한, 작용에 따라서 세로토닌이라는 호르몬이 작용하여 마음으로부터 자연스럽게 행복감이란 무엇인가를 가르쳐 준다.

어느 책에서 읽었던 한 구절이 생각난다. 그가 살고 있는 나라의 왕이 철학자에게 "당신의 소원이 무엇이오?" 하고 물었을 때 "나는 태양의 빛을 가지고 싶습니다."라고 대답하였다고 한다.

필자는 오래전에 이 이야기를 들었지만 단순하게 생각하고 무심코 스쳐 지나갔다. 그러나 우연한 기회에 양지 녘 체험을 통해 태양의 빛에 관한 깨달음을 얻게 되었다. 필자는 이 일이 있던 후부터 저 이글거리는 태양을 연구하게 된 동기가 되었다.

성공학을 탐구하려는 사람들은 불[火]을 다스리는 기법부터 익히라고 권하고 싶다. 또한, 성공을 하려고 목 마르게 갈구하는 사람들은 밤에 잠을 자면서 태양을 가슴으로 안아 보는 꿈을 한 번쯤은 꾸어야 할 것이다. 그러면 작은 내 가슴으로 또 다른 행성을 얻는다는 희망적인 생기가 넘쳐서 하고자 하는 일에 의욕이 가득 차게 될 것이다.

선 드림 성공학의 요지

① 열정이라는 화두를 멘토로 삼고 매일 꿈을 꾸어라. 그리고 땀을 흘리면서 발품을 팔아야 한다.

② 빛의 줄기 속에는 자신이 원하는 길들이 많이 담겨 있다.

③ 자신에게 비춰지는 빛을 그냥 단순히 빛으로만 바라보지 말고 자신에게 다가오는 빛을 느낌을 통해서 원하는 길을 찾아가라.

④ 즉 빛 속에는 수많은 색채가 존재한다. 색상을 통한 일자리 창출이 가능하다.

⑤ 예를 든다면, 태양의 빛 속에는 생체에 유익한 원적외선이라는 광선이 있다.

⑥ 원적외선은 삶에 있어 실용생활에 응용의 범위가 넓다. 건축물(숙박 침실) 요리기구(음식을 만드는 요리 행위) 목욕 문화(가정이나 영업용) 등 자신에게 맞는 직업군을 찾을 수가 있다.

⑦ 자연에 놓인 태양이라는 물질 한 가지를 통해서 청년들에게 인생 전반전을 설계하는데 실용적인 참고서 역할을 하리라 생각한다.

자연 공간 속에는 청년들이 원하고자 하는 문제와 답이 담겨 있다. 인내와 노력으로써 그 열쇠를 찾고자 스스로 노력해야 할 것이다.

선(鮮)한 마음으로 찾고 또 찾고 또 도전해 보자. 그러면 자연에 놓인 물질들이 당신 곁을 방문하게 될 것이다.

내 안에 담겨 있는 잠재 역량을 자연의 식으로 풀어라

자연이 들려주는 소리 속에는 당신의 두뇌를 맑게 해주는 열쇠가 담겨 있다. 자연이 품고 있는 소리와 자연이 들려주는 아름다운 멜로디를 귀로 듣고, 코를 통하여 소통할 수 있는 수련의 시간을 가져야 할 것이다.

베토벤은 숲이 주는 소리 속에서 영감을 얻고 유명한 작품들을 창작하였다고 한다. 자연이 들려주는 소리를 통해서 내 안에서 일어나고 있는 생각들을 새롭게 정리해 보자. 그리고 내면에서 자고 있는 의식을 깨우려면 우선 자기감정을 조절할 수 있는 환경과 능력을 갖추어야 할 것이다.

우리들은 자신이 가지고 있는 엄청난 능력을 까마득하게 잊어버린 채 감정적으로 늘어지거나 기분 나쁜 감정 상태에 빠지는 경우가 얼마나 많은가를 생각하면 놀라지 않을 수 없다.

너무도 많은 사람이 조절 가능한 자기감정을 스스로 다스리지 못하고 일시적인 처방에 불과한 외부 환경에 자신을 내맡기고 있다.

이제라도 자기 자신이 스스로 돌볼 수 있는 능력을 배양함과 동시에 이들을 응용해 보려고 노력해야 할 것이다.

새로운 정보를 통해서 내 안에 잠자고 있는 기능들을 잠에서 깨우자. 그리고 자신에게 기회가 주어질 때, 할 수 있다고 당당하게 표현하는 사람이 되자. 할 수 없다는 표현은 스스로 장애가 있다고 이야기하는 것과 같다. 업무 속에서 하고자 하는 그 일의 과정을 너무 크게 생각하면 기가 질려서 그 속에 스스로 갇히게 되는 것이다.

모든 일은 마음먹기에 달렸다. 하고자 하는 의욕이 넘치게 되면 가능성과 추진력이 생기게 될 것이다. 이 때문에 내 안에 있는 약점이라는 장애를 과감하게 넘겠다는 의지에 따라 달라지는 것이고, 그것이 바로 내 안에서 자고 있는 깊은 잠을 깨우는 에너지의 법칙이라고 말할 수 있다.

자신 안의 조그만 약점은 자신의 강점으로 해결하라고 있는 것이다. 이 법칙은 음양의 조화이기도 하다. 사람은 누구나 가지고 있는 조그마한 장애는 자신을 그 반대의 방향으로 성장시킬 수 있는 교량이 되며, 나는 무엇이든 할 수 있고 될 수 있다고 하는 신념이 필요하다.

이렇게 자신 안에 있는 능력을 계속해서 인정해 주면, 내 안에 숨어서 잠을 자고 있는 능력들이 용기가 되어 무한한 힘이 솟아나게 한다.

목표를 정하고 그 목표를 이루기 위해 노력하는 과정에서 여러 가지 장애나 어려움을 만나게 된다. 그럴 때 "나는 항상 운이 없어." 이렇게 부정적으로 생각하는 사람은 그 부정적인 정보의 노예가 되어서 결국 장애를 극복하지 못하게 된다.

그러나 똑같은 상황에서도 이것은 나에게 좋은 경험이 되고, 이것을 통해서 배우겠다는 의욕을 갖고 생각하면, 힘들어도 자기 인생에 있어 좋은 경험이 되고 크게 성장할 수 있는 계기가 되는 것이다.

위기를 기회로 전환할 수 있다. 똑같은 정보가 주어졌지만 어떻게 받아들이느냐에 따라서 그 결과는 하늘과 땅 차이가 될 수가 있다.

인간들은 게으름을 피우기 위해 잔꾀를 부리지만 자연 속에 있는 풀잎은 거짓이 없고 잔꾀를 부리지도 않고 부지런하게 생육작용을 한다. 또한, 풀잎들은 정보 자체를 긍정적으로 받아들이면서 이웃과 공유를 한다. 그 때문에 잠재 역량 활용률이 사람보다 풀잎이 훨씬 높다는 것을 관찰을 통해서 볼 수 있었다.

자신 안에 담겨 있는 잠재 역량을 활성화하는 방법

첫째, 자연을 이해하고 사물을 바라볼 때 긍정적인 정신 자세를 갖추어야 한다.

둘째, 추상적인 계획에 의한 설계도를 고집할 것이 아니라 실물 속으로 들어가 땀으로 체험해보는 것이다.

셋째, 자연은 사람이다. 즉 사람이 자연이라는 인식이 필요하다.

그러므로 자기 주변에 놓여 있는 자연 생태를 이해하고 활용 기법을 익혀야 한다.

자연 생태 법칙을 거스르면 자신의 역량을 활성화하는데 장애 요인이 될 것이고, 자연 법칙을 순응하면 잠재 역량을 강화할 수 있는 열쇠가 자신의 그릇 속으로 담기게 된다는 것을 명심해야 할 것이다.

2030년 녹색 에너지 산업, 희망이 보인다

지금 현재 청년의 나이 22세는 싱그러움이 꽃피는 봄날과 같다. 봄날 매실나무에 활짝 핀 매화꽃처럼 청춘의 열정을 발산하여 화려한 꽃으로 변신하고 싶다.

2020년 5월이 되면 22세 청년의 나이는 30세가 된다. 인생에서 1/3을 달려왔다고 할 것이다. 그렇다면 30세가 된 청년의 모습은 어떤 형태로 변하여 있을까?

미래의 그 시간을 상상하며 스스로 물어보라.

- 현재 전공하는 전공과목이 과연 그 시절에도 인기를 유지할 수 있을까?
- 나 자신은 경제적으로 자유로울 수가 있을까?
- 자신 안에 미래가 설정된 목표를 향하여 잘 달려왔다고 말할 수 있을까?

필자는 베이비붐 세대 중 한 사람으로 1955년생이다. 현재 시간으로부터 70,000시간 정도가 지나면 65세가 된다. 그렇다면 65세가 된 모습은 어떤 형태로 변하여 있을까.

미래의 그 시간이 오면 스스로 묻게 될 것이다.

- 질문 : 청년 시절의 꿈을 이루었다고 생각하는가?
- 답변 : 90% 정도는 달성했다고 생각한다.
- 질문 : 인생을 후회 없이 살아왔다고 생각하는가?
- 답변 : 물이 흐르는 과정에서 사연은 많았지만 후회는 없다.
- 질문 : 노후를 살아갈 수 있는 경제적인 준비 상황은?
- 답변 : 노후 생계 문제는 내 분수에 맞게 준비가 되어 있다.
- 질문 : 사회 공헌을 위한 봉사활동을 할 의향은 있는가?
- 답변 : 물론이다. 국가 미래 녹색산업 활성화를 위한 후계 인력을 양성하는 차원에서 2030 세대들을 중심으로 지식 기부 활동을 펼쳐 나갈 생각이다.
- 질문 : 현재도 행복하고, 2020년에도 행복할 것이라고 생각하는가?
- 답변 : 현재나 미래나 모두 행복하다고 생각한다. 왜냐하면, 미래를 위한 준비를 철저히 수련하고 있다.
- 질문 : 준비로서는 어떤 수련을 하고 있는가?
- 답변 : 제일 중요한 부분은 비움을 실천할 수 있는 자세라고 생각한다. 또한, 비움의 그릇 속에는 항상 새로운 행복이 담기는 법이다.

세월이 흘러 2020년 봄날이 되면 모든 사람이 행복한 미소를 짓는 모습을 보았으면 좋겠다.

2020년 미래를 향한 20대와 50대의 생각을 정리해 보면, 나이만 다를 뿐이지 이들의 공통적인 생각은 경제적 안정이 관심사인 듯싶다.

2012년 현재 20대의 최대 고민은 취업, 집값……, 30대는 집값, 보육, 교육비 등의 순이다.

청년 실업이 장기화하고 치솟는 전셋값으로 결혼을 미루고 출산을 포기하는 청년들이 증가하면서 저출산 현상이 심화하고 있다.

근자에 들어 도시에서조차 아기 울음 소리가 잦아들고 있다. 더불어서 농촌에서는 아기 울음 소리를 들어본 지가 오래전 일인 듯싶다.

사회 전반적인 만혼의 보편화 현상은 저출산이라는 부작용을 낳고 있다. 최근 한국인구학회 발표 자료에 따르면 남성의 초혼 연령은 지난 1990년 27.9세에서 2010년 31.8세로 10년 사이에 3.9세나 늦춰졌다. 줄어드는 인구와 인구의 고령화는 곧 한국의 국가 경쟁력 저하로 직결되기 때문에 이는 우리 세대가 함께 풀어나가야 할 과제인 셈이다.

또한, 2020년 대한민국 국민들이 기대하는 미래 복지정책은 어떤 변화가 있으며 선진국들은 어떻게 대처하면서 미래를 맞이할까.

스웨덴, 영국, 독일, 프랑스 등 소위 선진 복지정책의 모델이라 일컬어졌던 나라들이 속속 그 정책 방향을 수정한다고 개혁을 선언하고 나서고 있다.

경쟁을 배제한 채 이루어진 복지정책이 흔히 말하는 일하지 않고 혜택만 누리려는 '유럽병'을 키웠다는 자성에서 나온 것이다. 하지만 그렇다고 해서 복지정책이 필요하지 않다는 것은 아니다. 미래의 튼튼한 복지정책은 애초에 튼튼한 다리를 만들어 자신의 두 발로 건널 수 있도록 하는 것이다.

그렇다. 경제가 활성화되어야 가정생활도 윤택해지고 복지정책도 빛을 발할 수 있을 것이다.

그렇다면 경제를 활성화할 수 있는 부분에서 우리가 할 수 있는 역량은 무엇이 있을까? 녹색 에너지 산업을 새롭게 바라볼 필요가 있다. 즉 농산어촌 자연 속에 놓여 있는 녹색 자원들을 상품화할 수 있는 발상에 귀를 기울여야 한다.

녹색 에너지 자원들을 고품질의 상품으로 만들기 위해서는 어떻게 해야 할까? 자연 속에 놓인 임산물의 종류들은 그 상태 그대로 원료로 접근시키고, 논과 밭에서 생산되는 자원들은 유기농 기법을 통해서 원료로 접근시켜야 할 것이다. 유기농법 중에는 게르마늄 기법이라는 독특한 방법이 있다. 이 기법을 여러 가지 작물에 접목하면 좋은 효과를 얻을 수 있다. 또한, 농 · 임산물 2차 가공을 할 때는 바이오 기법을 활용하는 것이 부가가치를 창출할 수 있는 길이 될 것이다. 희망은 구하는 자에게만 희망이 보이고 희망에 기법들이 다가오게 된다.

녹색 에너지 산업이란, 가공 생산을 통해서 경제에 이바지하는 것만이 녹색 에너지 산업은 아니라고 생각한다. 자연에 놓인 그대로 감성적인 방법으로 활용하는 것도 산업화의 방법이 될 수 있다.

녹색 자원들은 보는 시각과 활용하고자 하는 범위에 따라서 이용도를 높일 수 있기 때문에 희망이 있다고 말할 수 있다.

잠시 녹색 희망이 담긴 감성적인 시간을 가져본다.

세상은 가진 사람과 그렇지 못한 사람이 있다.

사랑할 줄 아는 사람과 그렇지 못한 사람이 있다.

행복한 사람과 그렇지 못한 사람이 있다.

감사하는 사람과 그렇지 못하는 사람이 있다.

그리고 하나를 가져도 다 가졌다고 생각하는 사람과 수없이 많은 것을 누리면서도 감사할 줄 모르는 사람이 있다.

모든 걸 다 주어도 행복한 사람이 있고, 모든 걸 다 받았는데도 불행한 사람이 있다.

재벌가의 자식으로 태어났는데도 자살로 생을 마감하는가 하면, 태어날 때부터 앞을 볼 수 없는 장애인이었지만 세상에서 가장 아름다운 노래를 부르는 사람도 있다.

물욕이란 마시면 마실수록 더 갈증이 나는 바닷물과 같은 것인데, 사람은 그럼에도 자신의 행복지수를 물질의 많고 적음을 기준으로 한다.

그래도 우리가 살아왔던 시절 중 어느 한때는 돈보다는 인정이라든가 의리, 우정, 사랑과 같은 정신적인 가치가 더 아름다웠던 시절도 있었다. 엄마가 사준 눈깔사탕 하나에 하루가 행복했고, 아버지가 퇴근길에 사들고 온 호빵 한 봉지에 온 가족이 행복했고, 친구랑 냇가에서 도랑치고 송사리 잡으며 감자만 구워먹어도 소박한 행복으로 가득했던 시절 말이다. 내 옆에 있는 내 가족과 내 친구들을 사랑하고, 내가 하는 일에 보람과 자부심을 느끼고, 하는 일에 최선을 다하며 지금 내가 속해 있는 이 자리에서 기쁨과 감사를 느끼던 사람이 살아가던 그 시절 말이다.

이와 같은 생각과 행위들이 녹색 에너지 산업으로 전환이 될 수 있음을 재인식할 필요가 있다.

2030년, 인간은 왜 미래의 시간을 담아야 하는가

천 년을 보내온 소나무에 세월의 굽이진 길을 묻는다.

천 년이라는 세월을 보내온 소나무는 우리네 인간들에게 무슨 말을 전하고 싶을까?

할머니 소나무 1,002세(실제 추정 나이 500여 세 정도이며 천연기념물 424호), 그 옆에 할아버지 소나무와 함께 자리를 하고 있다. 소나무의 제원을 들여다보면, 높이 20m, 가슴둘레 4.3m, 가지 폭 18m이다.

소재지는 전북 남원시 산내면 부운리 와운 마을이다. 흘러가는 구름도 힘이 겨워 잠시 누웠다 지나간다는 전설을 간직하고 있는 마을이기도 하다. - 전라북도 자료 -

과거 500년의 세월을 지내 왔고 앞으로 500년을 더 살 수 있는 소나무에게 2030년 미래를 향한 지혜를 묻고자 한다. 2030년에도 소나무는 여전히 그 자리를 지키고 서 있을 것이고, 무언으로 사람에게 가르침을 줄 것이다.

필자는 현재 시간으로부터 15만 7,600시간이 지나면 75세가 된다. 앞으로 다가올 18년의 세월을 어떻게 맞이해야 좋은가를 생각하면서 한 가지씩 준비를 해본다.

시간은 미래를 향하여 달려가고 있고, 청년은 인생의 황혼빛을 향하여 달려가는 중이다. 2030년 꽃 피는 5월이 오면 자신은 어떤 모습을 하고 있을까? 그리고 어떤 일을 하고 있을까? 건강 상태는 양호할까?

필자는 미래의 시간들이 무척 궁금하지만, 나름대로 계획을 세워 준비하고 있으므로 그 시절을 즐겁게 맞이하려 한다.

2030년은 상식을 뛰어넘는 역(逆)발상이 요구된다. 현재 우리를 지배하고 있는 통념을 한번 뒤집어 봐야 한다. 누구든지 매뉴얼 형식으로 쉽게 배울 수 있는 종류의 지식이나 기능을 가진 직업들은 쇠락의 길을 면할 수 없다. 앞으로 어떤 직업이 뜨고 어떤 직업이 질 것인가를 알고 싶다면 이렇게 스스로 물어보면 된다.

- 당신이 가진 능력을 타인과 대체할 수 있는 가능성이 얼마나 높은가?
- 다른 사람들이 쉽게 당신 분야에 진출할 수 있는가?
- 분야별 독창성과 지속적인 가치 재창조의 기능 여부
- 지구 공동체에서 누구나에게 접속 가능 정도
- 앞으로 소비자들이 계속해서 당신이 제공하는 서비스를 필요로 할 것인가?

이 다섯 가지 기준에 미루어 보면 미래의 지는 직업과 뜨는 직업을 구분할 수 있을 것이다.

나 자신의 미래와 직결 지어서 생각해보면 2030년 이전이 될 수도 있고, 그 후가 될 수도 있겠다고 생각한다. 필자는 1990년도에 2010년도를 생각하면서 휴양 산업에 관한 준비를 해왔다. 이 경험 때문에 2030년의 녹색 휴양 문화에 관하여 연구하며 준비하는데 큰 어려움 없이 진행하고 있다.

미래 계획은 조금 빠르거나 늦게 될 수도 있기 때문에 미리 모든 경우를 준비해야 훗날 당황하지 않고, 순리대로 짊어질 짐들을 덜 수 있다는 생각이 든다.

미래는 멀리 있는 시간이 아닌 바로 지금 이 순간이기 때문에 필자는 오늘 하루를 즐기면서 녹색 산업에 열정을 담는다.

미래를 준비해야 할 또 하나의 단면을 들여다본다.

현재 대한민국은 심각한 저출산과 고령화, 그리고 양극화 문제에 직면해 있다. 그리고 그것이 진정한 위험으로 나타나게 될 2030년 장래는 그리 밝지만은 않다. 따라서 이에 대한 대책이 시급하다.

현재 우리 사회에서 직면하고 있는 문제 해결을 위해서는 무엇보다도 안정적인 복지 인프라 구축이 우선 돼야 한다.

저출산 문제의 근본적인 해법은 몇 푼의 지원금이 아닌 여성들이 사회 참여와 동시에 아이를 낳아 기를 수 있는 환경을 조성하는 것이다. 예를 들어 정부 주도의 아동 교육, 보호기관을 늘리고 이러한 시설을 지속적이고 안정적으로 지원한다면 장기적으로 더 많은 이들이 이용 가능한 인프라가 될 것이다.

이러한 시설 면에서 인프라 다음으로는 경쟁을 담보로 한 사회적 차원에서 재교육을 활성화해야 한다. 고기 잡는 법을 가르치는 것이다.

무한대의 양적인 확대가 복지의 질을 대변하지 않는다. 자칫 무리한 복지 혜택의 수혜자 확대는 사람의 일하고자 하는 의지를 꺾어 사회 전반적인 생산성 저하를 가져올 우려가 크기 때문이다.

사람은 곧 자연이다. 자연 속의 환경은 시기별 다면적으로 변화를 추구한다. 이 때문에 사람도 시기별 변화를 맞이하여야 한다. 그러므로 사람은 미래 비전을 생각하게 되고, 미래의 시간을 담아야 하는 이유 중 하나이다.

그렇다면 어떻게 미래 시간을 준비하면서 맞이할 것인가.

뛰어난 예지 능력을 가지고 있는 인간은 많지 않다. 하지만 자연 속 동식물들은 미래 예지 능력을 갖추고 있으며, 시간대별로 가까이 다가오는 환경 조건에 따라서 적응하면서 생존하고 있다. 이런 현상 때문에 인간은 미래의 시간을 담아야 한다고 필자는 생각한다.

동식물들이 예지하고 대처하는 사례를 보면 다음과 같다.

식물들 중에서 나무는 계절에 대한 인지능력이 뛰어나다. 봄, 여름, 가을, 겨울의 계절 변화에 따른 사전 인식과 동시에 대처를 하고 환경적인 인지 능력으로는 비, 바람, 눈, 자신의 상처 부분 치료 등 자연환경을 통해서 민감하게 대처하는 과정을 볼 수 있다. 동물들은 태풍, 지진, 화재 등 위험 요소들을 미리 감지한다. 그 때문에 인간들도 동식물들의 생태 생리를 통해서 미래 시간을 예측하는 공부를 할 필요가 있다고 생각한다.

그래서 시대를 앞서 진보하고 있는 사람은 자아의 실체와 만나기 위해서 미래의 시간과 접속하려고 학습하고 있다.

자연 속에서 실체와 교류하는 과정을 들여다보면, 자연 속에 있는 실체들과 교류할 때 뇌에서는 청신호가 들어오게 된다. 마음으로부터 천천히 긴장이 된다는 의미이다.

실체와 교류가 된 사람 또는 실체와 하나가 된 사람은 눈빛도 달라지며, 그 빛은 예지 능력의 파워 기능으로 전환된다.

이러한 현상은 자연의 생리를 숙지하고 이해하는 자만이 실제와 접속할 수 있게 된다. 반면에 어떤 틀에 빠져서 지식 속에 있으면 창조를 위한 예지 능력은 불가능하며 생각하는 공간이 좁아지게 된다.

공식에 의한 틀은 단지 거울과 같이 비춰주는 복사만이 가능할 뿐이다. 예지를 위한 목적과 실체를 모르고 복사가 되고, 또 복사가 되면 나중에는 무엇이 무엇인지 의미조차도 모르면서 방황하게 된다.

그래서 많은 사람은 미래를 알고 싶어 하는 것이다. 자연 속에 존재하고 있는 빛의 실체는 아름다운 것도 아름답지 않은 것도 아니며, 생활 속에서 항상성으로 비춰지는 빛이다. 그 빛을 사랑으로 넘어선 사람만이 자아의 실체를 볼 수 있다. 그 사랑의 벽을 넘어서지 못하면 그것이 실체인지 또는 자아의 발전을 위해서 얼마나 귀한 매체인지를 보고도 알지 못하게 된다.

이 때문에 일상생활에서 자신에게 비추어지는 빛들을 정성스럽게 사랑으로 맞이하고자 하는 습관을 기르는 것이 실체를 접속하고 예지 능력을 향상시키는 지름길이 된다.

미래 시간 속으로 접속해서 실체를 접촉하는 방법으로는 발품과 땀으로 체험하는 것이 제일 실용적이다. 잠시 착각을 일으켜 누워서 생각으로만 미래 시간을 접속하려고 하는 것은 매우 잘못된 방법이다.

잘못된 접속은 착각과 오류를 통한 미래의 시간 속으로 접근하는 것이 아니라, 과거의 시간 속으로 유도하여 미궁의 환상에 빠지게 된다.

그러므로 미래의 시간 속으로 접속을 원하는 자는 사랑의 빛이 담긴 그릇의 원리를 먼저 이해해야 할 것이다.

미래 희망이라는 시간 속에 담겨 있는 빛을 통해서 성공이라는 고지를 점령하려고 할 때 지혜의 수단으로 활용하게 된다. 그러므로 미래 희망을 담기 위한 수단으로 글, 말, 빛, 소리 등을 매개체로 활용한다.

많은 사람이 미래 시간을 알고 싶어 하는 첫 번째 이유는 삶에서 생존권을 선점하기 위해서 일 것이다. 한 시간 앞서 가서 한발 앞을 보는 미래형 인간이 되어 보자. '아침 일찍'이라는 단어는 효(曉)라는 표현과 같으며 새벽녘, 동틀 무렵, 밝다, 깨닫다, 환희 알다 등의 의미가 담겨 있다.

일반적으로 효(孝)라는 글자는 부모님을 공경한다는 의미로 표현하지만, 필자는 효라는 의미를 색다르게 표현하려고 한다.

지식과 지혜는 사람이 삶을 영위하기 위한 수단으로서 가장 많이 필요로 하는 부분이기도 하다. 지식의 필요성으로 새벽녘 어두운 길을 걷고자 하는 자는 미지의 길에 관한 정보가 필요할 것이다.

지혜의 필요성으로 밝은 날 이미 알고 있는 길을 걸어감에 있어 현재보다는 편리성과 빨리 갈 수 있는 길을 찾고자 할 때 지혜라는 기능이 필요로 하게 된다. 현대인들의 생활에서는 지식과 지혜는 필수품이나 다를 바가 없다.

그러므로 지식과 지혜를 효(曉)라고 칭한다면, 발은 효를 찾기 위해서 오늘도 바늘구멍을 찾고자 많은 사람이 열심히 노력하고 있다.

자기만의 개성을 위한 탐구적인 길 찾기, 상대방과 경쟁을 위한 전술과 전략 세우기 등 경쟁 사회에서 생존을 위한 좋은 조건의 출구 전략을 찾고 있다.

식물들의 소생을 위한 생리 속에는 왕성한 힘을 발산하는 실시간적인 개념이 존재한다. 숲 속의 세계에서는 새벽 3~4시 사이에는 성장을 위한 발육이 정점을 이룬다.

소나무 밑에서 생산되고 있는 송이버섯의 경우 새벽 3~4시 사이에 제일 왕성하게 성장한다. 이 시간에는 버섯들이 성장하는 과정을 빠른 속도로 관찰할 수 있다. 자연 속에서 새벽이라는 공간적인 과정을 통하여 깨달음이 사람에게 주는 것이 무엇이고, 지성과 지혜를 활용하기 위한 두뇌 변환의 과정이란 무엇인가를 암시해 준다.

우리가 살아가고 있는 생활전선은 국내 · 외에서 경쟁이 치열하다. 경쟁에서 살아남고 존재하려면 남보다 더 열심히 이른 새벽부터 밤늦도록 뛰어야 한다. 출세를 원하는 자는 아침형 인간이 되라는 말도 있다.

숲 속에서 새벽이슬을 맞으면서 걸어본 적이 있는가?

새벽길을 걷다 보면 정기를 통한 머리가 맑아짐을 느낄 수 있다. 신선한 생각이 많이 떠오른다. 발상 자체가 신선하다. 신선한 아이디어를 통하여 좋은 상품이 생산되고, 좋은 상품은 판매량이 증가하고, 수익을 많이 발생하게 되는 선 순환적이면서도 경제적인 과정이라고 볼 수 있다. 또 다른 부분으로는 자아를 찾고자 효(曉)의 길을 선호하는 이들이 점점 늘어나는 추세라는 것이다. 찾고자 하는 길의 목적은 내 안에 있는 정신 변환, 생활습관 변환, 건강 증진, 삶의 질 향상, 업무 추진 능력 함양 등으로 볼 수 있다.

효(曉)의 예지 능력을 얻기 위해서 새벽길을 걸어가고자 한다면 자아 스스로 무엇을 준비하여야 하는가. 또한, 새벽길을 얼마만큼 걸어야 미래 시간에 관한 지혜를 얻을 수 있을까! 필자가 새벽길에서 얻은 깨달음은 곡선을 발견하게 된 것으로 시작된다. 다시 말하면 이슬 표면에 묻어 있는 물방울 막을 이루는 선을 의미한다.

삶 중에서 생활이라는 고리 구조는 곡선을 바탕으로 한 연속성을 이룬다. 곡선의 윤활성과 곡점의 극한성을 나타낸다는 논리이다.

인생을 살아가는 방식에서 둥글고 두리둥실 하게 삶을 엮어가는 형식과 또 다른 방식으로 각도(角度)와 절도(節度)가 있는 삶을 엮어가는 형식이 있다고 말할 수 있다. 미래 시간을 통하여 얻은 지혜를 실천함에 있어 실용성에 관건이 되는 일은 경제 논리에 의한 이익을 수반하는 것이 아니고 타인을 위한 배려와 봉사할 수 있는 자세를 갖추는 일이다. 그리하여 효(曉)를 통하여 새벽길에 놓인 이슬방울의 진리를 얻게 되고, 효(曉)를 통하여 미지의 세계와 생활 속에서 실천할 수 있는 보답이라는 길을 익히게 된다.

효(曉)가 담고 있는 길[道]들은 곡선인 부분들이 많고, 그 길의 노면은 평탄하지 못하며 요철이 많이 존재한다. 정신적으로 마음을 깨닫게 하는 길은 곡선이 주를 이루고 생체의 내면을 수행하는 과정의 길은 울퉁불퉁하면서 인내를 요구하게 된다.

두리둥실 거리는 원의 생활은 삶에 있어 공간적인 반경에 제약을 받으면서 창조성이 미약함을 보이는 반면에 각도와 절도를 지키면서 생활하는 자는 인간적으로 섬세함은 미약하나 창조성과 발전성을 동시에 포용하고 있다.

삶의 질을 향상하기 위해서는 진보성과 미래 시간이 필요한 부분들이다. 예지 능력과 자아의 가치를 발견하기 위해서는 효(曉)라는 빛이 주된 기능으로 자리를 잡게 될 것이다.

성공은 이론으로부터 오지 않는다

미래의 시간을 담아야 그 시간 속에는 성공을 위한 빛이 담기게 된다. 성공이라는 핑크빛이 담겨 있는 열매는 오묘한 맛을 지니게 되며, 성공으로 가는 길을 안내하게 된다. 그리고 다양한 방향성을 창출해 주기도 한다.

성공은 한 권의 책으로부터 오지 않는다. 성공의 가이드는 공식으로서 이론적으로 나열된 해법으로부터 오지 않는다.

출세욕과 물욕은 출구가 없는 그릇에 담아라

출세욕과 물욕을 위해서는 숨을 편하게 쉴 수 있고 필터링이 잘되는 마음의 문을 항상 열어 놓아야 한다. 동시에 비움과 채움에 과정을 언제, 어디서, 어떻게 실천할 것인가에 관하여 고민을 거듭해야 할 것이다. 더불어 소주병과 스펙트럼의 이론과 기능을 익혀야 한다.

출세욕에 열정이 가득하려면 자신의 내면세계를 먼저 알아야 한다. 자신을 안다는 것은 뇌의 능력을 안다는 것이다. 생리해부학적인 뇌가 아닌 뇌의 활용과 기능에 대하여 알아야 한다.

출세를 위해서는 지식과 지혜를 많이 동원해야 한다. 이 때문에 뇌를 활용한다는 것은 인생에서 가장 중요한 발견이 될 것이고, 출세를 하고자 하는 길목에서 큰 역량이 되어줄 것이다.

삶에서 나이가 들어가면 육체는 늙어가지만, 출세욕은 나이가 많아질수록 점점 더 강한 의욕을 발산하게 된다. 뇌의 활동은 나이와 상관없이 사용하면 할수록 늙지 않는다. 20대의 욕망과 60대의 욕망과는 서로 가치가 다를 뿐이다. 그렇기 때문에 뇌를 활용하고자 하는 부분도 서로 다르다.

20대의 뇌에서는 부분적인 면에서 인지 능력이 순간적으로 발진이 잘 되지만 60대의 뇌에서는 종합적인 인지 능력이 탁월하다는 것이 서로 다른 특징이다. 그러므로 청년들은 지식이 반짝이는 반면에 나이가 들어갈수록 두뇌에서는 지혜가 반짝인다. 성공을 위한 전문적인 기술을 필요로 할 때는 반짝이는 지혜를 통해서 찾고자 하는 통로를 열어가는 것도 바람직하다.

물욕을 통해서 부자가 되기를 원하는 자는 비움과 채움의 기능을 익히는 것이 부자가 되는 공식을 학습하는 기본적인 자세가 된다. 그리고 부자의 자격은 순간 분별력과 과감한 결단력을 가진 능력이 있어야 부자 대열의 승차권을 얻을 수 있다.

자연과학이 담겨 있는 스펙트럼이라는 공간은 광범위한 학술적인 이론과 광합성적인 기능들이 내재되어 있다. 즉 말해서 인간들이 살고 있는 삶의 방식은 매우 복잡 미묘한 기류들이 사람과 함께 숨을 쉬고 있다는 말이다. 이 때문에 자신의 내면 능력 속에서 열정적인 몸부림을 친다고 해도 탄성과 소성, 한계성이라는 벽들이 앞을 가로막는다. 그러므로 벼슬과 부자는 하늘이 내린다는 속설에 맥을 같이 한다.

출세와 부자가 될 수 있는 식(式)을 구하려고 하는 자는 장작불을 피우는 아궁이에 불을 담고 굴뚝에서 연기가 나오도록 하는 기능의 식을 익혀야 할 것이다. 연기(煙氣)라는 자연의 식은 복잡한 매듭을 풀어가는데 큰 도움을 준다. 아궁이 구조, 연소 방식, 연료의 종류, 당일 기상 관계 등으로 그 식을 풀어갈 수 있다. 아궁이라는 성(城)은 물리적으로 매우 독특한 성질을 가지고 있다. 장작불 아궁이는 욕심을 제어해 주고 감성을 조율해 준다.

장작불이 타오르는 불의 중심부를 바라보고 있노라면 황홀한 감정이 교차한다. 성공과 부의 필요성에 관해서 만감이 교차하는 체험을 하게 된다.

담뱃불 중심부의 온도는 2000~2500도 정도가 된다고 한다. 또한, 아궁이 속 참나무 장작불 심부 온도는 3000도 정도이다. 3000도 이상이 되면 무쇠의 담금질이 가능한 온도이다.

아궁이 앞에 앉아 장작불 심부에서 피어오르는 불꽃을 관능적으로 체험하게 되면, 욕심이라는 물성에 관해서 허상과 실상을 학습하게 된다. 불꽃 학습을 통해서 욕심이 부질없음을 깨닫게 해주는 동기를 유발한다. 불꽃 학습은 사람에게 세 가지 깨달음에 동기를 준다.

① 사람으로 하여금 욕심의 제어 기능

② 욕심을 제어하는 속에서 도전정신을 함양하는 열정에 정의 실현

③ 불꽃은 피었다가 잠시 후 사라진다, 지속성이 없다, 재만 남긴다.

모든 생명체들은 성장을 향한 생기욕을 필요로 하며, 그 물질들을 담으려고 한다. 인간을 포함한 동물이나 식물들도 같은 생리적인 구조를

가지고 있다.

그중에서도 인간들은 생체가 존재하므로 그 존재 가치에 우월감의 표현으로 욕심을 담아보려고 한다. 열정적인 의욕 속에서 욕심을 담으려고 하는 습관은 바람직스럽다. 그러나 그 욕심을 실행함에 있어 자기 안에서 수용이 가능한 선(線)상에서 부려야 하나 절제가 쉽게 이루어지지 않는다.

견물생심(見物生心)이다. 인간은 집요한 관능욕을 가지고 있다. 그러므로 인간 내면의 온도는 간사하다 할 정도로 편차가 매우 심하다.

사람이라는 인격체로 절제하지 못하는 것은, 그 속에 마음이라는 간사함이 요동을 치기 때문이다.

인간들은 관(觀)능욕과 동시에 색(色)욕을 소유하려고 하는 본능이 있다. 그렇기 때문에 명예와 직업적인 자리에 연연하여 출세라는 유혹에서 자유롭지 못하는 경향이 많이 있다. 또한, 색다른 물건이 있으면 소유하려고 하고 남의 물건을 빼앗으려고까지 한다.

지혜로운 사람이라면 두 어깨 위에 짊어진 짐을 내려놓아야 할 것이다. 그리고 그 어깨에 유연성이라는 지혜를 담아라.

모든 것을 내려놓는다고 하여서 자신의 가치를 떨어지는 것이 아니다. 짊어지고 있는 짐을 재정비해서 필요한 짐을 새롭게 짊어지고자 할 뿐이다. 오랜 시간 동안 짊어지고 온 해묵은 짐들을 어깨에 지고 힘들고 어두운 길을 걷는 방법도 있겠으나, 반면에 가벼운 짐들을 들고 빨리 가는 길도 있다. 짐을 내려놓는 공간적인 기법에는 또 다른 새로운 길이 항상 열려 있음을 감지해야 한다.

출세욕과 물욕을 자기가 만족할 수 있는 수위까지 채우려 한다면, 생명이 그치는 순간까지 채워도 다 못 채울 것이다.

돈은 좇는 것이 아니라 길을 담는 것이다

돈의 가치는 행복의 필요조건도, 충분조건도 아니다. 다만 필요성을 위한 교량의 증표로 사용될 뿐이다. 뜻이 있는 곳에 길이 있고, 그 길을 따라서 돈은 찾아온다.

돈은 좇는 속도만큼 바람에 밀려 더 멀리 날아간다. 돈은 인생이 걸어가는 길목에서 노잣돈에 불과하다. 결코, 그 사람의 가치로 평가할 수는 없다. 사람 가치의 순서는 첫 번째로 그 사람의 참된 인격이다.

현대 사회에 살고 있는 많은 사람은 돈을 구하고자 몸부림의 연속이다. 아니 돈을 구하는 것이 아니라 돈을 좇는 이들이 더 많은 듯싶다. 돈은 손가락으로 잡으려 할 것이 아니라 손바닥으로 담아야 한다. 그러므로 돈이 흐르는 길목에 그물을 치고 손바닥으로 돈을 담을 수 있는 지혜를 익혀야 한다.

산에 사는 산짐승이나 산토끼는 습관적으로 통행하는 길이 있다. 바닷물 속에 살고 있는 물고기를 포함한 어패류들도 영역 범위 속에서 통행을 즐기는 길이 있다. 그렇기 때문에 산에서 산토끼를 잡을 것이냐 아니면 바다에서 물고기를 잡을 것이냐 먼저 결정한 다음, 고기 그물을 설치할 것인가 토끼 덫을 놓을 것인가를 결정해야 한다.

돈을 많이 포획하고 싶은 물욕과 목표가 정해지면 방향을 잘 설정해야 한다는 의미이다. 이때 방향이 잘못 설정되면 산으로 갈 것인지 바다로 갈 것인지 방향부터 불분명해서 마음은 갈팡질팡하게 된다. 그래서 산짐승도 못 잡고 물고기도 못 잡는 어리석음을 범하게 된다.

이런 실수가 누적되면 시간과 또 다른 경비만 소비하게 되어 이중 과소비로 자금 악화를 초래하게 된다. 이와 같은 과오가 누적되면 인생 실패라는 쓴잔을 마시게 된다. 그러므로 돈을 담고자 하는 자는 물, 바람, 속도, 방향 등을 잘 익혀야 한다.

생활에서 돈의 수량을 저울질하면서 사람의 가치를 덤으로 계량하여서는 아니 된다. 돈이란 생애를 살아감에 있어 생활에 필요한 수행원 역할로서 그쳐야 한다. 사람이 살아가는 길목에서 사람의 가치가 우선 조건이 아니라, 돈이 사람을 앞서서 추월하는 것은 바른 생활의 윤리강령에서 벗어나는 일이다.

구동하는 기계의 구조 중에서 인젝션 펌프라는 기구가 있다. 돈과 사람의 관계는 인젝션 펌프의 원리와 같아야 한다고 생각한다.

인젝션의 원리는 필요에 의한 주요 기능으로 작동하면서 보조적으로 주요 작동을 도와주는 보조 기능의 역할을 한다. 그 때문에 돈이란 사람이 살아감에 있어 생활 범위 속에서 필요한 만큼만 있으면 된다.

오늘도 많은 사람은 밤과 낮을 가리지 않고 돈을 좇고자 몸부림의 연속이다. 사람이 말하기를 돈은 주인이 있고, 돈은 눈이 있고, 돈은 냄새를 풍긴다고 한다. 그 때문에 돈이라는 물체도 가는 길이 따로 있기 때문에 도(道)를 닦아야 돈이 흘러가는 길을 바르게 찾을 수 있다.

돈이 흘러가는 도의 종류는 눈을 통하여 보이는 도(道), 눈에 보이나 손에 잡히지 않는 도(道), 눈을 통해서 바라보지 못하는 도(道) 등이 있다.

이런 길 중에서도 자신에게 맞는 길을 찾아야 하고, 장단점을 분석할 수 있는 기능적인 자세를 갖추어야 효과 있는 길을 걸어갈 수 있다.

오늘도 주인을 찾지 못하고 구천을 헤매는 저 돈들을 자신 안에 있는 길로 인도해 보자. 돈이라는 물성이 잘 가고자 하는 길을 좇아서 가는 것이 아니라, 돈의 눈이 나를 향하고 나에게 들어오도록 방향을 설정해 주고 길목을 지키는 여유로움과 인내심을 보여야 한다.

어부가 고기를 잡으려 할 때는 어종에 따라서 그물의 종류를 준비한다. 그리고 고기가 지나가는 길목을 탐지하고 그물을 치는 방법을 결정한다. 이때 어부의 능력에 따라서 수확량이 각각 다르게 나타난다.

고기잡이 기술을 살펴보자. 고기를 잡고자 할 때는 어종의 생성 시기와 그물의 종류, 어종이 잘 이동하는 길목과 그물을 설치하는 시기, 그리고 어부의 기술적인 방법에 따라 수확량이 다르다. 그러므로 고기를 잡고자 하는 물건 대비 용량에 맞는 그물을 미리 준비한 어부는 많은 고기를 잡을 것이요, 그렇지 못한 어부는 수확이 적을 것이다.

진정 돈을 많이 담고자 하는 자는 입으로 돈 돈 돈 하고 외칠 것이 아니라 두뇌를 활용한 기획적인 포획을 실천할 수 있는 용기와 노력이 수반되어야 한다.

자연 논리에 의한 전(錢)의 순환 법칙이란, 사회적인 환경을 주시하면서 공기와 온도와 흐름을 읽어야 한다. 공기와 온도 속에는 색상이 담겨 있다. 그 속에 담긴 색상을 찾으려고 노력해야 한다. 그러면 그 색상 속에는 돈으로 변하는 돈의 색과 돈의 종류가 보일 것이다. 1만 원권 100장과 5만 원권 100장은 돈의 색깔과 합산 금액이 다르다.

누구나 한 번쯤 삶에서 자신에게 행운이 방문할 때 준비된 환경과 온도에 따라서 색다른 돈이 자신 안으로 쌓이게 된다. 이것이 필자가 깨달은 전(錢)의 순환 법칙이다.

필자도 한 시절에는 돈을 좇아다니는 어리석음을 체험했다. 1980년,

20대의 나이였다. 그 당시 돈 1,000억 원 이상 벌어 거부(巨富)가 되겠다는 꿈을 꾸며 모 그룹의 회장들과 동행하며 사업을 크게 하였다. 그 당시 미수교국인 중국 시장과 일본 시장을 폭넓게 다니면서 활동을 하였으나 종국에는 꿈을 이루지 못한 채 건강만 잃게 되었다.

젊은 혈기에 허황된 의욕과 열정만 가득하여서 열심히 뛰기만 했을 뿐 실효성은 없고 스스로 침몰하는 아픔을 맛보게 되었다.

돌이켜 보면, 지난날의 실패 요인은 이러했다.

첫째, 젊은 혈기에 의욕과 욕심만 앞서 갔지 단계별로 체계성이 없었다.

둘째, 돈을 좇으려고만 했지 지식과 지혜를 담으려고 하지 않았다.

셋째, 주종목 사업에 관하여 핵심적인 기술과 경영에 전문성이 없었다.

넷째, 주변 환경의 배려와 수평의 날개를 얻지 못하여 기능을 상실했다.

그리하여 전(錢)과 생활에 관해 깨달음을 얻기 위하여 30대 초반 눈물을 머금은 채 원시림이 있는 곳으로 귀촌하게 되었다.

원시림이 있는 산채에서 25년이라는 세월 속에 수많은 고행을 수련하게 된다. 원시림 생활 중에서도 바보 같은 생활을 10년 하고도 몇 년을 더 보냈다. 그동안에는 아무런 깨달음도 없었다. 그냥 일반 동물들처럼 일상의 행동이나 다를 바가 없었다. 그 시절 필자가 하는 일이라고는 밥 먹고 일하며, 책을 보고 연구하며, 잠을 청하는 것이 하루 일과의 전부였다. 물론 먹고 살기 위해 약간의 진보성 있는 일들은 하였지만, 대의적인 일은 되지 못했고 자연 속에 있는 자연 임산자원 연구가 하루의 소일거리였다.

15년이 넘도록 이렇다 할 결과물을 얻지 못하고 반복되는 일상의 연속이었으나 좌절하거나 포기하지 않았다. 연구를 수행하는 과정에서 수

많은 시련이 닥쳐와도 그 시험대 앞에서 굴하지 않고 성실하고 끊임없는 노력을 하였다.

그러던 어느 날 갑자기 세상이 새롭게 보이는 것이었다. 필자가 미래를 향하여 나아갈 길과 돈이 지나가는 길이 눈앞에 그림처럼 보였다. 그런데 나도 모르게 그 길을 이미 걷고 있는 중이었다. 돈이 되는 일, 또는 돈이 가고자 하는 길에 관하여 깨달음을 얻었다고 말할 수 있다.

그러나 필자는 현재 그 많은 것들을 소유하려고 하거나 욕심을 부리지는 않는다. 다만 욕망이라는 유혹으로부터 감정을 절제하고자 스스로 제어하고 하고 있을 뿐이다. 왜냐하면, 자연의 혜택으로 생애의 길을 깨달은 것만으로도 감사하며 현재의 주어진 생활과 환경에 만족하기 때문이다.

세상에 존재하는 재물의 진정한 주인은 따로 있는 것 같다. 부자가 되어서 많은 재물을 모았다고 해도 그 재물을 제대로 사용할 줄 모른다면, 그 사람에게 재물은 행복을 가져다주는 것이 아니라 불행의 씨가 된다.

참된 부자는 몸과 마음으로부터 부자가 될 자세를 갖추고 많은 재물을 가질만한 그릇이 만들어졌을 때, 그 사람이 가진 재물은 아름답게 쓰일 수 있을 것이다.

희망의 열매는 마음을 경영한다

자연 자원의 이용법 등 지혜에 해당하는 기능들을 숙지했으면, 다음은 마음을 경영하는 단계로 미래 진로에 관한 방향성을 익혀야 할 것이다.

나 자신은 어느 방향으로 진로를 열어갈 것인가? 내 안에서 불타오르는 열정은 무엇을 갈구하고 있는가? 자신의 생각을 바꾸는 변화의 에너지를 통해서 영감을 주는 정체성을 불어넣어야 할 것이다.

비전 제시를 통해 정체성의 출구를 찾아라

비전은 영감을 주는 정체성이라는 문화 요소를 나타낸다. 영감을 주는 정체성이 효과를 보기 위해서는 단순히 업무에 대한 생각을 넘어 자신의 내면적인 생활에 대해 생각하는 방식을 완전히 바꿔놓아야 한다.

업무 향상을 위한 영감을 주는 정체성은 우리 모두가 갈망하는 목표와 의미와 자부심에 대한 욕구를 충족시킨다. 열정에 불을 댕겨줄 영감이 없다면 삶은 단조롭고 의욕이 저하될 것이다.

우리 모두는 각각 정체성이 있다. 각자 자신을 생각하는 방식도 다르다. 이 내면적인 정체성은 수많은 요인이 모여 형성된다. 성장 지역이나 성장 배경, 학교, 믿음과 열망에 영향을 주었던 사람과 사건들이 모두 포함된다.

정체성은 어디서 일을 하고, 직장과 별도로 어떤 조직에 소속되어 있으며, 어떤 옷을 입고, 어떤 차를 몰며, 어디에 사는지 등으로 표출된다.

정체성은 우리가 하는 거의 모든 일에 영향을 미친다. 똑똑한 마케팅 전문가들은 바로 이 점을 이해하기 때문에 우리의 정체성에 호소하는 브랜드를 만들어내는 것이다.

인격적 강점 기르기

오늘날 인격 배양에 신경 쓰는 것이 얼마나 중요한지 깨닫는 사람이 늘고 있다. 일단 인격적 강점을 이해하고 수용하면 머릿속에 행동의 방향을 제시하고 안내해 주는 일종의 정신적 지도자가 생긴다. 정신적 지도는 인간의 마음속에 자리 잡은 믿음 패턴을 가리킨다. 인간의 마음은 정신적 지도로 가득하다. 정신적 지도의 토대가 되는 통찰을 얻는 순간 쾌감을 느끼게 되고 활력을 주는 아드레날린도 증가한다는 것이다.

혹은, 과학자들은 이처럼 눈에 띄는 변화가 머릿속에서 발생하는 이유는 새로 습득한 믿음을 기록하고, 그 기억을 돕기 위해 두뇌가 신경적 연결고리를 형성하기 때문이라고 설명한다.

인간의 머릿속에 정신적 지도가 형성된다는 사실뿐 아니라 태어날 때부터 인격적 강점을 어느 정도 인지한다고 생각한다.

인간적 가치를 높여라

인간적인 가치란, 모든 사람이 감정을 가지고 있고 가치를 인정받는 것이 중요하다는 뜻이다. 또 개인의 재능을 인정하고 잠재력을 발휘할 수 있도록 도와주는 것은 곧 의욕을 북돋아 주는 것이라는 뜻이기도 하다.

개인들과 직원들은 인간적 가치를 존중하는 문화에 속해 있다고 느낄 때 열정을 불사르며 조직에 대한 유대감도 커지게 마련이다. 인간이 느끼는 보편적인 욕구 중 하나는 일과 관련해 합리적인 수준의 자율성과 자유를 보장받는 것이다. 그래야 새로운 기술과 전문성을 기르면서 자신감을 얻고 개인적인 성장을 경험할 수 있기 때문이다.

또한, 조직 사회에서 가급적이면 직원들의 사기를 높여주어야 한다. 상사가 회의 도중에 부하 직원의 견해를 무시하고 면박을 주는 경우가 흔하다. 이유도 없이 다른 사람의 아이디어를 무시하거나 찬반 토론에 대한 논의 없이 무조건 자기 견해가 우월하다고 주장하기도 한다.

과도한 비판 역시 직원들의 가치를 무시하는 행위이다. 현명한 리더라면 자칫 자신감 상실로 이어질 수 있는 부당한 압력을 직원들에게 주지 않으면서도 성과를 개선할 수 있도록 유용한 조언을 할 줄 알아야 한다.

불필요한 규칙과 과도한 통제는 직원들의 가치를 떨어뜨린다. 직원들의 처지에서는 상사가 자신들을 믿지 못하고 존중하지 않는다고 생각하게 되기 때문이다. 지나친 간섭은 오히려 직원 이탈을 초래할 수 있다.

자신을 존중하고 신뢰하라

자신의 몸 상태는 유명한 의사보다 자신이 더 잘 알고 있다. 다만 의사는 병을 치료해 주고, 자신은 마음을 조율하는 기능이 있을 뿐이다. 자신의 몸체는 홀로 서 있는 나무의 모습과도 같다. 땅 위에서 씨앗이 발아하여 새싹이 트면 그 순간부터는 생명의 존중과 보존을 위해서 생존경쟁을 치르면서 홀로 외로이 살아가야 한다. 이 때문에 혼자라는 독립심이 강한 자만이 경쟁에서 살아남게 되는 것이다.

자아를 신뢰하는 것은 독립심을 위한 바탕이 된다. 또한, 경쟁을 위한 힘이 되기도 한다. 자신의 인생은 오직 자신만이 만든다. 그러므로 삶에서 모든 책임 또한 스스로 져야 한다. 이것을 충실하게 지키는 자만이 바른 정신을 가진 리더라고 말할 수 있을 것이다.

신뢰 속에서 책임감이라 하여 무겁게 느끼거나 심리적으로 중압감은 갖지 마라. 식물의 세계에서 중심을 잡고 서 있는 저 나무들은 스스로 길을 묻는다. 사람이 생활하는 세계에서도 다르지 않다. 자신의 미래는 이미 자신 안에 존재하고 있다. 다만 미래를 향한 길을 스스로 물어보기는 하나 자신으로부터 해답을 구하지 못할 뿐이다.

그것은 평소에 자신을 주인으로 섬기지 않았으며 자신을 사랑하지 않았기 때문이다. 이 순간 자신을 사랑하는 마음으로 진정성 있게 맞이하라. 그러면 당신 안에서 신뢰성을 담을 수가 있을 것이다.

모든 길에는 반환점이 존재한다. 다만 그 순간이 보이지 않을 뿐이다. 반환점에 관한 산술을 정확하게 계산하지 않고서는 그 길을 진입하지 마라. 그 길 속에는 실패라는 그림자가 도사리고 있다. 즉 말해서 계획상 반환점의 거리가 무리하다고 생각이 들거나 반환점이 없는 길이라고 한다면 그 길은 죽음의 길이 될 것이다.

자신 안에서 진정한 길을 묻고자 한다면 땀 속에서 길을 물어보아라. 노력하지 않고 잔꾀를 부리면서 길을 물어볼 때는 가시밭길을 가르쳐줄 것이다.

인간은 길을 올라갈 때의 마음과 내려올 때의 마음가짐에 있어 희비가 교차하는 감정이 존재한다. 그 때문에 인간의 마음을 설탕과 간장 맛에 비유하가도 한다. 상승 기류 시기에 뒤를 잘 돌아보지 못하면 하강기류 시기에 고뇌와 진통이 수반된다. 생애 진로에서 후유증이 수반된다는 의미이다.

그러나 식물들의 상승과 하강작용을 들여다보면 상생과 동시에 질서가 있고, 일관적인 감성이 존재한다. 나무들의 상하작용을 대표적으로 관찰할 수 있는 것은 수액의 화학적인 생리 활성 과정이다.

나무는 상하 좌우에 있는 길을 이미 잘 알고 있다. 반면에 인간은 자신의 앞과 뒤를 보지 못하기 때문에 앞으로 넘어지면 코가 깨지고 뒤로 넘어지면 뇌진탕이 된다는 아주 단순한 원리를 담게 된다.

또한, 선견지명이 있어 앞으로 나가고자 하는 만큼 앞과 뒤를 돌아볼 수 있는 여유가 있어야 한다.

수많은 젊은이에게는 미래에 대한 자신감과 의지를 불태울 시간과 공간, 그리고 기회가 필요하다. 몇 년째 학생들과 수업을 하면서 그들만의 고민과 열정, 그리고 고뇌를 접할 수 있었다. 피 끓는 청년들이 자신의 열정을 분출할 기회가 부족함을 안타까워하고 있다. 진보를 거듭하고자 할 때 돛단배에서 순풍을 맞아하는 것처럼 기능과 효율성을 함께 가져다주게 된다.

멀리 있는 산을 지표로 삼고 앞만 보고 질주하는 자는 자기 발에 걸려서 넘어지는 수가 있다. 새롭고 밝은 길을 앞에 두고 첫발을 딛고자 할 때 발밑을 잘 살피고 조심해서 걸어야 한다.

자신에게 길을 묻되 손발[手足]이 잘 알고 있는 길을 물어야 하고, 신중한 선택을 해야 한다. 발만 알고 손은 모르고, 손이 알고 발은 모르는 불균형적인 정보로는 업무 능률이 떨어지고 또 다른 시스템에 장애를 초래할 수 있다.

이것을 정보 도미노 악성 효과라고 한다. 순간적인 선택과 결단으로 효과는 효과를 낳고 부실은 부실을 낳게 하는 실수를 하게 된다. 미래의 막연함과 답답함이 지속될 때 사람들은 점술가를 찾아가서 자신의 앞날을 묻는다. 이때 얼마만큼이나 시원한 답을 얻을 수가 있을까?

몸이 아프면 전문 병원을 찾아간다. "어디가 아파서 왔습니까?"라고 물으면 환자는 아픈 부위를 말해주어야 한다. 그러면 의사는 그 부위를 진찰하고 치료 과정을 실행하게 된다.

위와 같이 점술가를 통하여 도움을 받는 부분은 자신의 미래 발전에 관하여 확률이 높은 지도를 그려주지 못하고 일반적인 안내장 같은 내용으로 위안을 받게 된다.

병원의 의사 또한 같은 이치이다. 아무리 학식이 높고 유명한 의사도 짧은 시간 안에 한 개인의 몸 상태를 전부 알 수 없다. 이 때문에 환자 자신이 의사에게 아픈 부위를 가르쳐 주어야 한다. 여기서 시사하는 점은 자기 자신의 몸과 신경기능과 정신상태 등은 자신이 그 누구보다도 잘 알고 있다는 것이다. 그러므로 자기의 중심이 있어야 하고, 자신에게 길을 묻는 수련을 해야 할 것이다.

푸른 마음은 창의성을 촉진한다

필자에게 창의성이란 무엇이냐고 묻는다면, 창의성은 새롭고 유용한 것을 생성해내는 능력이라고 말하겠다.

그러면 창의성이란 실체가 무엇일까?

우리는 창의성이 어떤 것이라고 막연하게 알고 있지만 막상 창의성이 무엇이라고 규정하기는 쉽지 않다. 필자가 생각하기에는 창의성의 가장 핵심이 되는 요소는 바로 독창성(신선한 아이디어)이라고 생각한다. 그러나 독창적인 산물이라 하여 항상 창의적인 것은 아니다. 예를 든다면 바다에서 탈 수 있는 자전거를 생각해 냈다 하더라도 창의적인 것은 아니다. 이론상으로는 그것을 실현하고 상용화할 방법이 없기 때문이다.

창의성은 왜 중요한가

창의성은 불확실한 시대의 생존 전략을 가르쳐줄 열쇠와 같다.

오늘날 우리는 커다란 변화의 과정 속에 매우 불확실하고 예측 불가능한 환경에 직면해 있다. 추락한 지점의 전혀 예측할 수 없는 환경이 바로 오늘날의 환경이라면, 추락하는 비행기 속에 타고 있는 승객들은 오늘날 우리들의 모습이다. 사람은 현대를 불확실성의 시대라고 한다. 급속한 기술의 진보와 더불어 주변 상황과 환경 또한 변화가 많고 거세져 확실한 것이 없다는 뜻이다. 또 다른 사람은 현대를 비연속성의 시대라고도 한다.

이처럼 앞으로의 세상은 현재와 단절된 채 더욱더 불확실하게 펼쳐질 것이다. 기술 진보 또한 발전이 엄청나서 생각지도 못한 어떠한 신기술이 우리 앞에 나타날지 모른다. 과거에는 튼튼한 신체와 체력을 바탕으로 농사를 짓고 중소 가내공업을 하면서 먹고 살았다면 현대 사회에서는 대기업 중심의 기업 문화 조성, 첨단기술의 스마트폰 시대, 대형 마트의 네트워크화 등 소상공인들의 영역을 침범해서, 경영의 어려움에 처한 많은 사람이 새로운 직업을 찾아야 하는 패러다임으로 변화되고 있다.

이처럼 지식정보화 사회인 오늘날에는 상당한 불확실성과 복잡성이 존재한다. 그래서 한 치 앞의 미래를 내다볼 수 없는 예측 불가능성이 증가한다.

이러한 예측 불가능성은 많은 사람에게 스트레스를 주고 위협으로만 느껴진다. 하지만 또 다른 시각에서 보면 그 안에는 새로이 펼쳐지는 세계에 대한 많은 기회가 있다는 의미이기도 하다.

위기(危機)라는 말은 위태로움 속에 기회(機會)가 있다는 뜻이기도 하다. 이런 기회를 잡기 위해서는 일상적으로 생각하는 정도의 사고방식 이상이 필요하다. 과거의 사고방식과 틀, 관습으로부터 벗어나야 한다. 과거로부터의 탈피에서 가장 중요시되는 요소가 바로 창의성이다.

창의적인 사람의 특성

창의적인 사람은 어떤 특징을 가지고 있을까? 그리고 어떤 성장 과정을 거칠까? 또한, 지능이 높아야 창의적인 발상률이 높을까? 자아의 내면에는 창의적인 능력이 얼마나 있으며 자신은 현재 창의력의 활동에 어떻게 대처하고 있는지를 알아본다.

(1) 스스로 창의적인 사람이라고 자부심을 갖는다

창의적인 사람은 자신이 창의적이라고 생각하며 일상에서 늘 창의적인 활동을 하는 습관을 가진다. 그리고 그러한 활동을 통해 자신의 창의력에 더욱 강화를 받는다.

다람쥐는 새로운 방식으로 먹이를 먹는다. 작년과 비교를 해보면 먹이를 섭생하는 방식이 달라졌다는 것이다. 잣나무에서 잣을 잘 채취하는 청설모는 잣을 채취하는 방식과 먹는 습관이 달라졌다. 때로는 다람쥐와 함께 공동으로 잣을 채취하기도 하고 먹이를 놓고 경쟁하기도 한다. 여기에서 청설모와 다람쥐의 창의성에 공통점이라면, 잣을 채취하는 방법과 먹이를 섭생하는 방법이라고 볼 수 있다.

창의는 위대한 것이 아니다. 그저 평범한 발상의 전환점을 의미하며 한 발 진보한다는 의미가 내포되어 있다.

(2) 개방적이고 독창적이다

창의적인 사람은 관습에 매이지 않고 유연하게 사고하며, 습관적으로 사물을 새롭게 다른 각도에서 보는 성향이 있으며, 자신과 견해를 달리하는 사람과도 잘 어울린다. 이러한 개방성으로 인해 선불리 판단하지 않는다. 그리고 다른 사람의 생각이나 입장에 서 보는 것에 익숙하며 그들의 욕구가 무엇인지를 잘 파악한다. 다른 사람이 만들어 놓은 것을 단순 복사하기보다는 항상 자신의 아이디어를 추가하여 만들려는 노력을 보이는 독창성이야말로 창의적인 사람의 핵심이다.

(3) 자작나무와 같이 독립적이다

자작나무는 자신의 모든 것을 스스로 만들어간다. 또한, 자작나무는 헌신과 배려를 하는 쓺쓺이가 많다. 그리고 다른 사람과 구별되는 것을 두려워하지 않고 불필요하다고 생각하는 규칙은 위반할 수 있으며, 외부의 의견이나 평가보다는 자신의 내적 기준으로 판단하고 평가한다. 이러한 특성과 연관된 것으로 창의적인 사람은 혼자만의 시간을 강박적으로 가지려 한다.

(4) 상상력이 뛰어나며 모험을 즐긴다

창의적인 사람은 무엇이든지 자발적으로 행동하며 자신이 하는 일에 높은 열정을 보인다. 자신에게 흥미로운 일에 대해서는 밤새 몰입하는 모습을 보이며, 쉽게 포기하지 않는 끈기를 가지며 끝나기 전까지는 휴식에 들어가지 않는다.

(5) 다람쥐는 호기심이 많다

다람쥐는 호기심이 많다. 특히 어린아이들처럼 매사 경이롭게 생각하고 관심이 많다. 먹이를 찾아서 이곳저곳을 뒤지는 모습이나 잣을 먹을 때의 기교 등 모두 호기심을 가지고 하는 행동들의 예이다. 호기심은 폭

넓은 관심과 취미생활과 연결되는 듯싶다.

(6) 청설모는 난이도의 구조물에 관심이 많다

다람쥐처럼 생긴 청설모는 평지에 단순하게 놓여 있는 먹이를 찾기보다는 나무꼭대기에 있는 먹이 찾기를 더 즐긴다. 그런 것들을 보아서는 다소 복잡하고 난이도가 있는 것을 더 선호하는 습관이 있어 보인다.

(7) 예술에 대한 관심과 미적 감각이 있다

창의적인 사람은 자신이 실제로 특정 예술 분야에 재능이 있든 없든 간에 예술에 대한 관심과 어느 정도 심미안을 가지고 있다. 그래서 창의적인 사람은 음악이나 무용, 공연, 연극, 그림이나 사진 전시회, 자연 경관, 아름다운 석양 등을 좋아하고 자주 들른다.

(8) 긍정과 부정을 함께 하는 유머 감각

창의적인 사람은 유머 감각이 있다. 이것은 문제에 대해 새롭고 순진하게 접근하는 능력과 관련이 깊다. 독창적인 유머는 자신뿐만 아니라 주변 사람을 기분 좋게 만들어준다.

창의적인 사람은 긍정적인 특성뿐만 아니라 부정적인 특성도 지니고 있다. 이들은 자기중심적이고, 잘난 척하며, 냉소적이기도 하며, 충동적이어서 변덕이 심하며, 어린아이처럼 무질서하고, 신경질적이며, 지나치게 자기주장을 함으로써 다른 사람을 무시하는 등 부정적으로 비춰지기도 한다.

아무튼 창의력을 활발하게 움직이는 사람은 긍정과 부정이 동시에 내재되어 있고 활동에서 아집이 독특하다고 말할 수 있다.

연령과 창의성

창의력은 태어나면서부터 나이가 들어감에 따라 계속 증가하는 것인가? 변함없이 유지되는 것인가, 아니면 점차 감퇴하는 것인가도 관심거리다. 이러한 관심과 관련하여 두 가지 상반되는 주장이 있다. 감소 모델과 증가 모델이 그것이다.

감소 모델은 나이가 점점 들어가면 창의력이 감소하며 열 살 어린아이의 창의력과 50세 성인의 창의력을 비교해 보면, 50세 성인의 창의력이 감소한다고 주장한다. 반면 증가 모델은 나이가 점점 들어가면서 창의력이 증가한다고 주장한다. 창의성이 연령과 함께 증가하느냐 감소하느냐의 논의는 구체적으로 창의성이 가장 꽃 피는 시기가 언제인가에 대한 궁금증일 것이다.

필자의 생각은 20~30대가 가장 창의력이 꽃 피는 시기라고 주장한다. 그리고 어른들은 새로운 아이디어를 내려고 할 때 꿈의 세계로 돌아가자는 이야기를 많이 한다. 그 이유는 아동기가 가장 창의적인 시기이며 논리, 법칙, 규범, 기존 질서와 가치의 영향을 받지 않는, 즉 일반사회의 공통적인 생각의 틀이나 고정관념에 거의 영향을 받지 않는 순수한 시기이기 때문이다.

지능과 창의성

지능과 창의성은 별개의 개념이기에 둘 간에는 서로 상관이 없다는 견해와 밀접한 관련이 있다는 상반된 주장이 있다. 하지만 지능수준이 낮은 사람에게서 놀랄만한 창의적인 성과가 나온 경우가 드물다는 점에서 지능과 창의성 간에는 관계가 있는 것으로 보인다.

소나무와 담쟁이의 삶을 들여다본다. 담쟁이라는 식물은 줄기성이나 독립적으로는 줄기를 직립으로 세울 수가 없다. 그래서 다른 물체에 기생을 해야 한다. 이때 소나무에 기생을 하면 약초로 이용이 가능하고 돌담에 기생하면 식용으로는 사용이 불가능하게 된다. 필자는 이와 같은 사례를 보면서 지능과 창의성이 연관이 있다고 생각한다.

신념의 마력은 자신감을 재창조한다

신념과 함께 직진의 길을 선택하라. 그러면 기적이 일어나는 길을 안내받게 될 것이다. 창의성의 과정을 통해서 긍정적인 능력을 수련했다면 긍정적인 능력으로 하여금 자아의 마음속에 신념을 바로 세우고 자신을 신뢰하면서 성공을 향한 길을 걸어가야 할 것이다.

뿌리가 굳건한 나무 한 그루가 있다. 바람이 그를 매섭게 괴롭힌다. 매서운 바람은 얼굴을 차갑게는 할 수 있으나 당신의 내면에 담겨 있는 의지는 절대 꺾지 못한다.

인간이 생활하는 세계에서는 어떤 장애도 굳센 의지 앞에 아무런 방해가 될 수 없다. 굳은 정신을 가지고 모든 일을 헤쳐나가는 사람에게 매서운 바람은 도덕적 미와 힘을 더해줄 뿐이다.

자아의 분명한 마음의 그림을 그려라

인간의 상상력, 즉 눈으로 보는 능력은 잠재의식으로 하여금 자석처럼 끌어당기는 힘을 일으키는 원동력이다.

당신은 지금 이 순간 마음으로 진정 무엇을 바라고 있는가? 가령 당신의 간절한 소망이 멋진 약초 빵을 굽는 일이라고 생각하자. 변변치 않은 소원이라고 말하면 안 된다. 나는 이 직업을 통해서 대기업을 만들어 간다는 꿈과 신념이 있기 때문이다.

거울을 통해서 신념을 보라

일상에서 거울은 누구나 하루에 한 번쯤은 바라본다.

거울 앞에 서 있는 자신의 실상을 바라보면서 자신의 그릇 속에 무엇을 담아야겠다고 생각해 본 적이 있는가.

거울의 기능은 자신의 인상을 깊게 해주고, 신념을 굳게 하고, 정열을 갖게 하고, 자신의 가치와 재능에 대해 자신감을 갖게 하는 작용을 한다. 당신이 아직까지 잠재의식을 활용하는 기술이 당신의 장래를 위해 어떤 영향을 주는지를 잘 이해하지 못한다면 이런 계기를 통해서 학습하는 기회가 되었으면 한다. 당신의 마음속에서 깊이 잠든 힘을 끌어내어 활동하게 하려면, 스스로 그 힘을 믿지 않고서는 실현 불가능하다.

예부터 위대한 웅변가, 설교가, 배우, 정치가 중에는 거울 기능을 이용한 사람이 많다.

자신에 영혼을 보는 것

연설을 하기 전에 거울 앞에서 예행연습을 하면 자신의 몸짓이나 음성, 청중을 둘러보는 표정 등 실제로 연단에 올라가서 연설할 때의 모습을 마음속 깊이 그려 넣을 수가 있다.

거울을 봄으로써 그 사람의 마음에 진동은 강해지고, 말이 갖는 의미나 힘도 커져서 청중의 잠재의식에 정확하게 파고들 수 있게 된다.

자신에게 자기 생각을 팔아라

사람은 스스로에게 문제를 던지고 답을 구하는 데 있어 스스로 자문을 구해야 할 것이다. 그리고 자신을 설득할 수 없으면 다른 사람도 설득할 수 없다. 사람이 살아가는 공동체에서 이것은 기본적인 진리이다.

역사적으로, 대중적인 집단 운동은 그것이 종교적이든, 사회적인 단체이든 모두 한 개인으로부터 나온 것들이다. 자기의 생각에 대한 열정적인 신념이 몇백만이나 되는 군중의 생각을 움직여 자기 쪽으로 끌어들인다.

심리학을 모르더라도 한 사람이 넘치는 정열을 갖고 있을 경우 그것은 금방 다른 사람에게 옮아간다는 것은 누구나 알고 있다. 거울의 기능은 이런 효과를 낳는 간단하고도 효과적인 방법이다. 이런 기법을 사용할 경우 세일즈맨은 자기의 판매력에 대한 신념을 높일 수 있다.

거울의 기능은 자신의 인상을 깊게 하고, 신념을 굳게 하고, 강한 열의를 갖게 하고, 자기의 가치와 재능에 자신감을 갖게 하는 작용을 한다. 정신의 연마라는 점에서 볼 때 거울의 기능은 잠재의식이라는 위대한 힘을 끌어내기 위한 쉽고도 좋은 방법인 것이다.

또 거울 기법을 사용하여 우리들의 면담 상대를 움직일 수 있는 것이다. 왜냐하면 자신이 그 사실을 느끼든 못 느끼든 간에 우리는 설령 상품을 팔고 있는 것은 아닐지라도 우리의 생각과 인격을 상대방에게 팔고 있는 셈이기 때문이다.

사람들에게는 누구나 팔아야 할 상품을 갖고 있다. 농부는 도시 소비자들에게 농산물을 팔아야 하고, 여행사는 도시민 농촌 관광객들에게 체험 휴양 마을에 담겨 있는 기능들을 상품으로 팔아야 하고, 농기계 및 비료 회사는 농부들에게 전문적인 기술과 신뢰를 팔아야 한다. 남성은 자기의 연인에게 신뢰해도 좋을 만한 남자라는 믿음을 팔아야 한다. 모든 대인관계는 어떤 형태로든 사고파는 것이 근본을 이루고 있다.

남을 설득시켜 내가 생각하는 쪽으로 끌어당길 때도 역시 신뢰감이 필요하게 된다.

거울의 형태와 거울 기능을 이용하는 방법

거울의 방향을 여러 가지 형태로 만들어 놓는다. 그리고 자신의 모습을 다면적인 각도에서 관찰할 수 있게 한다.

이 기술을 당신이 희망하고 원하는 수준으로 맞춰서 활용하는 방법을 알아본다. 먼저 거울의 종류와 설치하는 형태를 나열한다. 거울의 종류는 평면거울, 오목거울, 볼록거울 등을 주로 사용한다.

■ 거울 설치 형태

전면 수직 평면 거울형, 사면 수직 평면 거울형, 정육면체 평면 거울형 등의 형태로 설치하고 응용할 수 있는 거울의 종류는 오목거울과 볼록거울을 이용해도 좋다.

가정이나 직장에서는 공간상 설치를 못 할 수가 있다. 그러면 전면 평면거울 앞에서 체험을 하는 방법으로 실행하라.

전면에 설치된 거울을 보아라. 그 거울이 반드시 키보다 클 필요는 없지만, 될 수 있으면 신체 전부가 비칠 정도가 되면 효과가 배가 된다.

마음의 준비가 되었으면 체험을 해보기로 하자.

① 부동자세(차려자세)로 거울 앞에 서라. 그리고 팔꿈치를 붙이고,

배를 넣고, 가슴을 펴고, 턱은 전면을 주시한다.

② 호흡을 3~4회 정도 편하게 심호흡을 하면서 마음을 조절한다. 그리고 자기 마음속에 힘과 결의가 넘칠 때까지 심호흡을 계속한다.

③ 자신의 눈동자를 들여다보면서 자신이 추구하는 것이 무엇인가를 자신의 뇌파로 하여금 정보를 제공해 주어라.

④ 큰 소리로 그 내용을 말하면서 입술이 움직이는 것을 똑바로 쳐다보아라. 그리고 그 말소리가 들리도록 귀를 기울이면서 몇 번이고 그것을 반복하라.

이와 같은 일은 날마다 규칙적으로 실행해야 하며 하루에 적어도 두 번, 아침저녁으로 실행하면 효과적이다.

눈은 그 사람의 신뢰성을 대변해 준다

사람의 눈은 마음과 같으며 그 사람의 마음은 눈으로 표출하기도 한다. 사람이 처음 만났을 때 상대방의 눈을 들여다보고 그 기분을 살피려 한다. 그러므로 항상 자신의 눈을 맑게 바라보는 습관을 길러야 한다. 눈을 바라보는 습관 교정 학습을 하게 되면 표정이 점차 살아나서 마음속에서 느끼는 힘이 커지는 것을 알게 될 것이다.

두 눈의 강열한 빛은 자신이 그린 생각을 잠재의식에 주입시키는 일이 성공하고 있음을 느끼게 해준다. 그리고 새롭게 증가된 힘이나 강열함이 자신의 일상생활에도 도입되어 친구들도 자신의 모습을 보면서 박력이나 활력이 증대되었음을 알게 될 것이다.

거울의 효능은 여기에서 그치는 것이 아니다. 능력과 인격을 높여 주고 그 사람의 육체적인 매력도 높여 준다. 만일 자신이 누추한 몸가짐으로 걸음걸이나 외모가 단정치 못하다면 거울은 그것을 그대로 자신에게 보여줄 것이다.

인격이 훌륭하고, 좋은 위치에 있고, 무슨 일이나 성공할 사람이라면 그런 모습을 보이지 않는다. 만일 자신이 품위 있는 사람이 되고자 한다면 자신의 그림 속에 품위 있는 사람의 모습을 그려 넣어야 한다.

또한, 인생이란 드라마 같은 생활 속에서 자신이 선택한 배역이 어떤 것이든, 그것을 거울 앞에서 연출해 보는 것도 삶의 질을 높이는데 큰 학습이 될 것이다. 그리하여 자신의 잠재의식이 자신의 욕구를 받아들여서 자신이 접촉하는 모든 이들에게 보이고 싶어 하는 모습을 만들기 위하여 노력하게 될 것이다.

미래 녹색 시대를 여는 집중의 힘

미래 녹색 시대는 거창한 구호가 아닌 가냘픈 새싹으로부터 시작된다. 새싹을 통해서 생명체를 이해하고 발아라는 과정을 학습해 보자.

우리들 모두는 타고난 재능을 갖고 있다. 그러므로 타고난 재능에 집중해야 할 것이다. 그리고 그것을 찾고 발전시키는데 많은 시간을 보내야 할 것이다. 그러나 자신 안에 담겨 있는 재능을 찾아가는 과정이 그리 쉽지만은 않을 것이다. 어떤 사람은 여러 해가 걸리기도 하고, 어떤 사람은 평생토록 찾지 못하는 경우도 있다. 그 때문에 재능을 발견하지 못한 사람의 삶은 당연히 성공에서 멀어진다. 그리고 그들은 평생 잘하지도 못하는 일에 매달린 채 늘 허덕이며 살아가게 된다. 이것은 마치 동그란 구멍에 사각 마개를 끼워 넣으려는 것과 같아서 울화가 치밀어 스트레스와 좌절감만 낳을 뿐 절대로 성공이 찾아오기는 어렵다고 볼 수 있다.

그래서 맞춤형 일자리를 찾아야 하고, 일머리에 의한 우선순위를 찾아야 하는 것이 필수적이다. 그러므로 가장 먼저 해야 할 일을 정하고, 거기에 집중하면 분명 좋은 성과가 뒤따르게 마련이다. 이런 습관으로 하루하루를 살다 보면, 언젠가는 극적으로 도약할 기회도 오게 된다.

우선순위의 일을 찾아내려면 먼저 일주일 단위로 되풀이되는 일상의 활동들을 면밀하게 분석해야 한다. 사소한 행동 하나까지도 꼼꼼히 적어 나가다 보면 자신에 대한 뜻밖의 사실을 많이 발견하게 된다.

업무량을 일주일 단위로 볼 때 일반적으로 사람은 7~10개 정도의 일을 적는다. 어떤 사람은 무려 20개의 항목을 적는 경우도 있지만, 한 주에 20개의 일에 모두 집중할 수 있는 사람은 없다. 그런 상황이라면 누구라도 산만하고 혼란스럽게 일을 처리할 수밖에 없고, 결국 제대로 마무리되는 일은 하나도 없게 된다. 그렇다면 재능 있는 일이란 무엇을 의미하는가?

아마도 이것은 별다른 노력 없이도 남들보다 뛰어난 성과를 거둘 수 있는 일이며, 자기 자신에게 활력을 주는 일이라고 말할 수 있다.

만약 자신이 돈 버는 일과 직접 관련된 활동을 하지 않는다면, 그 역할을 대신하는 사람의 경우를 생각하면 된다. 그 사람은 재능을 충분히 발휘할 만한 일을 하고 있는가? 만약 그렇지 않다면 자신의 생활에는 중대한 변화가 초래될 수도 있다.

선택과 집중의 연습 또 연습

뛰어난 운동선수의 경우를 상상해 보라. 그는 우승자가 되기 위해 자기의 재능을 집중적으로 연마한다. 어떤 운동을 하건 마찬가지다.

운동선수는 자신이 가장 잘할 수 있는 기술에 집중하고, 그것을 발전시키는데 대부분 시간을 투자한다. 비생산적인 다른 일에 시간을 낭비하는 일이 드물다.

여기에서 중요한 부분은 그들은 연습하고, 연습하고, 또 연습한다는 것이다. 뛰어난 운동선수들은 자신이 취약한 부분에 많은 시간을 들이지 않는다. 또한, 자신이 가장 뛰어난 영역을 분명하게 찾아내려면, 먼저 스스로 몇 가지 질문을 해보아야 한다.

별다른 노력이나 준비가 없어도, 내가 가장 잘 해내는 일이 무엇인가?

다른 사람보다 훨씬 쉽게 이루어내는 일이 어떤 것인가?

또한, 남들이 엄두를 못 낼 정도로 앞서 가는 일이 무엇인가?

오늘날의 시장 상황을 고려했을 때 내가 갖고 있는 재능 중에서 가장 빛을 발휘할 수 있는 것이 무엇인가?

그리고 그 독특한 재능으로 어떤 일을 할 수 있는가 등의 고민을 통해서 문제점을 찾고 문제점 해결을 위한 훈련이 연속적으로 이루어져야 할 것이다.

황무지의 생명 발아의 힘

잠에서 일어나라. 그리고 꿈에서 깨어나라. 세상 속으로 도전장을 내밀어 보자. 비로소 자아를 발아하게 된다.

황무지라고 포기하지 마라. 황무지의 환경도 자연의 한 조각이다. 그러므로 자연의 생명이 존재한다. 그 때문에 나는 존재할 수가 있다.

무일푼 빈손에서 처음으로 시작하여 인고를 다하여서 상품을 개발하고, 시장원리에 의한 냉정한 심판대에서의 존재와 치열한 경쟁에서 승리하여 고지를 점령할 때까지 나는 나라고 나 자신을 부르지 않으리!

산비탈 자갈밭 위에 한 송이의 꽃을 피울 것이다. 꽃망울이 아름답고 향기가 진한 매혹적인 꽃을 말이다.

산과 들에서 자라는 잡풀들은 생명력이 강하다. 그중에서도 '오행초(쇠비름)'라는 식물은 존재하고자 하는 의지력이 매우 활발하다. 그뿐만 아니라 사람에게 보약이 되는 음식으로 이용되기도 한다.

오행초의 생명력이 강하다고는 하나, 사람만큼이나 생명력이 강하지 못하다. 그러나 오행초는 살아가고자 하는 의지와 생명력 보존을 위한 지속성과 종자를 번식시키는 생산성은 무한하다. 이것은 인간으로서 생존하고자 하는 의욕과 같다. 새 생명이 살아 있는 발아의 힘이라고 표현할 수 있다.

봄이 되면 모든 식물들의 세계에서는 새싹을 틔운다. 춘 사월을 잔인한 계절이라고 표현한 사람도 있다. 새싹의 발아 과정은 출산을 하는 것과 같은 진통이 수반된다는 의미와도 같다. 또한, 외로운 길을 홀로 고뇌를 감내하면서 걸어가야 하는 아픔이 있다는 것과도 같다.

녹색 기운이 담겨 있는 새로운 땅 위에서 자신의 존재성을 알려보자.

필자도 산속으로 들어온 지 벌써 20년이란 시간이 지났다. 무에서 유를 창조하면서 많은 시련을 겪고 눈물을 흘렸다. 그 결과 '휴선'이라는 프로그램을 만들었다. 이제는 새싹 같은 봉우리가 형성 중이다. 앞으로 발아가 잘되어서 꽃이 활짝 피었으면 한다. 그러나 꽃이 활짝 핀다는 것은 희망 사항일 것이다. 새싹이 움트는 과정은 많고 많은 시련을 동반한다. 현재 많은 시련 속에서 인내를 시험받고 있다.

누구나 한 번쯤은 강도 높은 시련을 맞이할 것이다. 이럴 때 발아(發芽)라는 과정을 공부해 보자. 그러면 홀로 서기에서 자신감이 넘쳐날 것이다. 어렵다고 좌절하지 말고 스스로 발아라는 새싹이 되어 보자.

지식은 식(式)을 담는 것, 지혜는 감(感)을 담는 것

사회는 사람에게 기능과 능력을 요구한다. 사람의 능력이란 무엇인가. 지식과 지혜가 융합하면 능력이란 힘을 얻게 된다. 현대 사회에서 사람의 능력을 필요로 하는 곳은 많다.

그렇다면 인간 시장에서는 어떤 능력을 팔고 사는가. 기능은 사는[買] 것이고 능력은 파는[賣] 것이다. 그러므로 기능과 능력을 합하면 경제 논리와 시장 원리가 성립되어 생산성이 형성된다. 이 때문에 기능은 식(式)을 담고 풀어가는 것이고, 능력은 감(感)을 구하면서 자신의 성(城)을 쌓는 것이다.

유능한 인재가 되고 정상을 향하여 길을 걸어가고자 하는 자는 식(式)을 풀어가는 것과 감(感)을 구하는 방법에 익숙해지는 노력을 해야 한다. 그러므로 식과 감을 잘 이해하게 되고 맞춤형 자아의 영양분이 되어 성공으로 가는 길목에서 지름길을 구하게 될 것이다.

모든 사람은 왜 지식을 담고자 할까? 그들은 지식을 통하여 무엇을 얻고자 수행(학업)에 정진하는가? 지식을 얻기 위한 수행 자세는 지식을 가르쳐 주기 위해서 안으로부터 비우고자 하는 자의 수행(修行) 자세가 한결같아야 바른 지식을 습득할 수 있다.

또한, 인간다움이 담겨 있는 길을 걷기 위해서는 일련의 과정을 거쳐야 하는데, 그 속에서 비우고자 하는 자와 담고자 하는 자들의 수행이라는 인고의 과정이 담겨 있다. 위의 대목에서 비우고자 하는 자는 성심이 있는 마음으로 베풀어야 약이 될 것이요, 담고자 하는 자는 정도와 균형을 잃게 되면 독성을 담는 것과도 같다.

필자에게 지식이 무엇이냐고 묻는다면, 사용하는 영역 위에서 적정한 규격품 속에 들어 있는 정보의 식(式)을 공식으로 풀어서 일반적으로 소통될 수 있는 내용을 전달하는 과정이라고 말하고 싶다. 그리고 혜택으로는 그 정보에 식을 특정한 영역이 아닌 반대쪽에서 사용하는 것으로 실용응용, 공간 창작, 미래 창조라는 생활 지혜적인 결과물을 가져다주게 된다. 이 때문에 지혜를 담으려고 하는 자는 우선적으로 자신 안에서 식(式)을 풀어가려고 노력해야 한다. 어떤 물질을 담고자 할 때에는 마음으로부터 담고자 하는 자세가 우선적으로 준비되어 있어야 한다는 의미이다.

식(式)이란 욕심을 부린다고 해서 자연스럽게 풀리거나 담기는 물성이 아니다. 이 때문에 알고 담는 것과 모르고 담는 것은 많은 차이가 있다.

식(式)을 사전에 알고 담은 물질들은 식(式)을 풀어가면서 갈증을 해소해 주는 기능성의 약으로 변하게 되고, 식(式)을 사전에 모르면서 담은 물질은 식(式)을 풀어가면서 과용과 남용으로 변질되어 독성으로 변하게 된다는 것을 명심해야 한다.

지식을 담고자 할 때에는 바른 식을, 바른 그릇에, 바르게 담아야 한다는 의미이다. 사회생활의 진보성을 위해서는 수많은 지혜를 필요로 한다. 지혜란 지식을 기반으로 하여 그의 식(式)을 지혜로 풀어서 생체의 기능으로 감(感)을 전달하게 하여 일상생활에서 편리성을 제공해 주고, 삶의 의욕을 높여 주는 행복이 담겨 있는 물질이라고 생각한다.

현대인들이 살아가고 있는 사회에서는 지식과 지혜를 적절히 혼합하여서 사용하고 있으나, 많은 사람은 지혜보다는 지식을 탐구하는 쪽으로 많이 기울어 있는 듯싶다. 그것의 한 사례로 요즘 청년들은 노동을 신성하게 생각하지 않고 평가절하하는 경향이 있다.

직업의 선택에 있어서도 넥타이를 매고 사무실에서 근무하는 것을 선호한다. 반대로 사무실 근무를 못하는 자들은 2류 인생으로 취급받기도 한다.

이와 같은 일부 사람은 지식과 지혜를 잘 이해하지 못하는 과정에서 생산된 잘못된 정신적인 부산물이라고도 볼 수 있다.

지식과 지혜를 사이에 두고 서로 우위를 경쟁하기보다는 사람으로서 참다운 가치를 더 우선시하여야 할 것이다.

다 함께 공유하고 있는 양면성의 뇌를 한쪽 기능으로만 사용하므로 두뇌 편향성을 일으키게 된다. 이런 행동의 시간이 길어지면 그 사람은 반쪽의 사람이 된다는 것이다. 그래서 가급적이면 좌뇌와 우뇌를 고르게 활용하는 것이 지혜로운 지식자라고 말할 수 있다. 즉 말해서 뇌를 사용함에 있어 좌뇌의 사용량과 우뇌의 사용량을 단순하게 구분하여 자아 스스로 조절해 나가면서 탄력성이 있어야 한다.

참다운 삶을 살아가고자 하는 전인적인 기반 속에서 지식과 지혜가 필요한 것이며, 그 결과물의 빛이 아름답게 보일 것이다.

지식을 균형 있게 충만했다면 센스[感]라는 기능도 동시에 동반하여야 한다. 센스를 잃은 지식은 돛을 잃은 돛단배와 같다. 돛단배가 물 위에 떠 있기는 하나 앞으로 나가지 못한다는 말과 같다. 지식의 우월감 속에 지혜라는 감각을 잃게 되면 삶의 방향을 잃어 방황의 길로 접어들 수도 있다.

그러므로 식을 담을 때에는 담아야 하고, 감을 구할 때에는 구하는 용기가 필요하다. 또한, 최고의 리더가 되기 위한 역량을 갖추려면 지식과 지혜를 융합할 수 있는 기능을 익히고 실용생활에 과감하게 실행하는 용기가 있어야 한다.

컬러 감성을 통한 두뇌 활성

첫눈에 반했다. 순간 뇌를 스치는 감성이 있다. 두뇌에서 물체와 색상을 받아들이는 과정이다.

색은 열이나 소리, 복사, 파장 등과 마찬가지로 에너지가 진동하여 발산하는 빛의 형태 가운데 하나이다. 색은 태양광의 순수 백색광에서 발생하며 우리의 몸이 정신적으로나 육체적으로 건강하게 기능하는 데 필수적이다.

태양의 광선을 굴절시켜 빨강(적색), 주황, 노랑, 초록, 파랑, 남색, 보라(자색) 등의 무지개색 띠를 프리즘을 통해 볼 수 있다.

우리의 몸이 색을 지각할 수 있는 것은 눈에 들어온 빛을 통해서이다. 또한, 일부 빛은 피부나 우리가 숨 쉬는 공기를 통해 받아들여지기도 한다. 우리는 무의식중에 피부로부터 다양한 색채 에너지를 느끼기 때문에 어떤 옷은 편안하고 어떤 색은 불편하기도 한다. 우리 눈은 어떻게 색을 분별하는가 하면, 다양한 파장의 방사로 구성된 광선이 우리의 눈에 들어올 때는 눈의 동공과 안방수를 지나서 수정체에 도달하게 된다. 카메라 렌즈와 유사한 눈의 수정체는 이들 광선을 굴절시켜 눈의 뒷면에 위치하여 빛을 받아들이는 얇은 조직인 망막에 맺히게 한다.

빛이 망막에 맺히면서 신경 에너지로 전환되어 우리가 색을 볼 수 있게 되는 것이다. 망막은 빛을 감지할 수 있는 색소를 가진 두 가지 유형의 세포들로 이루어져 있는데, 이들은 간상세포와 원추세포체이다.

빛이 망막에 맺히는 순간, 하나의 원추세포 안에서 색소의 구조적인 변화가 일어난다. 눈을 통해 지각되는 빛의 자극은 시각뿐만 아니라 다양한 신체적 정신적 기능을 통제하는 뇌하수체와 송과선에도 영향을 미친다.

가시광선은 인간의 영적 에너지의 영역인 오라(aura)에 영향을 주는 살아 있는 에너지이기도 하다. 사람은 방의 벽지 색깔이 발산하는 진동에너지에 저마다 반응한다. 블루 계통의 방에서는 대부분 방안 구석구석을 쳐다보면서 즉각적으로 안락함과 평온함을 느낄 것이다. 이는 푸른색이 고요한 단파 에너지를 발산하기 때문이다. 반면에 따뜻한 장파의 진동을 가진 주황색의 방에서는 활기가 넘치고 생생한 기분을 느끼게 될 것이다.

모든 색은 반응을 일으키는 구체적인 속성과 보편적인 속성을 함께 가지고 있다. 각기 다른 여러 가지 색이 가진 전반적인 장점을 제대로 이해한다면 생활에 있어 도움이 될 것이다.

▪ 빨간색

빨간색은 스펙트럼의 가장자리에 위치한 진동이 많고 활력적인 색이다. 야망이나 새로운 출발을 연상시키는 이 색은 뜨거움, 흥분, 혈액의 왕성한 순환 등의 느낌을 준다. 지속성, 육체 운동, 힘, 긍지 등은 모두

빨간색의 속성이다.

■ 주황색

주황색은 대체로 빨간색의 일부 속성을 가지지만 보다 부드러운 여성적인 느낌을 연상시킨다. 건강, 기쁨, 행복을 상징하며 우울한 기분을 줄여준다. 그러나 지나치면 오만함을 나타내기도 한다.

■ 노란색

노란색은 태양을 상징하는 색으로 자기표현, 논리적이고 지적인 능력 등을 연상시키는 활달한 색조다. 또한, 희망, 영감 등의 인상을 주기도 한다. 반대로 탁한 색조의 노란색은 부정적인 모습과 연결된다.

■ 녹색

녹색은 자연 조화, 타인과의 공감 등을 나타내는 색이다. 감정을 진정시키고 스트레스를 해소하며 안도감을 준다. 보다 활력적인 면에서 의사결정 능력을 높이지만, 탁한 녹색은 부패나 죽음을 상징하는 부정적인 측면도 있다.

■ 청록색

청록색은 정신적인 피로를 풀어주고 행복감을 높이는 차분하고도 편안한 색이다. 또한, 변화의 기회를 의미하기도 한다. 하지만 탁해질수록 삶의 발전에 있어 무능함을 의미하기도 한다.

■ 갈색

갈색은 땅의 색이다. 안정적이고 바탕이 되는 색으로 참여와 행동 등을 고무시키지만 어두워질수록 자부심이 약해짐을 상징한다.

(※ 색상에 관한 내용들은 필자의 견해이므로 타인의 견해와 다를 수 있음)

색상을 통하여 두뇌 활동을 더욱더 새롭게 하자

현대 사회는 경쟁 사회이다. 선의적 경쟁으로 창의력을 발휘할 시기이다. 이런 환경일수록 두뇌 활성은 더욱더 두각을 나타내야 한다. 자기가 생활하고 있는 주변의 공간을 조화롭게 가꾸어 보자. 이를 통해서 두뇌 활동을 촉진하는 기회를 가져 보자.

필자의 경험에 의하면 자연적인 색상에서 두뇌의 변화와 생활관습이 많이 변하였음을 발견할 수 있었다. 예를 든다면, 기억력의 변화, 창의력의 변화 등이 있었고 생활관습으로는 배려와 베풂, 여유와 함께 편안한 마음을 가질 수 있었다.

색상을 통하여 업무 능률 개선점은,

첫째, 마음으로 색을 선택할 수 있는 기량을 기를 수 있었다. 색상을 선택한다는 것은 사무실에 있어 어떤 일을 결정할 때 빠른 속도로 결정할 수 있는 능력을 배양한다는 것이다.

둘째, 업무를 하고자 할 때에는 지루하거나 힘이 들지 않으며 즐겁다는 것이다.

셋째, 업무 능률 향상을 통한 즐거운 마음과 행복, 그리고 건강이 찾아온다.

직장에서 셀러리맨으로 일하든 개인의 일터에서 일하든 간에 일이 즐거워야 한다. 그리고 금전에 구속되어서는 안 된다. 즐거움 속에서 열심히 일하면 능률도 좋고 그에 따르는 대가는 반드시 수반된다.

일을 실행함에 있어 자기 색상에 맞는 일만을 골라서 하는 일은 미래적으로 진보성이 없고 창의성도 없다. 그리고 그에 수반되는 금전에 있어서도 제한을 받는다.

현실과 더불어 미래 지향적인 삶의 방식은 두뇌 활성을 통한 업무를 많이 요구할 것이다. 오늘을 열심히 살아가되 미래도 준비하는 마음의 여유를 가져 보자. 다가오는 시대는 컬러 센스를 요구하게 된다.

중장기 준비에 게으름이 없어야 미래의 생활 대열에서 발맞춤 할 것이고 사회는 당신을 필요로 할 것이다.

농어촌희망재단과 함께 희망이 담긴 꿈을 펼쳐가다

농림수산식품부 산하 한국마사회와 함께하는 농어촌희망재단이 있다. 농어촌희망재단에서는 농어촌 사회의 인재 양성과 농업인 삶의 질 향상을 위한 일들을 하고 있다.

주요 사업 내용을 들여다본다.

(1) 농어업인 자녀 및 후계 인력 양성 장학금 지급 및 영농 교육 실시

① 농어촌 사회의 인재 양성과 농업인의 교육비 부담 경감을 위한 농어민 후계 인력과 농업인 자녀에 대한 장학금 지원

② 국내외 농업 연수를 통해 선진 영농 지식 습득 및 영농 마인드 지속 함양

③ 영농 정착자 간 인적 네트워크 활성화 도모

(2) 농어촌 복지증진 사업 및 여성 농업인 복지 활성화 실현

① 단계적, 지속적 지원을 통한 농어촌 복지시설 및 마을 단위 공동체 지원을 통한 내실화 있는 복지사업 추진

② 농어촌 노인 및 아동복지와 더불어 농어촌의 사회적 약자인 여성 농어업인 복지 증진 실현
③ 여성농업인센터 시설 개선사업 지속 지원 및 활성화 도모

(3) 살맛이 나는 농어촌 문화사업 시행
① 농어촌 활력 및 따뜻한 사회 구현을 위한 예술 공연 활동
② 농어촌 지역 전통문화 보존 및 현대화를 위한 활동
③ 농어민 삶의 질 향상 및 문화예술 참여 및 활성화

■ 희망의 뜻 - 앞일에 대하여 어떤 기대를 하고 바람 또는 앞으로 잘 될 가능성을 의미한다.

■ 녹색 희망 - 농산어촌에 놓여 있는 녹색 자원을 통하여 자신의 미래 발전을 기대하고 희망에 의한 꿈을 실현할 수 있는 비전 창조

수해청풍(樹海淸風)

로키산맥 밴프 지역 설퍼 산 정상에서 100% 더글러스의 전나무로 채워진 숲을 바라보았다. 정상에서 본 숲은 수평선이 보이는 바다의 표면 같이 평온하며 숲의 물결이 잔잔하게 바람을 타고 흐르고 있었다.

설퍼 산 이름은 온천의 냄새에서 유래되었으며, 정상의 높이는 해발 2,285m이다.

설퍼 산 일대에 펼쳐진 숲의 바다를 바라보고 있노라니, 필자의 뇌리에 바람처럼 스치는 문구가 수해청풍(樹海淸風)이다. 나무의 바다에서 불어오는 청량한 바람을 느끼면서 '녹색 희망'이란 뜻을 헤아려본다.

정상에서 숲 표면을 바라보는 순간 수백만 그루의 나무들이 모두 사람들로 보였고, 사람들이 모여서 살아가는 모습을 보는 듯했다.

마치 지구 표면의 공간 속에서 생명을 보존하기 위한 인간들과 나무들이 공생공존을 증명이라도 하듯 하모니를 보여주는 광경이기도 하다.

지구상에 존재하는 인간들은 나무들처럼 서 있으며 일상생활을 영위하고 있다. 이 순간에도 그 숲 속에서는 수많은 생리 현상들이 발생하고 있으며, 생리 현상으로는 부분별 군락을 이루면서 발생하기도 하고, 아니면 군락 속에서도 개인적인 매체로서 활동들이 왕성하게 이루어진다.

그렇다.

나 자신의 매체는 인간들의 숲 속에 있으며 독립된 개체이기도 하다. 그러므로 숲의 바다에서 얻을 수 있는 지혜는 타인의 지시가 없어도 자기 스스로 수행해야 할 일과 미래 비전에 관하여 깨달음을 얻게 된다.

녹색 희망을 향한 열정이 가득한 한임경 학생의 희망 이야기를 들어본다.

【2030 세대 녹색 현장/학생 수기】

녹색은 자신에게 찬란한 빛을 선물할 것이다

한 임 경

나는 현재 경남과학기술대학교 원예학과에 재학 중인 학생이다. 나의 꿈은 녹색을 에너지화시키는 사업가가 되는 것이다. 어린 시절 중학교때부터 아버지가 운영하는 운수사업을 옆에서 도와주게 되었다. 아버지와 함께 일을 하면서 나 자신의 기량을 하나씩 알아가게 되었고, 나도 나중에 사업가가 되어 대성공을 거두는 여장부가 되겠다는 꿈을 갖게 되는 동기부여가 되었다. 그래서 나는 대학전공을 경영과를 선택하려고 하였으나 내신성적 관계로 원예과를 선택하게 되는 아쉬움을 남기었다.

대학 입학과 함께 학업을 진행하면서 운수업을 계속하려고 했는데, 아버지의 개인 사정으로 사업체를 매각하게 되었다. 나는 한 순간 성장을 위한 발판이라고 생각했던 것이 무너짐으로써 꿈을 잃고 실의에 빠져들게 되었다. 그래서 나는 학교를 휴학하고 1년간 해외 자원봉사를 다녀오려고 했지만 부모님의 완강한 반대로 무산되어 방황하게 되었다. 이후 방황으로부터 벗어나 나 자신을 바르게 지탱해 줄 곳을 찾던 중에 KRA와 함께하는 농어촌희망재단을 알게 되었다.

나는 지금 농어촌희망재단의 장학생이고, 재단 명예 기자로 활동 중이다.

그리고 재단의 지원 아래 2012년 동계 해외 농업연수도 다녀왔다. 이런 일련의 과정을 수련하면서 세상을 다른 시각으로 보게 되었고, 나 자신에게도 큰 변화를 주었다. 그래서 나는 조금씩 희망을 찾을 수 있었고, 잃어버렸던 꿈을 다시 찾게 하는 동기부여라는 행운을 얻게 되었다. 그래서 나는 농업도 큰 사업이 될 수 있다는 것을 생각하게 되었고, 농업을 사업 아이템으로 해서 나만의 경영 전략을 펼쳐 보기로 결심하게 되었다.

나는 농업 분야, 그리고 사업 경영 분야에서 아직 아무것도 모르는 햇병아리에 불과하다. 하지만 햇병아리인 내가 판단한 현재의 농업 상황은 그다지 좋지 않다고 생각한다. 사회적 환경으로 바라볼 때 국제 자유무역 협정과 높은 인건비, 그리고 소규모 농업과 일차적인 생산으로 그치고 마는 농업 형태의 환경은 열악하기 그지없다. 한마디로 "사업성이 없다."라고 표현하고 싶다.

하지만 생각을 조금 전환해보면 어떨까? 그 생각의 전환으로 무궁무진한 발전 가능성을 가질 수 있는 것이 바로 농업이다. 또한, 일차적인 생산에서만 끝나지 않고 생산, 가공, 유통을 할 수 있는 것이 바로 녹색 농업의 장점이기도 하다. 현재 자신이 생각하고 있는 여러 가지 아이템 중 하나가 감 이야기이다. 감을 생산하는 것에서 끝내는 것이 아니라 하나의 이야기를 만드는 것이다. 소비자들은 언제나 달콤한 스토리를 원한다. 예를 들자면, 언젠가 국내연수를 통해서 한 농가를 방문했을 때 농장 사장님이 말씀하시기를, "새가 파먹어서 상품 가치가 없고 못생겼습니다."라고 소개하였는데, 소비자는 유기농으로 인식해서 오히려 상품 가치가 높아지는 기회가 되었다고 하였다. 따라서 내가 살고 있는 산청의 곶감에도 영양의 기능과 함께 스토리를 곁들이고 싶다. 더 나아가 감식초, 감말랭이, 감와인 등 감을 테마로 한 하나의 브랜드를 만드는 것이다.

또한, 생산과 판매로만 그치는 것이 아니라, 모두가 함께 어울릴 수 있는 체험학습 공간 조성을 통해서 휴선 관광사업을 활성화하는 것이다.

이곳 곶감은 옛날 임금님께 진상품으로 올려졌을 만큼 품질이 좋다. 이렇게 생각을 조금만 바꾸어 접근하면 농업도 하나의 훌륭한 사업이 될 수 있다고 생각한다.

그래서 나는 앞으로 내가 가진 환경을 적극 활용해 나만의 기능이 담겨 있는 스토리를 만들어 갈 생각이다. 남명 조식 유원지, 성철 대종사 생가, 남사예담촌을 비롯하여 한방약초 축제와 동의보감촌 등과 연계하여 역사와 전통을 체험 관광사업과 연계하는 것이다. 그리고 나는 현재 남사예촌에 살고 있다.

이러한 활동을 통해 농업을 하나의 이야기로만 끝내는 것이 아니라 역사와 전통이 담겨 있는 산청을 대표할 수 있는 사업장으로 발전시키고, 더불어서 역사와 전통도 함께 계승하는 것이다.

즉 감을 생산하여 단순히 판매하는 것이 아니고, 산청이라는 브랜드를 함께 만들어낼 수 있는 일석이조의 길을 탐구하고 싶다.

2020년 미래의 시간이 다가오면 한임경 이름 석 자를 이야기하면 "아! 그 사람" 하고 누구나 알 수 있는 역사와 전통이 담겨 있는 기업체를 운영하고 싶다. 그리고 휴선(烋仙)의 기능성 프로그램과 함께하며 농촌 체험 산업의 발판을 만들어낸 선구자라는 이름을 남기고 싶다.

아니, 2020년에서 2030년 사이에는 반드시 꿈을 현실로 만들어낼 것이다. 나는 현재 농촌에 살고 있을 뿐 아니라 주변에 농업을 하시는 분들이 많다. 그런데 그분들은 자식들이 농업에 종사하는 것을 원하지 않는다. 농업이 미래 비전이 없다고 생각하기 때문일 것이다. 하지만 나는 농업이 무한한 가능성을 가졌다고 생각하며 더욱더 도전해 보고 싶은 욕망이 생긴다. 물론 지금과 같은 농업 환경에서는 나 자신 역시 비전이 없어 보인다. 하지만 조금만 더 생각을 깊게 하여 새로운 각도에서 새로운 아이템을 접목시킨다면, 국내에서의 성공은 물론이고 국제화 시대에 발맞추어 세계로 뻗어 나아갈 수 있는 것이 녹색 산업, 바로 농업이라고 믿는다.

나는 오늘도 녹색과 함께 생활하고 있으므로 충만한 행복감을 느끼고 있다.

02

청년 희망 재테크

청년 희망 재테크 이렇게 하라

당신은 잡힌 물고기 한 마리를 구매할 것인가?
아니면 물고기 잡는 기법을 학습할 것인가!

달걀 한 개를 먹을 것인가, 닭 한 마리를 먹을 것인가?
선택권은 당신에게 있다.

물고기를 구매할 때 재고품을 돈을 주고 살 것인가?
아니면 물고기의 가치를 높여 돈을 많이 받고 팔 것인가!

청년 재테크는 단순히 돈을 모으는 방법을 알려 주는 것이 아니다.

청년 재테크는 자신의 위치와 현실을 직시하는 데서부터 출발한다. 청년들은 전자문명의 발달과 함께 이러한 현실 파악을 수치로서 데이터화하는 두뇌가 발달되어 있다. 그러나 청년들 재테크는 이러한 현실 인식에 더해 장기적인 비전 수립과 도전정신이 결합되어야 한다.

자신이 원하는 인생 목표에 대한 구체적인 설계 없이 수치가 주는 결과만을 맹신한 채 이전의 방법을 답습한다면 과연 어떠한 결과를 볼까?

과연 이러한 계획대로 목표를 달성한 사람은 몇이나 될까? 혹자는 계산이 밝은 청년은 이러한 수치를 맹신하고 쉽게 받아들이는 경향이 있다. 그러나 이러한 재테크 방법론에 무작정 뛰어들어서 얻는 것이 있다면 남들보다 돈은 많이 벌 수 있을는지도 모르지만, 잃는 것은 돈으로 계산할 수 없는 청춘의 꿈이 담긴 시간일 수도 있다.

무한한 가능성을 지닌 청년은 쉽사리 획일화된 계획에 자신의 인생을 맡길 필요가 없다. 또한, 재테크는 자신에게 맞는 길을 선택해야 한다.

가령 직장에서 승부를 걸 수도 있고, 창업이나 유학, 또는 제2의 도약을 위해 인턴을 선택할 수도 있다. 각자 목표하는 인생이 다른 만큼 청년 재테크는 바로 이런 인생의 목표에 따라 밑그림을 그려야 한다.

가장 쉬운 예로 10~20년 후 자신의 모습을 그려 보아라. 자신이 되고자 하는 목표에 따라 재테크 방법도 달라져야 한다. 무조건 돈을 모으는 것이 청년에게는 최선이 아니다.

또한, 장기 목표를 세웠다면 이에 따른 단기 목표를 설정해야 한다. 장기 목표로서 미래 비전을 위해 견문을 넓히는 의미에서 유학이나 해외 경험을 쌓는 것도 좋은 방법 중 하나가 된다.

단기 목표로는 수익률 10%를 자기 계발에 투자해서 인성교육이 되는 역량을 강화해야 할 것이다. 또한, 창업이 목표라면 도전 목표를 확정하고 자금 마련과 실행 계획을 수립해야 한다.

이러한 실행 계획에 맞는 재테크 방향성은 안정적인 수익 확보가 아닌 실패를 각오한 위험 요소가 내재된 재테크 방법이 더욱 어울린다. 그러므로 생산공장 투자보다는 주식투자가 청년 재테크에는 맞는다는 이야기다. 이 과정에서 청년에게는 실패도 소중한 자산이 될 수 있기 때문이다.

인생 경험이 부족한 청년은 무엇보다 실패를 통해 많은 것을 경험하고 배운다. 한 번 실패를 경험했을 때 원인 분석과 더불어 계속 도전할지의 여부, 계획 변경의 여부 등을 따져보는 것도 청년 재테크의 세부항목에 속한다.

자신에게 맞는 재테크의 유형은?

(1) 평생직장형

매사에 근면 성실하며 비교적 보수적이다. 이런 유형의 청년들은 눈에 보이는 것만 믿는 성향이 강하고 안정적인 삶을 추구하며, 특히 돈 관리는 무조건 금융상품을 선호한다. 자신을 위해 무엇을 배운다는 것 자체가 시간 낭비요 헛된 것이라 여겨 현재의 모습에 만족하는 편이며 도전을 두려워한다.

따라서 자신이 받는 월급을 규모 있게 쓰며 저축하는 것이야말로 가장 좋은 재테크라 여긴다. 그러므로 금융상품에 대한 지식이 해박하고 돈거래만큼은 부모 · 형제와도 확실히 한다.

평생직장형을 객관적으로 들여다보면 위험 부담을 최소화하기 원하므로 크게 실패하지 않는다는 장점이 있지만 크게 성공하기도 어려운 유형이다. 무한경쟁 시대에서 성공하려면 근면보다는 도전정신이 무엇보다 중요하다는 사실을 인식해야 한다.

(2) 투잡스형

감정의 기복이 다소 있기는 하지만 선택은 항상 명쾌하다. 직장생활에서도 적응력이 뛰어나며 눈에 띄는 타입으로 상사로부터 사랑을 독차지하는 여우 같은 스타일이다. 호기심도 많아 주위 사람이 무엇을 하는지 항상 궁금히 여겨 자신과 그들을 비교하는 습관도 있으며, 자신이 주위 사람보다 잘났다는 결론을 곧잘 내리곤 한다. 이런 유형은 돈 버는 방법을 가장 잘 안다고 생각하고 벌 수 있을 때 뭐든 해야 한다고 생각한다. 따라서 한가한 시간의 대부분을 또 다른 일을 해서 돈을 번다.

투잡스형의 사람의 행동을 보면, 특정 분야에 대한 전문지식을 갖고 있다. 자신의 본업과도 관련이 깊은 부업을 하는 경우에는 상당한 소득을 올릴 수도 있지만 그러한 경우가 그리 흔한 것은 아니다. 이런 유형에 사람에게는 문화생활이나 취미생활을 통한 인생의 또 다른 즐거움도 있다는 것을 느끼는 것이 필요하다. 때에 따라서 불투명한 겹벌이를 하기보다는 본업에 충실하여 자신의 전문적인 가치를 높이는 쪽이 장래의 소득 면에서나 고용의 안전성 면에서나 훨씬 득이 될 것이다.

(3) 개인 창업형

내 노동보다 돌아오는 대가는 항상 적다고 생각하므로 직장생활 적응도가 낮다. 또 자신이 하고 싶은 일을 정확히 알고 있으나 처한 상황이나 여건 때문에 선뜻 최후의 결단을 내리지 못하고 있다. 따라서 창업만이 자신의 노동에 대한 대가를 정확한 셈으로 돌려받을 수 있다고 생각한다. 늘 한쪽에서는 기회를 엿보고 있어, 사업계획서나 창업에 대한 정보를 수집하기도 한다.

개인 창업은 독보적인 길을 걷는 것과 같다. 사업이란 성공과 실패율이 50 : 50이라고 할 수 있다. 이 때문에 창업해서 성공할 확률은 그다지 높지 않다. 실패의 비용이 커지다 보면 재기 불능의 상황까지 갈 수도 있다. 이런 위험을 피하기 위해서는 창업 성공에 필요한 요소가 무엇인지를 충분히 파악하고 그에 필요한 준비를 해두어야 한다. 또한, 창업의 목적이 반드시 생계형 창업이어야 하며, 평소에 자신이 잘할 수 있는 분야를 중심으로 전문성을 쌓아가면서 필요한 인맥을 쌓아두는 것도 사업 추진에 많은 도움이 된다.

(4) 자기 계발형

자신의 가치를 높이는 길은 무조건 배우는 것이라 여겨 경험을 쌓는 것보다는 배움을 선택하고, 또 배움을 통해 만족하는 타입이다. 따라서 자신의 상품가치를 올려서 멋있게 살고자 하는 방편으로 배움을 선택하고, 이를 위해서는 시간과 돈을 아끼지 않으며 이런 자신의 모습에 만족하는 유형이다. 또한, 장기적인 안목에서의 자기 계발을 중시하는 유형이기도 하다.

자기 계발형은 예술, 창작 계통에서 일을 하는 사람이 많다. 조직 내에서보다 시장에서 자신의 몸값을 높이려고 노력하는 유형이다.

이런 유형은 객관적으로 입증된 능력을 갖추고 있기 때문에 어느 기업에서도 환영할 만하지만, 이동 가능성 또한 크기 때문에 기업의 핵심 인력으로 대우받지 못하는 경우도 있다.

목표 관리로 청년 재테크를 완성하라

목표를 위한 실행 관리를 만들어 본다.

1단계 : 자기 분석

2단계 : 목표 설정

3단계 : 전략 수립

4단계 : 기간 전략의 실행

5단계 : 실행 결과 확인

직장에서 월급쟁이의 연봉은 그 사람의 능력을 나타내는 척도이다. 즉 현재의 상품 가치이다.

실제로 모든 회사에는 성공한 직장인들이 있으며, 억대 연봉에 초고속 승진자들이 어느 조직에나 있기 마련이다. 성공한 사람에게는 분명 성공의 이유가 있다. 또 직장에서 성공한 사람은 창업을 하거나 프리랜서로 독립해도 잘한다.

주변에 있는 청년들 중 잘나가는 직장인들을 유심히 살펴보면 하나같이 제각각으로 성격, 능력, 일하는 방법, 습관 등이 모두 다르다. 단 성공한 직장인들이게는 유일한 공통점을 발견할 수 있는데, 그것은 바로 목표 관리 기법을 활용하고 있다는 것이다.

실행 과제에 의한 목표를 설정하고 반드시 이루고야 말겠다는 확고한 심념으로 그 목표에 다다를 수 있는 전략을 짜며, 어떤 환경적인 장애가 발생하여도 이를 실행에 옮기는 것! 그것이 바로 성공으로 가는 길이라고 생각한다.

전략적인 사고가 성패를 좌우한다

사람은 새해가 되면 저마다 목표를 세운다. 비단 작심삼일이 될지언정

올해에는 건강을 위해서 담배 끊기, 영어 회화 공부하기 등과 같이 자신의 목표를 새 다이어리에 적어두고 의욕을 불태운다.

그렇다면 건강을 위한 금연과 회화를 통한 몸값 올리기라는 두 가지 목표의 차이는 무엇일까? 바로 자신 생각 속에 담겨 있는 전략적 사고의 유무라고 할 수 있다.

목표에는 무조건 열심히 하면 이뤄낼 수 있는 단순 목표와 전략적 사고를 필요로 하는 비(非) 단순 목표가 있다. 즉 말해서 성실하고 우직하게 앞만 보고 달리다 보면 저절로 도달할 수 있는 것이 아니라, 치밀한 사고와 전략적 계획이 전제되어야 하는 비(非) 단순 목표라는 것이다.

자기 계발, 창업, 해외 인턴, 무료 유학 등의 모든 것이 전략적 사고 없이는 성공할 수 없는 것들이다.

목표 달성을 위해서는 목표 관리가 필수적이다. 목표 관리란 전략적 사고 능력을 키우는 훈련이다. 그러므로 상황을 분석하고 인식하는 데에서부터 목표 관리는 출발하게 된다. 계획을 위해서는 자신을 둘러싸고 있는 환경에 대한 정확한 이해가 선행되지 않고서는 목표를 세울 수 없다. 또한, 목표를 어떻게 세우는가도 중요하다. 그리고 그 목표를 달성하기 위해서 내가 활용할 수 있는 것과 아닌 것을 구분하고, 활용할 수 있는 수단을 조직화함으로써 목표 달성을 위한 전략을 짜는 능력이 요구된다.

결국 목표 관리 능력이란 사물과 현상을 정확하게 인지할 수 있는 능력과 나에게 주어진 시간과 지식, 정보, 주위 사람과 물체를 조직화할 수 있는 능력을 의미한다. 또한, 목표 관리의 기본 핵심 중의 하나가 바로 시간 개념이다.

목표 달성을 위한 실행 5단계

성공한 사람은 자신이 세운 계획들을 묵묵히 실천해 나가지만, 대부분의 경우 오래가지 않아 처음의 계획은 잊은 채, 목표는 흐지부지해지기에 십상이다. 결국, 그 목표를 끝까지 달성하게 하려면 사람은 제도적 장치를 필요로 하며, 그 제도적 장치가 마련되지 않을 경우 자신만의 계획을 만들고 관리함으로써 단계적 발전을 꽤해야 한다.

(1) 자신의 장단점을 분석하라

자기 계발에 있어 미래에 주어진 모든 일들은 자신 스스로가 선행되어야 하는 작업이다. 이때 파악된 자기 분석 내용은 앞으로 진행할 모든 일의 기초가 되기 때문에 최대한 객관성을 가지고 진행해야 한다.

자기 분석의 핵심은, 자신의 약점을 찾아내는 것이다. 이 과정을 거쳐야만 자신의 최종 목표를 위한 세부 목표를 찾아낼 수 있다. 다시 말해 모든 목표를 단번에 달성하는 것은 현실적으로 어렵다는 것을 먼저 인지하고, 자신의 약점을 찾아내어 약점의 크고 작음과 우선순위, 그리고 각 약점을 보완하기 위해 필요한 시간들을 정리해 둠으로써 자신의 최종 목표를 만들 수 있게 되는 것이다.

(2) 실현 가능한 목표를 설정하라

여기에서 목표란 연봉 3,000만 원을 받는 사람이 7,000만 원으로 올리는 초고속 승진하기, 또는 내 몸값 두 배로 올리기 등의 현실성이 희박하거나 최종 목표를 말하는 것이 아니라, 자신이 세운 커다란 목표를 이루기 위한 첫 번째 관문으로서의 세부 목표를 말하는 것이다.

가령 창업을 하더라도 단계별 세부 목표를 세우고 실행해야 한다.

앞의 약점 파악 단계에서 자신의 최종 목표를 달성하기 위해 보완해야 하는 약점 중 우선순위가 높으면서도 시간이 오래 걸릴만한 것을 보완해 주는 것을 첫 번째 세부 목표로 삼는 것이 좋다.

이때 세우는 목표는 세부적이고 단순하며 단기에 끝낼 수 있는 것일수록 좋다. 하나의 커다란 목표만을 향해 끊임없이 노력하기란 쉽지 않은 일이다. 하지만 최종 목표를 위한 단계적 세부 목표들을 한 단계씩 성공으로 이끄는 과정에서 크고 작은 성취감을 얻을 수 있게 된다.

(3) 인내심과 함께 목표 달성을

목표를 이루기 위해 가장 먼저 결정해야 할 부분은 계획을 수립하는 단계이다. 평탄한 길을 걸어가면서 작은 작품을 만들어 갈 것인가, 아니면 요철이 있는 길을 걸어가면서 큰 작품을 만들어 갈 것인가를 먼저 생각해야 한다.

목표가 설정되었다면 그 다음에는 실행을 해야 한다. 실행할 때는 마라톤의 주행 작전 기법을 활용해 보는 것도 바람직하다. 그리고 계단을 오른다는 마음으로 한 단계 한 단계 올라가면서 좌 · 우측을 살피는 계획성이 바람직스럽다.

(4) 기간별 실행 계획을 짜라

자신이 세운 계획을 성공적으로 실행하기 위해서는 일일 점검을 하는 실천 계획이 필요하다. 가능한 목표 전략을 매일 새롭게 계획하고 결정해서 목표를 위한 그래프를 만들어 붙이는 것이다. 책상 앞에 그래프는 일주일 단위로 만들어 두고 매일매일 점수로 결과물을 표시한다.

때로는 예상치 못한 변수 및 오류가 발생이 되어 해결책을 찾아야 할 때가 있다. 지방 출장이나 몸살 등의 이유로 자신이 계획한 일을 정상적으로 처리할 수 없는 돌발 상황이 발생하여 그날 목표 달성 점수는 0점이 되며, 이런 날이 한 달에 3~5일만 되어도 그달의 목표 달성은 거의 불가능해진다.

이처럼 돌발 상황이 발생하여 정상적인 방법으로 목표를 달성할 수 없을 경우, 대안을 찾아서 해당 공백을 매울 수 있도록 해야 한다.

(5) 결과를 통한 성찰의 기회를

객관적인 판단력이 요구되는 단계이다. 이 단계에서 자신의 부족한 성과를 묵인하고 넘어간다면, 스스로에 대한 실망은 물론이고 앞으로 진행할 다른 여러 목표도 정상적으로 달성하기 어려워진다. 여기서 실행 결과 확인이란 매일매일의 계획을 달성한 정도가 아니라 좀 더 구체화된 결과를 통해서 그 결과를 확인할 수 있어야 한다는 것이다.

또한, 성찰을 통해서 벌점이 있을 경우에는 담금질이 될 수 있는 스스로 채찍질을 하는 자세가 필요하다. 예를 든다면 겨울철에 냉수마찰을 한다든지, 운동장을 몇 바퀴 트레이닝을 한다든지, 팔굽혀펴기를 한다든지 등의 정신적인 혁신이 필요할 것이다.

실용과 색깔 있는 재테크 기법을 찾아라

(1) 재테크 첫걸음으로 가는 길, 면접의 지혜

청년에 있어 재테크는 직장에 취업하는 것이고, 취업을 통해서 기초적인 사업자금을 확보하는 길이다. 이 때문에 취업이라는 첫 번째 관문에서 면접을 통과하기 위해서는 철저한 준비가 필요하다.

① 면접을 대비해 꾸준히 연습하라. 거울 앞에 서서 자신의 모습을 다듬는다. 또한, 동영상으로 자신의 모습을 촬영해 무엇이 부족한지 파악하고 전략적으로 연습하라.

② 면접 시작 10초 안에 좋은 인상을 주어라. 면접에서 옷차림은 단정하면서도 세련된 옷을 입어라. 그리고 면접관 앞에서는 의욕과 밝고 적극적인 표정을 연출하라.

③ 해당 직종에 맞는 나만의 이미지를 만들어라. 유통업, 제조업, 사무직 등 당일 면접 직종의 상황을 파악하고 면접 회사의 환경에 따라서 자신만이 연출할 수 있는 이미지 메이킹을 해두는 것이 중요하다.

④ 올바른 언어 습관을 길러라. 면접에서 언어의 표현은 업무 능력을 표출시키는 요소로 작용한다. 언어 습관은 잠깐의 연습으로 해결할 수 없으므로 평소에 연수를 많이 한다.

⑤ 질문의 의도를 제대로 파악하라. 면접하고자 하는 회사의 기능을 파악하고 다양한 유형의 질문들을 정리해 질문의 요지를 파악하고, 면접을 할 때 면접관이 무엇을 알아내기 위한 질문인지 제대로 파악하고 대답할 줄 아는 연습이 필요하다.

⑥ 당황은 금물, 돌발 질문에 대비하라. 주관식 질문으로 창의력을 평가하려는 의도의 질문이나 외국어 능력 질문에 대비해야 한다.

⑦ 전공, 시사, 상식을 평소에 많이 준비하라. 전공 분야의 새로운 경

향을 발 빠르게 파악해 두는 것과 신문이나 외국 잡지 등을 많이 탐독해서 시사 및 상식적인 견문을 넓힌다.

(2) 삶의 질을 좌우하는 재무 설계 기법

① 자산 현황, 부채 현황, 수입지출 내용 등을 습관적으로 기록하라. 자신의 경제 상황을 백지에 그려 마스터플랜을 짜라. 현재 돈은 얼마나 가지고 있는지, 갚아야 할 돈은 얼마인지, 매달 얼마를 벌고 얼마를 쓰는지, 적금은 얼마나 들어가는지, 보험료는 얼마나 들어가고 어떻게 보장이 되는지, 재테크로 들어가는 돈은 얼마이며 얼마의 수익을 내고 있는지, 돈과 관련된 모든 것을 기록하는 습관을 길러야 한다.

② 1년, 3년, 5년, 10년, 20년 장기 계획을 철저하게 세워라. 기록하다 보면 자신의 대차대조표와 손익계산서의 기초 자료가 나올 것이다. 이제 재테크 목표를 분기와 시기별로 정확하게 수립하라. 연봉이 1,000만 원이든 3,000만 원이든 재무 관리에는 왕도가 없다. 나의 현재 상황을 알고, 미래에 대한 철저한 계획을 수립하는 것이 재무 관리의 시작이자 끝이다.

③ 종잣돈을 마련할 투자 상품을 골라라. 투자의 속성과 원칙을 잘 알고 적당한 시점에서 투자를 하는 것이 중요하다. 자신에게 맞는 투자 상품을 고르기 위해 재테크 관련 강의를 수강하라. 투자 목적에 맞춰, 또 위험 감수의 정도에 따라 안정형과 공격형을(주식, 부동산, 채권) 선택하여 투자 계획을 세워야 한다.

(3) 소자본 무점포 창업에 기회를

① 가진 돈에 맞춰 업종 선택을 신중히 하라. 자금이 없다고 무리하게

대출을 해서 창업하지 마라. 요즘은 자택에서 사업하는 종목이 많이 늘어나고 있기 때문에 대출에 대한 비용 부담 없이 창업할 수 있다. 영업은 온라인망을 통해서 주문을 받고 유통 경로는 택배회사를 통해서 해결하면 된다. 이런 회사의 규모는 매출액이 연간 5,000만 원까지는 큰 무리수 없이 운영할 수 있다.

② 적성과 역량을 고려해 아이템을 골라라. 자동차로 이동하면서 영업하는 일은 종목도 다양하며 매출액 규모가 큰 경우도 많다. 그러나 자택이라는 장소는 공간 크기에 따라서 하고자 하는 일과 매출액이 제한을 받는다. 자택 재테크는 소자본으로 시작해서 2단계 사업 준비금을 마련하는데 용이하다. 반면에 참고해야 할 것은 자신의 적성과 능력에 맞는 아이템을 선택해 즐거운 마음으로 재미있게 일을 해야 한다.

③ 자기 관리에 최선을 다하라. 무점포 창업에 단점이 있다면 창업자 혼자 일하기 때문에 출퇴근이나 업무시간 관리가 어려운 것이 현실이다. 창업자가 건강이나 시간을 제대로 관리하지 못하면 사업은 실패할 확률이 높아진다.

④ 상품의 질과 고객을 생명처럼 생각하라. 점포 창업일 경우라면 인테리어, 상품 진열 등 점포 그 자체가 좋은 이미지를 주므로 상품의 질을 보완할 수 있지만 무점포 창업은 그런 후광효과를 기대하기 어렵다. 따라서 상품의 질이 판매에 더욱 직접적인 영향을 미치게 된다. 또한, 무점포인 만큼 고객에게 직접 찾아가는 서비스이므로 고객 관리는 생명이다.

(4) 창업 시 좋은 자리를 잡는 비결

① 주요 고객의 취향, 소비 형태, 심리는 어떤지 등을 파악한 뒤 자리

를 물색한다.

② 판매하고자 하는 상품의 소비 대상 인구가 많은 곳이어야 한다. 여기서 소비자란 상품에 따른 연령층을 고려하여 결정한다.

③ 주변 상권이 활성화되어 고객 흡수 업종들이 고루 분포되어 있어야 한다.

④ 판매하고자 하는 상품의 가격이 점포 주위 소비자들의 소득 수준과 맞아야 한다.

⑤ 근처 유사 업종 점포 주인들에게 입지에 대한 의견을 경청한다.

⑥ 점포 맞은편에 상권이 발달되어 있지 않는 경우, 그 장소는 피하는 것이 좋다.

⑦ 주차 시설 여부를 확인해야 한다.

자신의 가치를 재창조해 주는 휴테크

① 나 자신을 위해 놀아라.

누군가를 위해 의무적으로 놀지는 마라. 업무를 위한 연장선상에서 상대방과 같이 놀이를 하는 것은 재미있게 여가를 즐기는 것이 아니다. 자신만의 여가를 즐길 수 있는 공간을 찾아서 떠나라. 그리고 그곳에서 자신이 평소에 하고 싶었던 일들을 한 가지씩 체험해 보아라.

② 여가 중에는 다른 세계를 체험하라.

휴가 기간 동안에는 일상과 다른 방식의 생활 체험을 해보라. 매일 차를 이용해서 출퇴근했다면 기차나 자전거, 도보로 여행하고 편안한 침대의 콘도나 호텔보다는 야영장의 텐트에서 자연의 향기와 생태를 관찰하

라. 그러면 자연은 당신에게 또 다른 세계를 보여줄 것이다.

③ 시계의 지배로부터 벗어나라.

시계가 당신의 삶을 지배해 왔다. 출퇴근 시간, 회의 시간, 친구와 약속 시간, 애인과 데이트 시간, 회사에서 회식 시간, 배가 고파서가 아니라 점심시간이 되어서 밥을 먹고, 졸려서가 아니라 잠잘 시간이 되어서 잠을 자는 일상 등 1년에 한번쯤은 규격화된 시계가 아닌 자연 속에 담겨 있는 시계 속으로 들어가 보자. 그리고 자연과 하나가 되는 체험을 해보자.

④ 모든 역할극에서 벗어나라.

때로는 연극배우가 아닌 객석에서 관객으로서 감상을 해보자.

남편, 아빠, 선배, 과장, 국장, 장관……. 몸은 하나인데 우리에게 주어진 역할은 수도 없이 많다. 단 하루라도 자신의 이름을 찾아보자. 도시 근교 숲 속에서 독서를 하거나 생태 체험 학습을 해보라. 생체의 세포 속에 기운이 흐르는 기분이 들 것이고, 에너지가 재충전되어 업무 능률이 향상될 것이다.

청년들이여, 방황의 길을 즐겨라

청년들이여 방황을 즐겨라. 그것도 큰 원을 그리면서 말이다.

요즘 젊은이 가운데에는

방황 자체를 두려워하는 이들이 있다.

방황 없이 최단거리로 달리고 싶어 하는 것이다.

그러나 방황은 실패가 아니다.

자기답게 사는 길을 찾는데 꼭 거쳐야 할 통과의례 같은 것이다.

18세 사춘기의 꿈에 부푼 풍선 같은 방황이 아닌 성인으로서 진로를 향한 길을 찾으러 떠나보자.

큰 희망에 바람을 갖고자 하는 자는 크게 그려진 둥근 원의 공간 속에서 자신의 시간을 찾으러 맴돌아야 할 것이다.

인간들은 삶을 영위함에 있어 자아의 길을 찾고자 한다. 인간들이 가고자 하는 길은 세 가지의 길이 있다.

하나는 직선의 길이요,

하나는 굽이진 길이요,

하나는 둥근 원이라는 길이 있다.

그러나 사람은 편리한 직선의 길을 선택한다.

굽이진 길은 싫어하며 둥글게 돌아가는 길은 더더욱 싫어한다.

둥근 원 속에는 행운을 안겨주는 길이 담겨 있다.

둥근 원 생활을 지속적으로 하다 보면 어느 순간 일직선의 길을 발견하게 된다. 그 길은 자신이 찾고자 하는 지름길이 될 것이고, 그 지름길은 그토록 원하던 특별한 그릇을 선물할 것이다

자신의 몸체는 금(金)색인가 은(銀)색인가

자신의 그릇은 금으로 된 그릇인가, 아니면 은으로 된 그릇인가?

그것도 아니면 동으로 된 그릇인가? 또한, 누군가 나의 그릇을 훔치려 하지는 않는가? 혹시 밤사이에 나의 그릇이 깨어지지는 않았는가?

이런저런 생각을 하면서 하루를 살아간다. 삶이 행복하다고 긍정적으로 생각하고 적극적으로 행동하는 자만이 황금으로 된 금 그릇을 소유할 수 있는 자격과 행운이 찾아오게 된다. 그리고 자신의 그릇 안으로 금빛이 가득 담기게 된다. 이어서 그 금빛으로 하여금 선구자가 될 수 있는 길을 인도해 줄 것이다.

삶이 불행하다고 생각하고 감정적으로 행동하는 자는 은그릇을 소유하게 되어 중용의 길을 걷게 되고, 삶에서 긍정적인 생각보다도 부정에 가까운 생활을 접하게 된다. 이는 삶에서 선구자가 되지 못하고 항상 2인자가 되는 소극적인 자세로 사회생활을 하게 된다.

이 때문에 자신 그릇을 금 그릇으로 만들 것인가 아니면 은그릇으로 만들 것인가 하는 것은 그 사람의 마음가짐과 노력에 따라서 결정된다.

물론 금과 은그릇에는 각각 장점과 단점이 있다. 그러나 많은 사람은

금빛 찬란한 그릇을 원할 것이고, 그에 준하는 생활을 영위하고 싶어 한다.

그렇다. 우리 모두 금빛이 반짝이는 그릇을 창작할 수 있는 기능을 수련해야 한다. 그래서 행복한 빛을 공유할 수 있도록 할 것이다.

1일 300초 만이라도 자신의 내면에 투자하자. 300초를 잘 사용하면 3년 동안 행운을 얻게 될 것이다. 연속적으로 실행하면 30년 동안 복을 많이 받을 수 있는 행운을 얻게 될 것이다.

생애 마디마디에서 한 순간의 선택은 10년이라는 세월에 이정표를 바꾸어 놓는다. 단 3번만 잘못 선택하게 되면 30년이라는 세월 속에서 청춘도, 건강도, 재물도, 모두 잃게 되는 우(愚)를 범하게 된다.

순간의 선택을 할 수 있는 능력은 하루아침에 배양되는 것은 아니다. 하루에 단 30초라도 꾸준하게 수련하는 노력이 있어야 양질의 능력이 쌓이게 되고, 필요할 때 활용할 수 있을 것이다. 인생길을 걸어갈 때 새로운 이정표를 종종 만나게 된다. 항상 생각하고 준비된 자만이 새로운 이정표를 만났을 때 방황하지 않고 자신이 준비한 바른길을 거침없이 질주할 수 있다.

아침에 잠자리에서 두 눈을 뜸과 동시에 생명이 존재하고 있는 것에 감사함을 느껴야 한다. 자신을 건강하게 활동할 수 있게 하는 생체의 모든 기능들에게 감사함을 느껴야 한다.

생체의 기능 중에서도 특히 심장의 울림소리에 귀를 기울여야 할 것이다. 하루에 한 번쯤은 심장 기능에 관한 관심과 감사함을 가져야 한다. 그러나 우리들은 심장에 대한 관심과 감사함을 느끼는 사람이 매우 적은 듯하다.

심장이라는 인체 조직은 자동으로 자기 역할을 해주는 식으로 가볍게 생각하고 있는 이들이 많다. 그래서 하루에 한 번쯤은 자신의 그릇 안팎으로 관심을 가져야 하는 이유 중 하나이다. 또한, 그 그릇 속에 감사라는 단어를 반드시 담아야 한다.

거울 앞에 서서 자신의 모습과 얼굴을 바라보자. 그러면 그 거울을 통해서 자신의 내면이 들여다보일 것이다. 흔히들 자기 얼굴에 책임을 져야 한다고 한다. 동시에 내면의 세계에도 책임을 져야 한다. 그렇다면 자신의 그릇 속에 담긴 오라의 실체는 무엇이 있을까?

생체의 성장과 발달을 위해 사용되고 있는 기(氣)라는 물질은 생체에 어떤 기능을 주는 것일까? 자아의 실체를 외부로부터 빛을 발산하기를 원하는 자(者)는 자신의 내면에서 흐르고 있는 기능들을 영과 혼으로 맞이해야 한다. 오라의 기운은 두뇌를 맑게 해주고 심장의 기능을 맑고 힘차게 순환되도록 도움을 준다.

영과 혼이 활력을 촉진하기 위해서는 생체로 하여금 기운을 불어넣고 동시에 기(氣)의 실체에 관하여 학습을 행하는 기회를 가져야 할 것이다. [※ 영(靈)은 두뇌 부분, 혼(魂)은 심장을 의미한다.]

신체의 에너지 흐름을 이해하는 다른 방법으로는 신체의 오라(氣 : aura)를 발견하고 탐구하는 것이다. 영혼을 편안하게 하는 휴선 단무(丹舞)를 체험해 보자.

단무의 기능은 거창한 것이 아닌 단조롭고 유연성이 담겨 있다. 즉 육체와 정신이 하나로 융화시키는 통로를 만들어 준다.

우리들 몸에는 금 그릇을 창작할 수 있는 기(氣) 에너지가 흐르고 있다. 기(氣) 에너지는 태어날 때부터 누구나 근본적으로 가지고 있으며,

그 원기(原氣)는 음식물의 섭취와 호흡을 통하여 얻어지는 정기와 마음에 의해 발생하는 에너지인 진기(眞氣)가 존재한다.

진기는 마음에 의해 발생하는 에너지이므로 사람의 마음에 따라 그 수준이 달라진다. 긍정적인 사고와 감정은 긍정적인 에너지를 만들어 온몸에 좋은 에너지를 흐르게 한다.

그러나 그 기운을 가지고만 있고 잘 쓰지 못하면 소용이 없다. 평범함이 담겨 있는 단무(丹舞)는 근의 활성과 기운을 고르게 쓰게 하는 방법 중의 하나이다. 단무를 추다 보면 자연스럽게 머리는 차갑고 아랫배는 따뜻한 상태인 수승하강의 순환으로 마음을 편안하게 해준다.

필자는 매일 아침에 기상을 하여 20~30분 동안 단무를 즐기며 기운을 체험하고 있다. 기(氣)는 본질적으로 신체를 넘어서는 에너지 영역이다.

그렇지만 일반적인 기는 사람의 기분, 마음의 상태, 그리고 건강 상태에 따라 다양한 색으로 나타난다. 그 때문에 기운(氣運)에 따라서 그릇의 색이 다르게 표현된다는 이야기와 같다. 그러므로 금 그릇에 기운을 항상성으로 유지하기 위해서는 생체 차크라의 시스템을 활용하는 것이 바람직한 방법일 것이다.

나무들 속에는 어떠한 오라(氣)들이 담겨 있는가를 알아보자.

나무를 통하여 생체 건강에 관하여 유용한 체험을 할 수가 있다. 먼저 나무 수종을 선택하고 나무의 몸체에 자신의 등이나 배를 대고 있으면 나무에 에너지들이 상하로 움직이는 느낌을 감지할 수가 있다. 피부를 통해서 감도를 못 잡으면 귀를 통해서 교감을 시도해 보라. 그러면 나무에서 흐르고 있는 기운들이 내 안에 있는 기운들과 교감하는 과정을 체험하게 된다.

나무는 하부 뿌리[魂]에서 상부 줄기 끝 부분[靈]까지 생명이 숨 쉬고 있다. 나무 본체에 귀를 대고 있으면 뿌리에 있는 영양소들이 상부 쪽으로 흐르는 과정을 교감할 수 있다는 의미이다.

사람의 생명체를 유지하기 위해서는 심장의 구동이 큰 역할을 하듯이 나무에게도 심장이 있을 것이라고 상상하게 한다. 그러므로 나무에게도 생명이 존재하고 심장[魂]이 구동을 하고 있다고 필자는 생각한다.

잎들이 많이 모여 있는 상부에는 광합성을 통하여 종합적으로 영양소를 공급해 주기도 하며, 전반적으로 균형을 잡아주면서 나무의 성장을 조절하는 컨트롤타워 역할을 한다고 해도 과언이 아닐 것이다. 그러므로 생각을 하는 두뇌[靈]의 기능이라 해도 될 것이다.

나무는 언어와 소리 말[言]에 대한 기준적인 규격은 없다. 그럼에도 영과 혼이 상호 간 잘 교류하고 있다. 나무는 대체로 조직 체계의 균형이 잘되어 있다. 또한, 나무가 잘 성장하기 위해서는 상호 간 역할 분담에 있어서 이해타산이 없다는 것이 특성으로 보인다.

물론 인간의 생체 기능도 자율신경에 의해서 움직인다. 상호 협조를 하는 데 있어 이해타산이 없음은 나무의 생리와도 같다.

그러나 사람의 마음은 형형색색 모습을 하고 있다. 한마디로 말한다면 여러 가지의 형태로 나타내며, 상호 협력에 관한 기준성은 있으나 상황과 사람에 따라서 흔들림이 많다. 그러므로 순간순간 그릇의 색깔이 바뀌기도 한다.

인간은 이성과 지성을 지니고 있는 유일한 동물이다. 지성을 지니고 있는 사람의 주체인 영과 혼은 왜 중심을 잃어가고 있는 것일까. 나무 속에 있는 영과 혼은 생명이 다하도록 변함없이 상호 교류를 존중한다.

식물들의 변함없는 생리 세계에서 자아의 실체인 영과 혼의 기능들로 하여금 바른 학습을 통하여 투명한 그릇을 만들 수 있는 기회를 가져 보자. 식물들은 뿌리 속에 혼의 실체가 있다고 생각한다.

실체의 사례로 소나무 뿌리를 들여다본다. 소나무의 실뿌리에는 작은 구슬이 주렁주렁 달려 있다. 그리고 산양삼 뿌리에도 작은 구술이 주렁주렁 달려 있다. 소나무 뿌리는 다른 식물들의 뿌리와는 차별성이 있는 듯싶다. 그렇다면 이 식물에 있는 구슬의 기능은 무엇을 하고 있을까.

숨을 쉬는 세포의 기능을 하는 듯싶고, 다른 식물들과는 영양과 조직 구성에서 차별성이 있는 것으로 보인다. 그 때문에 특성이 있는 그릇은 조직의 구성 속에서 영양소가 듬뿍 담겨 있어야 한다는 말과 같다.

필자는 소나무와 산양삼 뿌리를 종종 접하면서 혼(魂)의 실체에 관하여 연구하게 되었다. 연구 결과를 이야기한다면, 혼의 실체는 에너지를 집산시키고 세포들로 하여금 순환을 촉진해 주는 기능이라고 말하고 싶다.

자신의 그릇을 일일 점검할 때 반드시 유념할 것은 영과 혼이 담겨 있는가를 확인함과 동시에 그릇 속에 담겨 있는 영과 혼의 균형은 정상인가 아니면 비정상인가를 확인해야 한다.

또한, 몸체 속에 있는 세포는 건강한지 아니면 병들어가고 있는 부분은 없는지, 또는 정신적으로 마음에 상처를 받고 있는 부분은 없는지, 그리고 가족이라는 울타리에 그릇을 마지막으로 챙겨서 가정이 행복할 수 있도록 하는 행위가 금 그릇을 창작하는데 유일한 방법이 될 것이다.

2030 세대, 특성화를 통한 창업 기회를

20대나 30대 초반인 한국농수산대학 졸업생들은 대부분 영농에 종사하면서 100대 대기업 직원의 연봉보다 더 높고, 농가 평균의 2배가 넘는 6,500만 원의 소득을 올리고 있다. 농가의 평균 소득은 도시 근로자의 70%에도 못 미치지만 40대 미만 젊은 농가의 평균 소득은 4,800만 원으로 도시 근로자보다 더 높다.

농업이라고 하면 제일 많이 들어온 소리가 "어렵다, 힘들다. 돈 안 된다."라는 것이었다. 그러다 보니 사회 전체가 가지는 농업에 대한 인식이 낮아지고, 약자 또는 천덕꾸러기 취급을 받았다. 그러나 이제는 바뀌어야 할 때가 되지 않았을까? 눈을 조금만 크게 뜨고 보면 농업은 무궁무진한 가능성을 가진 산업이다. 새로운 기술, 시장 지향적인 상품, 소비자들과의 거리를 최대한 줄이는 유통으로 앞서 가는 사람에게는 농업이 바로 미래 희망을 안겨줄 것이다. 나아가서 바깥으로 눈을 돌리면 5년 후, 10년 후에는 눈부시게 성장하는 거대 국가 중국이 우리의 고품질 농산물의 무한한 기회의 땅이 될 수도 있다.

지금까지 우리는 너무 농업의 어두운 면, 어려운 면에 시선을 두고 그

고정관념에서 헤어나지 못하고 있다. 그리고 이상하게도 농업에서 성공한 사람은 대부분 목소리를 낮추고 있어 들리지도 않으며, 힘들고 어려운 사람이 주로 목소리를 높이니 전부가 다 어려운 것처럼 보인다.

이제는 바뀌어야 한다. 소득 1억 원, 자연과 더불어 누리는 웰빙의 삶이 누구나 열심히 하면 가능할 수 있다는 희망의 씨앗을 퍼뜨려야 한다. 해보지도 않고 어렵다, 안 된다고 하는 고정관념에서 벗어나야 한다.

다른 분야에 벤처기업가들처럼 우리 농업에도 새로운 분야에 도전하는 20대의 젊은이들이 늘어나야 한다.

나 자신이 농업의 벤처기업가가 되겠다는 꿈을 꾸면서 스스로 솔선수범하여 희망에 씨앗을 뿌려보자.

농산어촌에서 창업에 공간적인 범위란 매우 다양하면서도 폭이 넓고 수익성이 높은 분야가 많다는 것을 새롭게 인식할 필요가 있다. 이 때문에 실행자가 결정하는 깊이에 따라서 사업 승패가 좌우된다.

창업의 조건은, 시장성이 있는가를 주의 깊게 살펴봐야 한다.

아이템이 무엇인가?

아이템을 연령층에 맞춘다.

시장 공약 포인트는 20~40 세대를 공약 포인트로 잡는 것이 중요하다. 우리나라 전체 인구 중 2030 세대는 약 1,000만 명 정도나 된다.

이들의 특징은 소득 수준에 비해 소비 성향이 매우 높고 자기 자신을 위해서라면 투자를 아끼지 않는다는 것이다. 그렇다고 이들이 대책 없이 소비만을 추구하는 세대는 아니다. 이들 나름대로 안정된 생활을 하며, 소비 철학을 지니고 있다.

세일즈의 생존 전략

(1) 웃음 세일즈

이젠 웃음을 팔아야 고객이 다가온다. 최근에는 창업 시장에 고객의 호기심을 유발하는 펀 마케팅이 적극 활용되고 있다. 고객을 유치하는 데 도움이 될 뿐만 아니라 눈에 보일 정도로 매출이 상승하는 효과가 있기 때문이다. 이벤트성 행사부터 고객 서비스로 이어지는 펀 경영까지 광범위하게 활용하고 있는 추세이다.

이러한 현상은 갖은 스트레스에 시달리고 있는 현대인들이 누군가에게 위로 받거나 웃을 일을 찾는 경향이 뚜렷해지면서 나타났다고 할 수 있다.

메뉴나 상품 이름 자체에 흥미를 유발한다.

제품이나 메뉴 자체에 흥미를 더하거나 메뉴 이름을 독특하게 지어 소비자들에게 웃음을 자아내게 하는 유형이다. 대부분에 웃음 영업은 여기에 해당한다고 할 수 있다.

웃음을 파는 아이디어 기법은 다양하다.

① 한발 앞서는 유행의 감각을 읽어라.

새로운 재미를 소비자에게 선보이려면 유행의 흐름을 한발 앞서 읽어내야 한다. 소비자의 입소문은 그 어느 홍보 효과보다 더 강력하다.

② 시대 흐름에 적절한 모방 전략도 효과적이다.

웃음 세일즈에 아이디어가 독창적이면 좋겠지만, 그렇지 못하면 참신한 아이디어를 더 재미있게 응용하는 전략도 필요하다. 즉 매스컴에서 유행하는 코미디 프로그램을 활용하는 것도 좋은 방법이 될 수 있다.

③ 실행자는 즐겁고 유쾌하게 실천하라.

웃음 영업은 소비자에게 즐거움을 선사하려는 것이다. 최대한 즐겁고 유쾌한 분위기를 조성하는 데 노력해야 한다. 환경적으로 즐거움을 선사할 수 있는 분위기는 실행자의 마음이 즐거워야 흥을 돋을 수 있음을 명심해야 한다.

(2) 웃음 영업의 성공을 위한 실천 전략

① 당일 소비자의 연령에 맞추어서 이벤트를 선택하라.

② 일회성보다는 지속적으로 문화 종류의 행사를 하라.

③ 웃음을 통해 직원들의 사기를 높여 주어라.

④ 항상 서비스를 위한 개발에 열정을 가져라.

⑤ 한 번 방문한 손님이 재방문을 할 수 있도록 구체적인 방안을 마련하라.

⑥ 웃음은 자신의 건강과 다른 사람에게 큰 선물을 준다고 생각하라.

감성 마케팅

최근 기업들은 자사 차별화를 위해 감성 마케팅을 활용하고 있다. 지금은 과거와 같은 편익, 기능, 가격을 강조하는 이성 마케팅으로는 더는 소비자에게 먹혀들지 않는 시대이다.

소비자는 100% 이성적인 사고로 제품을 구매하거나 매장을 방문하지 않는다. 디자인이나 느낌 또는 당시 감정 등이 작용되어 소비가 이뤄진다.

그러므로 이성에 호소하기보다는 직관과 이미지를 중시하는 감성을 자극하는 편이 보다 쉽고 적극적으로 소비자를 사로잡을 수 있다.

감성 마케팅은 이러한 점을 노려 눈에 보이지 않는 감성이나 취향을 눈에 보이는 색채, 형태, 소재로 형상화시키는 것이다. 다시 말해, 소비자의 기분과 감정에 영향을 미치는 감성을 자극하여 브랜드와 소비자의 유대관계를 강화시키는 것이다. 이것은 궁극적으로는 매출 상승을 도모한다.

감성 마케팅은 주로 소비자의 시각과 후각, 그리고 청각을 자극한다. 그중에서도 시각적 효과를 가장 많이 노린다.

(1) 감성 마케팅이 왜 필요한가?

사람의 의식 수준은 매우 높다. 그리고 소비자의 욕구도 많다.

지속적인 신기술의 등장과 그에 따른 경제 발전은 시대 흐름을 빠른 속도로 바꾸어 놓고 있다. 많은 사람이 그 흐름에 따라가지 못하면 낙오자가 된다는 강박관념으로 살아가고 있다. 감성 마케팅의 반대 개념인 이성 마케팅은 성분, 기능, 가격, 품질 등에 초점이 맞추어져 있다.

그러나 최근 산업 분야가 그러하듯이 외식 분야 창업 시장도 맛이 평준화되어 있거나 서비스도 비슷비슷한 수준으로 평준화되었다고 말할 수 있다

감각적인 제품이나 브랜드 또는 맛 등에서 큰 차이를 느끼지 못하는 소비자들은 감성에 의존할 수밖에 없다. 감성은 브랜드의 힘을 극대화하는 중요한 원천이다.

(2) 이색적인 공간으로 고객에게 감동을

스페이스(space) 마케팅이란 공간에 대한 인식이 바뀌면서 새롭게 주

목받고 있는 마케팅이다. 여기서 말하는 공간이란 매장이 존재하는 장소를 의미한다. 매매가 이루지는 장소로서의 의미에서 벗어나 고객의 마음을 사로잡는 전략적 의미로 변화하고 있다.

최근에는 스페이스 마케팅이 매장 소품이나 인테리어를 이용해 고객에게 가치를 부여하는 형태로 등장하고 있다. 편의성을 고려하여 테이블, 소품 등으로 인테리어를 하는 것이 아니라 고객에게 즐거움, 체험, 만족을 제공할 수 있도록 공간을 배치하고 있다.

스페이스 마케팅은 브랜드 이미지의 차별화를 극대화시키는 데도 큰 역할을 한다. 이것은 비슷한 가격의 제품이 넘쳐나는 창업 시장에서 보이지 않는 가치를 만들고 있다. 고객의 호기심과 감성에 호소해 경쟁력을 배가시키고 있는 셈이다.

(3) 추억을 연상하도록 자극하라

옛날 옛적 일들이 생각난다.

복고 마케팅은 소비자들의 추억과 아날로그적 감성을 자극해 소비를 늘리는 감성 마케팅의 하나이다.

7080 세대가 문화와 소비의 주체로 부상한 것도 복고 마케팅을 활성화시킨 이유 중 하나이다. 생계와 가정을 위해 많은 것을 희생했던 7080 세대들이 자신의 문화적 영역을 넓히면서 대중문화와 소비 주력 세대로 등장했다.

복고, 웰빙 마케팅을 성공하려면 과거와 현재를 제품에 적절히 조화시켜야 한다. 과거의 향수에만 기대하지 말고 시너지 효과를 발휘할 수 있도록 소비자의 신뢰를 이끌어내야 한다. 따라서 최근 소비자의 심리와 트랜드를 읽어 내고 이를 제품에 반영하는 것이 중요하다.

(4) 고객과 일대일 접속을 활성화해라

퍼스널 마케팅이란 일명 맨투맨 세일즈 기법이라고도 한다. 고객 한 사람 한사람의 욕구에 적합한 마케팅 활동으로 고객 각자의 욕구를 충족시켜 줌으로써 만족도를 극대화하는 전략을 말한다.

최근 소비자들은 개개인의 주관이 뚜렷해졌다. 불필요한 소비를 과감히 줄이거나 자신의 욕구에 적합하지 않은 서비스는 수용하지 않는 경향을 보인다.

또한, 나름대로 가치를 부여하는 것에는 고가의 소비도 망설이지 않는 가치소비가 확산되고 있다.

(5) 색상의 조화로 시선을 유도하라

색상으로 소비자의 구매욕을 자극하는 마케팅 기법이다.

기업의 제조 기술이 평준화되면서 디자인 중에서도 색상이 제품 선택을 결정하는 요인이 되었다. 사람은 색체에 감성적인 반응을 보이므로, 이것이 곧 구매 충동과 직결된다는 것이다. 기업체들은 컬러 마케팅을 이용하되 주 소비층인 10대, 20대 등 신세대 젊은 고객들을 겨냥하여 고정관념을 깨는 색으로 공약하였다. 광고에도 제품과 가장 잘 어울리는 색 하나만을 사용하여 더욱 효과적으로 메시지를 전달하여 매출을 증대시켰다.

(6) 적정한 입지 전략 포인트

① 아이템에 따라서 장소를 구애받지 않는다.

② 유동인구에 의존하면 곤란하다. 유동인구가 창업에 중요한 요소이기는 하나 유동인구의 흐름만 믿고 창업을 했다가는 낭패를 보기 십상이다. 유동인구의 흐름보다는 자신이 하고자 하는 유사한 아이템들의 접객 수를 체크하는 것이 바람직하다.

③ 상권 접근성이 용이한 지를 살펴야 한다. 고객은 걷기를 싫어하는 것이 아니라, 구매한 상품을 들고 차량까지 가야 하는 불편함을 싫어한다. 일반적인 고객들은 구매를 하고 싶은 상품을 찾을 때에는 눈에 빨리 보이고 편리한 위치에 있는 가게를 선호한다. 찾아다니는 것은 극소수에 지나지 않기 때문이다. 고객은 항상 시간과 편리성을 중요시한다는 것을 명심해야 한다.

④ 현재 상권이 성장 가능성과 잠재능력이 있는지를 파악해야 한다. 성장 가능성과 잠재능력을 찾으려면 입지 주변의 인구 증가와 접객 시설의 규모를 파악하는 것이 정확하다.

⑤ 경쟁 점포의 규모와 수를 파악해야 하며 향후 경쟁점이 들어설 여지도 감안해야 한다. 현재 영업을 하는 경쟁 점포가 상표 인지도나 규모면에서 자신보다 앞선다면 아무리 좋은 상권이라도 포기하는 것이 바람직하다.

청년층에서 창업을 시작하는 것은 결코 쉬운 일이 아니다. 그렇다고 너무 어렵게 생각을 할 필요도 없다. 또한, 사업자금과 아이템이 있다고 해서 창업을 위한 준비가 완벽하다고 생각해서는 아니 된다. 제일 중요한 부분은 시기이다. 즉 말해서 오픈을 할 수 있는 시기를 잘 잡아야 실패를 예방할 수 있다.

2030 세대와 함께 숨을 쉬는 호흡법을 익혀라

요즘 사회에서는 소통이라는 화두가 부각되고 있다.

20대에서부터 60대에 이르는 소통을 위한 묘안을 찾고 실행을 위한 통로를 만들어야 한다. 작게는 안으로 가족 간의 소통과 밖으로는 사회 구성원 간의 소통 해소가 우선순위일 것이다.

그렇다면 서로 다른 세대로서 같은 시간과 공간 속에서 살아가고 있는 사람은 어떤 문제가 장애 요인이 되고, 어떤 부분에서 공통점이 있는지를 확인할 필요가 있다.

- **20대의 인생** – 사람으로서 생명체의 모양새를 갖추고 사춘기를 지나서 바른 성인의 길에 입문하였다. 고민이 있다면 이제 스스로 걸어가야 할 길을 찾아야 하는 시점이다. 처음 걷는 길이라 어색하기도 하고 두렵기도 하다.

  새싹의 잎사귀로서 나뭇가지에 영양가가 되는 나뭇잎이 되고자 눈에서 총기가 초롱초롱하게 빛이 나는 사회 초년생이다. 이들의 문제점 1순위는 직업 선택이다. 사회가 그들의 욕구와 수요조차도 해결해 주지 못하므로 스스로 방황하고 고민하면서 출구를 찾는 시기이다.

- 50대의 인생 –사춘기, 청년기 등의 과정을 경험하고 고진감래라는 인고 속에서 경제 성장을 위한 밑받침이 되어준 세대들이다. 또한, 그들은 자신을 담금질하여 묵묵히 성장해서 튼튼한 가지에 푸른 나뭇잎이 되었고, 그 나뭇잎은 아름다운 단풍잎이 될 때쯤 자기 자신 안에 있는 빛을 모두 발휘하지도 못한 채 내려앉아야 하는 석양빛 같은 인생이다.

  20대와 50대의 공통적인 고민은 사회 구조 시스템을 문제점으로 제시했고, 공통적인 바람은 역시 일자리 창출을 문제점으로 제시했다. 더 큰 문제점은 대화를 할 수 있는 공간이 절대적으로 부족하다는 것이다. 자연의 이치를 깨닫고, 공기와 물 흐름 속에서 소통의 길을 찾아볼 필요가 있다고 생각한다.

2030 세대란 20대와 30대를 아우르는 세대를 의미하는 말로 50대와 60대를 의미하는 5060 세대와 대비되어 사용된다.

2030 세대들은 전쟁을 경험하고 경제적으로 어려움을 겪었던 5060 세대와 달리 경제적 혜택을 누리고 자랐다.

2030 세대는 관습이나 고정관념에 얽매이지 않는 자유롭고 유연한 사고와 행동 양식을 바탕으로 합리적이고 진보적으로 행동하며 삶의 질과 자아실현에 관한 관심이 높다.

2030 세대가 주목받기 시작한 것은 2002 한일월드컵대회에서다.

최근 들어서 사회적, 정치적으로 2030 세대의 향방에 이목이 집중되고 있다. 그것은 곧 2030 세대의 역할과 책임이 큰 부분을 차지하는 반증이라 할 수 있다. 소위 젊은이들은 혈기왕성한 진보라고 생각하는 경향이 있지만 결코 그렇지는 않다. 보수냐고 물어보면 그것도 아니다. 그럼 무엇인가? 이전에 보지 못한 새로운 2030 세대, 그들은 도대체 누구일까 ?

우리의 현대 사회는 짧은 기간 동안 많은 변화를 겪어왔다. 그로 인해 많은 세대들이 생겨났는데 대표적인 것들이 베이비붐 세대, 386 세대 등이다.

일반적으로 2030 세대라 함은 현재 만 19세부터 만 39세까지의 사람을 말한다. 이들은 X 세대, 월드컵 세대, G 세대의 복합체로서 현재 우리나라 인구의 대부분을 차지하고, 우리나라를 지탱하는 기둥 역할도 하고 있다.

이렇듯 2030 세대는 우리 사회를 구성하는 중심 역할을 하기에 정치권을 넘어서 산업계, 교육계 등에서도 그들의 중요성에 공감하고 있다.

하지만 중요하다는 인식만 존재할 뿐 실질적으로 이들에 대한 관심과 지원과 연구가 부족하여 사회적인 환경으로 볼 때 자신의 역량을 제대로 발휘할 수 없다는 부분이 매우 아쉽다고 할 수 있다.

천연의 빛을 이용한 자아 감성 조율

반딧불……!

반딧불 빛을 아시는가 ?

깊은 산속과 맑은 숲 속에서 활동을 하고 있다. 어두움 속에서 희망을 밝혀주는 순수한 야광원이다. 우리들이 살고 있는 생활환경이 오염되지 않았다는 표시이기도 하다. 도시민들이 이곳을 방문했을 때 반딧불을 보면서 매우 기뻐한다.

매일 우리 곁에 있고 매일 바라보는 저 하늘에서 이글거리는 태양은 우리들의 삶에 어떠한 영향을 주는 것일까?

태양의 불빛은 너무 뜨겁다. 빛도 강렬하다. 그래서 직접 바라볼 수조차 없다. 태양을 간접적으로 바라보면서 어떠한 생각에 잠겨본 적이 있는가?

양지바른 곳에 앉아 빛을 간접적으로 쪼이고 있노라면 마음으로부터 행복이라는 감성이 자신도 모르게 우러나온다. 생체적으로 건강에 도움도 되지만 새로운 아이디어와 감성을 표출하기도 한다.

그렇다면 태양의 빛 종류는 몇 종류나 될까?

태양의 빛 종류는 셀 수 없으리만큼 여러 가지의 색상으로 표현한다. 그리고 사람 곁으로 다가와서 문명으로 하여금 이익을 준다.

오래 전 TV를 통해서 본 〈아마존의 눈물〉이라는 프로그램이 있었다. 그런데 원시림 속에서 원시인들이 태양을 바라보고 이용하는 것과 문명인이라고 하는 우리가 태양을 바라보고 이용하는 형태는 비슷한 듯싶었다.

이글거리는 태양은 사라지고 밤이 온다. 어둠 속에서 달빛이 다가온다. 달빛은 은은하면서도 사람으로 하여금 그리움이 떠오르게 하는 상상과 감미로운 감성을 많이 가지고 있는 마술사 같다.

달빛은 사람이 살아가는 생활에 어떤 편익을 제공할까?

첫째로 달빛은 직접적으로 바라볼 수가 있고 가까이 다가갈 수가 있다는 것이다. 그래서 사람들하고 가깝다. 연인들이 한가로운 곳에 앉아서 달빛을 바라보면서 별을 세어보기도 하고 꿈을 가져 보기도 하면서 희망을 그릴 수 있는 것이 색다른 도화지 같다.

지난날에 있었던 그림자를 지워주는 역할을 하기도 한다.

하루 일과에 지쳐서 깊은 잠을 이룰 때 좋은 꿈을 많이 꾸고 편안하게 잘 자며, 피로를 풀어주는 의미에서 취침 등의 역할을 하기도 한다.

태양 빛은 뜨끈뜨끈한 온도가 담겨 있는 20대의 물질과 같고, 달빛은 은은한 끈기가 담겨 있는 50대의 물성과 흡사하다고 하겠다.

햇빛이나 달빛을 통하여 2050 세대 간의 소통하는 프로그램을 만들어서 현장에서 실용적으로 접목해 볼 필요가 있다고 생각한다.

다음은 숲 속의 세계를 들여다보자.

숲 속에서 그려지는 무지개의 빛을 보았는가? 일반적으로 하늘에서 그림 그려진 무지개와는 차원이 다르다. 숲 속의 무지개는 나뭇가지에 걸쳐 있고 주변에는 물안개가 자욱한데 태양의 빛은 수정 막대를 형상하고 수백 개가 내려오는 듯한 광경은 형용할 수 없으리만큼 신비 그 자체이다.

물안개를 포함한 이 현상은 빛의 산란 또는 분산이라는 원리에 의해서 발생된다고 생각하며, 자연의 아름다움과 창조물의 조화이기도 하다.

이 현상을 보고 있노라면 인간으로 탄생한 것을 매우 기쁘게 생각하며 생체에 있어 감각과 감성의 기능에 자극을 주는 매개체로서는 안성맞춤인 듯싶다.

숲 속 무지개의 빛을 통한 감성 변화 효과의 파급은 형용할 수 없으리만큼 넓은 공간을 가지고 있으며, 마음속에 있던 부정적인 생각이 긍정적인 생각으로 바뀔 수 있는 전환점의 촉매제가 되기도 할 것이다.

숲 속에 있는 자연의 빛은 좌뇌를 움직이는 기운이 많은 듯싶다. 바다 수중에서 태양의 빛줄기를 바라본 적이 있는가? 바다 수중에서도 무지개의 빛 같은 천연의 색상을 볼 수가 있다. 수중에서 바라보는 빛과 육지에서 바라보는 빛은 조금 다르다. 즉 원리가 다르다고 볼 수 있다.

육지에서는 산란과 분산의 원리라고 한다면 수중에서는 '산란+분산+굴절'이라는 독특한 현상을 발산한다. 수중에서 무지개 색상을 볼 수 있는 것은 조건이 수반된다. 태양과 더불어 바다 표면 기상 조건과 당일의 수중 온도가 빛을 관찰할 수 있는 관건이 되기도 한다.

바닷속에서 무지개의 빛 체험은 낙원 속에서 빛의 경지를 맛본다고나 할까? 황홀감과 스릴감 그 자체이다.

수중의 빛 체험은 우뇌의 감성을 자극한다. 바다 수중 빛 체험은 이렇게 한다.

첫째, 청정한 바다를 선택하라.

둘째, 빛의 투과 시기는 4계절이 가능하나 늦은 봄이나 여름에 관찰하는 것이 효과적이다.

셋째, 수중의 수심은 2~5m가 적절하다. 더 깊이 들어가면 특수한 잠수 기술과 위험성이 내포하고 있다. 초보자들은 금지구역이다.

넷째, 수중에는 해조류가 많이 있는 곳을 선택하라. 육지에는 갈대숲이 있다면 바닷속에는 해초 숲이 있다.

수중 빛 체험은 피부로 직접 느끼면서 눈으로 바라볼 수 있는 것이 특징이라고 할 수 있으며, 활동의 각도에 따라 형형색색이 바뀌므로 체험을 하는 행위자에 따라서 느끼는 감도가 다르다.

그리고 수중에 있는 해초들과 물고기들의 율동에서 느끼는 감동과 감성은 인성 변화에 큰 도움을 줄 것이다. 천연의 빛을 많이 접하면 사람의 성격 자체도 순수 이성으로 탈바꿈하여, 2050 세대 간의 격벽을 헐어버림과 동시에 소통 자체도 원활하게 이루질 것이다. 또한, 생활 자체가 투명하고 청렴하며 스트레스가 없는 일상을 맞이하게 될 것이다.

알 수 없는 또 다른 기회를 찾아라

2050 세대와 함께 소통할 수 있는 호흡법을 수련했다면 폭넓게 인간관계의 네트워크가 형성되었다고 볼 수 있다. 그러므로 그 공간 속에서 알 수 없는 기회들이 존재하게 된다.

그 때문에 당신이 노력하는 만큼 기회는 알 수 없는 곳에서 당신 곁으로 방문하게 될 것이다.

현재에서 성공을 향한 당신의 선택이 최선이라고 말할 수 없다. 다만 가능성이 있다는 것이다. 또 다른 기회는 알 수 없는 곳에서 새롭게 다가온다. 풍요로울 때 새로운 길을 걱정하라. 내 안에 모든 일들이 어려울 때는 더욱더 길을 찾아야 하며, 항상 기회가 있을 때마다 새로운 길을 찾으려고 노력을 해야 할 것이다.

내 안에 숨겨진 기능성 보물을 찾아라

보물(寶物)! 보물이라는 범위는 높고, 넓고, 깊다.

자연의 한 조각인 내 몸속에 숨겨진 보물은 무엇이 있을까?

보물이라는 가치의 기준은 어느 정도의 선으로 정해야 할까? 자아가

품고 있는 생물학적인 자원은 보물 가치 기준에 접근이 가능할까? 나의 생체 기능은 어느 부분이 보물이라는 독특한 역할을 수행할 수 있을까?

필자는 아주 작은 보물이라는 물체를 생각해 본다.

첫째, 정신적인 보물. 우리 사회에는 최고 또는 나만의 각별함이라는 독보적이면서도 어리석은 봉우리를 찾고자 하는 이들이 많은 듯싶다. 그 봉우리 속에 보물이 있다고 하면서 보물을 취하려고 몸부림들을 친다. 현대인들은 자기 안에 있는 보물찾기에서 찾는 방법이 매우 어설프다. 인간다움의 순수성을 찾는다기보다도 물질적인 양면성의 얼굴을 찾으려고 한다. 그리하여 맑은 정신의 세계에서 흐려지고 중심이 없는 정신세계로 이동하는 모습을 종종 볼 수 있었다.

정신적인 진귀한 보물은 순결성이 영속성으로 이동이 가능한 관리의 산물이라고 말할 수 있을 것이다.

둘째, 소유적인 보물. 요즘에는 개인 박물관이 늘어나는 추세이기도 하다. 내용물 중에는 진귀한 보석류도 있고, 곤충 표본, 식물 표본 등의 여러 가지를 소장하고 있는 분들이 계신다.

위와 같은 물건들을 보물이라고 말할 수가 있을까? 남을 위한 보여주기식의 물건일 뿐 심적으로 보물이 될 수는 없을 것이다.

셋째, 부자 보물. 돈을 많이 가지고 있다고 해서 보물을 많이 가진 자라고 할 수 있을까? 돈이란 물체는 무형적인 보물에 불과하다. 재물적인 보물이라고 말을 할 수 있다면, 땀 냄새가 나는 돈이 가치가 있는 보물에 속할 것이다.

그렇다면 나는 왜 보물이 하나도 없을까? 그동안 나는 왜 능력을 보여

주지 못했을까? 인간으로 만들어지면서 생체의 기능에는 강점과 단점을 동시에 주었다. 내 안에서 보물을 찾고자 할 때에는 생명성(生命性)을 우선하여 배려하는 것이 중요하며 신성한 마음가짐을 가져야 한다.

당신의 이름표가 붙은 자작나무를 심어라

우리 모두는 자작나무의 생리를 이해할 필요가 있다.
욕심이 가득 담겨 있는 물을 먹고 자라면
욕심으로 가득 찬 나무가 될 것이고
양심이 가득 담겨 있는 마음을 먹고 자라면
양심을 베푸는 스승이 될 것이다.

자작나무 잎사귀의 기운을 빌려 재테크의 소망을 이루어보자.

자작나무!

인간은 태어나면서 이 땅에 나무 한 그루를 심는다. 그리고 그 나무에 자기만의 고유한 이름이 붙여진다. 동시에 생존을 향하여 방법론을 찾고자 각각의 몸부림이 시작된다. 자라서 장차 어떤 재목이 되는지는 수십 년의 세월이 흘러서 제 모습이 나타나게 된다는 이야기이다.

사람은 엄마 뱃속에서 잉태한다. 그 이후 자작나무는 스스로 만들어 간다는 의미이며, 스스로 사람다움을 만들어 가려고 고뇌와 번뇌를 하면서 스스로와 싸움을 하는 인고의 세월을 보내고 있는 것이 우리네 삶이 아니던가.

자작나무는 미래 희망을 갖는 설계도로 표현하기도 한다.

희망의 설계도와 동시에 보증수표가 있는 여행의 길잡이라고 표현하고 싶다.

그 열매로 맺어진 자작나무의 작은 소망……. 누구나 한 가지씩 작은 소망의 씨앗을 간직하면서 살아간다.

우리 마음 깊은 곳에 한 그루의 나무를 심어보자. 마당 앞 정원에 자기와 닮은 한 그루의 나무를 심고 관심을 가져 보자. 또한, 백지장에다 마음에 담았던 한 소절의 글을 자작해서 나열해 보자.

나무는 사람들에게 무한한 인내력을 가르쳐 주고, 사람의 생활에 있어 큰 기둥이 되어 준다.

나무는 춘하추동 4계절 인고의 시간을 보내면서도 그저 말이 없다. 여름철 그 더운 햇살을 받으며 싱그럽게 웃고, 겨울철 살이 아릴 만큼의 낮은 기온에도 옷조차 벗은 채 그냥 말[言] 없이 서 있기만 한다.

나뭇잎은 바람이 불면 방긋방긋 웃으면서 손짓을 하기도 하고 재롱도 피우기도 한다. 때로는 가지 전체가 휘어지면서 춤사위를 하곤 한다. 나뭇가지가 바람에 흔들리고 춤사위를 하는 행위는 나무로서의 생리적 역할을 철저하게 수행하고 있는 중이라는 점이다.

인간 생활에서도 자연의 원리를 백번 배워야 할 부분이기도 하다.

자연의 원리를 설명하자면, 생활에 있어 항상 미소를 짓고 남을 위한 따뜻한 배려와 때로는 자기 자신을 낮추면서 머리를 땅에 조아릴 줄도 아는 넓은 도량을 가져야 한다는 의미이기도 하다.

무식이 용감하다고 굽힐 줄 모르는 경우가 사회에 만연되어 있다.

자연과 화학적인 논리에 의하면 강한 성질을 가진 분자 구조일수록 재료의 피로도가 높다는 것이다.

이 물질은 피로도 누적에 의해 곧이어 절단된다는 논리이다. 조직사회일수록 센스가 필요한 부분이다. 센스란 조직사회의 윤활유와 같은 물질로 적절히 활용할 필요도 있고, 핵심적일 때에는 키워드가 될 수도 있다. 무언(無言)과 센스는 생활에 있어 필수 사항인데, 그 원리를 나무와 나뭇잎의 작용에서 벤치마킹하는 기법도 새로울 것이다.

필자는 종종 생활의 지혜를 얻는 방법으로 나뭇잎을 통화여 아웃소싱의 방법을 통해 맑은 기운을 받아들이곤 한다.

필자가 관찰한 나뭇잎의 지혜란, 탄성과 소성의 원리, 잎사귀의 센스, 굽힘(낮춤)의 철학, 환경에 따른 색상의 변화 적응, 계절별로 갈아입는 옷의 성질 등을 관찰했다.

나뭇잎의 소망이란 나뭇가지 중에서도 새롭게 피어나는 새싹을 말함이고 그 새싹은 색상조차도 싱그럽다. 그 싱그러운 잎 속에 자신의 소중한 꿈과 희망을 담는 것이다. 그럼으로써 미래에 새로운 길이 열리고 새로운 생각이 창출하게 된다.

연구실 앞에는 여러 종류의 수종이 있으며 나뭇잎의 종류도 여러 가지의 형태를 가지고 있다. 나뭇잎의 4계절을 관찰하고 있노라면 삶에 있어 순수성과 진리를 깨닫게 하는 길을 인도해 주는 듯싶다.

일명 나뭇잎의 진리라고 표현을 할까! 자연의 생태 구조란 청순하면서도 아름답다. 필자의 삶도 그와 같은 모습으로 살아갔으면 좋으련만 현실의 삶에서 실행에 못 미쳐 아쉬움을 더할 뿐이다.

도시인들은 조급증이 관습처럼 되어 생활 속에 한 틀이 되어가고 있다. 기다림이란 단어가 먼 나라 이야기인 듯하고 후진성이라는 표현으로 대신하고 있다. 조직사회에서는 '빨리'와 '한발 앞서는 행동'을 요구한다. 한발 앞서는 길에서는 여유가 없고, 빨리 가고 서두르는 길에서는 깊이가 없어 보인다.

삶을 살아감에 있어 방법은 여러 종류가 있다. 국가적인 큰 규모의 프로젝트, 개인적인 작은 규모의 프로젝트, 농부의 삶처럼 작고 아담한 행복의 프로젝트 등이 있을 것이다. 무엇보다도 중요한 것은 프로젝트란 실용과 포용과 내실이 있어야 하고 실리적으로 조용히 진행이 되어야 한다는 것이다.

사람의 생리기능은 나무의 생리기능보다 다소 떨어진다고 할 수 있다.

나무의 생리적 기능은 피드백의 논리에 의한 자연 순환적인 활동으로 에너지를 생산한다. 나무는 웬만한 폭풍우에도 스스로 감내를 잘한다. 그 이유는 사전에 인지 능력이 있다는 의미이다. 자연과 기후 변화의 인지력 말이다. 우리네 사람들은 인내력이 부족하다. 경제가 조금 나빠도 흔들리고 태풍과 시련이 오면 정정당당히 맞서려 하지 않고 아픔이 닥칠 것만 고민에 잠긴다는 이야기이다.

삶은 아픔의 연속이다. 시련을 정면으로 해결하려고 하는 노력이 필요하다. 그리고 항상 미래의 밝은 꿈만 가질 것이 아니고 다가올 자신의 미래에 있어 어두운 꿈과 결점에 관하여 보완과 대처할 수 있는 능력을 길러야 한다.

사람의 삶은 자연과 상생하면서 살아간다. 어차피 피해갈 수 없다는 이야기이고 인생에서 숙명적으로 해결할 과제이기도 하다. 삶에서 역경이란 시련은 실시간으로 찾아온다.

태양의 열기에 의해서 목마름의 갈증이 주어지며, 그때야 비로소 물의 귀중함과 한 모금의 달콤한 물맛을 맛보리라. 항상 흘러가는 물을 물같이 바라보는 이도 없다. 우리는 평상시 자연에 의한 부산물들에 관한 감사와 이해도가 낮은 듯싶다. 어차피 사람의 삶은 자연과 더불어 살아가야 한다. 자연의 순리와 함께 물맛 나는 세상을 살아봄이 옳지 않은가!

삶의 갈증이란 목이 말라야 비로소 그 앞에 고개를 숙이는 관습을 가졌다. 평상시 준비성과 기다림이라는 여유의 관습도 가져볼 필요가 있다고 생각한다.

정리를 하자면, 사람들은 인고의 시련 앞에서 감내하기보다는 편안한 실상을 좋아하고, 나무들은 인고의 시련을 정면으로 슬기롭게 잘 극복한다.

사람의 생활과 나무의 생리를 비교하여서 다소 부끄럼은 있으나 요즘같이 어렵다고 하는 시기에 그저 바라만 보고 좌절을 할 수는 없지 않은가 !

한 그루의 나무처럼 나무 내면의 기능적 지혜를 나의 생활 일부분에 적용하여 새로운 희망을 향한 나만의 소망을 열매로 맺어보자

■ 자작나무(봇나무)

깊은 산속에서 나는 낙엽활엽수로서 높이는 20m를 넘는다. 비교적 곱게 자라 올라가며 수피는 희고 수평 방향으로 벗겨지기 쉽다. 잔가지는 처음 보랏빛을 띤 갈색 빛이었다가 시일이 지남에 따라 점차 흰빛으로 변한다.

잎은 서로 어긋나게 자리하고 있으며 세모꼴에 가까운 달걀꼴로서 길이는 5~7cm이다. 잎 끝은 점차적으로 뾰족해지고 잎맥이 뚜렷하며 가장자리에는 크고 작은 톱니가 혼합된 상태로 배열되어 있다. 작고 많은 꽃이 원기둥꼴로 뭉쳐 늘어진다.

꽃잎은 없고 수술과 암술만이 뭉쳐 있으며 빛깔은 노란빛을 띤 초록빛이다. 분포는 중부 이북의 지역에 분포하며 깊은 산의 양지쪽에 군락을 이루며, 산에서 나는 자연산 나무와 집 주변에 식재되어 있는 재배나무로 구분할 수 있다.

수피는 일반적으로 약재로도 쓰이며, 농 · 산촌 체험 마을에서 수피 면에 글씨쓰기, 그림그리기 등의 체험 프로그램에 응용하여도 좋다.

또한, 자작나무는 이른 봄에 수액을 채취할 수 있는데, 수액의 맛은 부드럽다.

■ 자작나무를 생활에 응용한 사례

자작나무의 성질은 물에 강하다는 것이다. 다시 표현하자면 물을 잘 흡수하지 않는다. 물이 잘 닿는 곳에 구조물을 해놓아도 쉽게 변화가 오지 않으며 수명이 오래간다. 그래서 서양에서는 자작나무로 다리를 건설한 사례도 있다.

자작나무를 활용하여 욕조를 만들어도 좋으며, 자작나무 가지와 잎은 목욕을 할 때 이용해도 좋다.

이용 방법은 사우나를 할 때 수분과 함께 몸을 마사지하는 형식이 있고, 잎으로 몸을 두드리는 형식이 있다. 이 행위는 현재 핀란드에서 많이 사용하고 있는데, 필자는 오래전부터 사용해 오던 방식이다.

이 행위를 응용함에 있어서는 부분적으로 기술이 필요하다.

① 사우나실 내부의 형식이 습식 구조를 갖추고 있어야 한다.

② 공간은 $10m^2$ 정도가 적절하며 가능한 자연이 보이는 창을 만들어 주는 것이 중요하다.

③ 실내온도는 50도에서 90도 사이로 하되 체질에 따라 맞춤형을 권한다.

④ 나뭇가지로 몸을 마사지할 때는 약초 물을 곁들이면 효과가 좋다.

⑤ 나뭇가지를 쪼개어 물에 담가서 자작나무의 향을 맡도록 한다.

⑥ 사우나를 할 때는 온·냉욕을 곁들이는 것이 효과적이다.

야외 바비큐를 할 때 접목해 보자.

① 일차로 일반 숯으로 불을 피우고, 그 위에다 자작나무 숯을 올려놓고 고기를 구워 보자.

② 고기를 구울 때 나오는 연기는 건강에도 도움을 주는 기능이 있으므로 잘 활용하여 사용해 보자.

③ 이 과정을 통하여 구워지는 고기의 맛은 고기 냄새를 없애고 자작나무 향이 풍기므로 고기 맛이 새롭다.

생활에 접목해 보자.

자작나무에서 추출되는 성분을 함유한 껌은 치아 건강에 좋다. 자작나무의 성분을 물로 추출하여 양칫물로 사용하는 습관을 가져 보자.

자아의 리더십과 내면의 주인

자아(自我), 나의 주인은 누구인가!

나의 주체성과 주인의 길을 바로 찾자.

나는 뇌의 주인인가 노예인가?

내 안에서 뇌의 주인이 되어 보자.

뇌 회로의 고정된 틀에서 벗어나 보자.

자신 주변을 둘러싼 외부 환경은 자신이 바뀌지 않고서는, 구체적으로 말한다면 자신의 뇌 회로를 바꾸기 전에는 인생이 달라지지 않는다. 인생을 새롭게 창조하고 싶으면 뇌 속에 잠복해 있는 부정적인 정보를 털어내는 것이 우선이다.

뇌 속에 잠복해 있는 부정적인 감정과 상념들은 뇌의 정보처리에도 치명적인 장애를 일으킨다. 부정적이고 탁한 에너지가 뇌에 산만한 뇌파를 만들고 우리의 근원적인 의식에 자리한 초월적인 사랑과 지혜, 그리고 무한한 능력이 발현되는 것을 가로막는다.

뇌 속에 고착된 관점이나 태도를 바꾸기 위해서는 마음을 고쳐먹는 것만으로는 부족하다. 기존에 형성된 패턴이 워낙 강하다 보니, 새롭게 마음을 먹으려 해도 과거의 습관에 동조하게 마련이다. 과거에 있었던 상처와 분노는 자신이 스스로 털어버리려고 하는 수련이 필요할 것이다.

악기를 조율하듯 뇌파를 조절하는 자세를 가져 보자.

뇌 활동 중에는 감정이라는 감성적인 정보의 라인이 있다. 뇌를 잘 쓰기 위해서는 감정이라는 정보에 빠져 허우적거리는 뇌를 건져내어 이상적인 제 기능을 발휘하게 만들어야 한다.

수치심이나 슬픔, 분노를 느낄 때 감정에만 빠져들지 말고 그런 자신의 모습을 가만히 관찰해 보라. 우리가 현재 느끼는 감정은 지금 이 순간에 생긴 것이 아니다. 또 과거의 실패나 타인의 비난 등에서 비롯한 부정적인 감정들이 기억 속에 아물지 않는 상처로 남았다가 비슷한 상황에서 튕겨 나오는 것일 수도 있다.

감정은 그저 악기와도 같다. 어느 건반을 누르는지에 따라 각각 다른 음이 흘러나오듯이 우리의 뇌도 어떤 정보와 접속하느냐에 따라 슬픔과 사랑 등의 다양한 음을 자유자재로 연주해낸다.

감정이란 뇌의 생리작용일 뿐 자신이 아니다. 감정이란 약한 사람에게는 넘기 어려운 태산과 같지만 강한 사람에게는 발밑에 있는 작은 돌부리에 불과하다. 감정이란 우리의 순수한 본성을 스치고 지나가는 그림자에 지나지 않기 때문이다.

수평선 속에 있는 바다라는 물성 중에 파도라는 것이 있다. 파도는 성이 나면 밀려오기도 하고 다시 쓸려가기도 한다. 때로는 잔잔하기도 하지만 그 자체의 물성이 변하는 것은 아니다.

우리의 감정도 마찬가지다. 감정은 그냥 자신을 스치고 지나가는 바람일 뿐이다. 자신의 자체가 아니다. 슬프면 슬퍼하고, 화가 나면 분노하고 기쁘면 활짝 웃어라. 하지만 슬픔이 자신이 아니고 분노가 자신이 아니다. 그것은 자신이 자각하고 있으면 된다.

화(火)를 다스리는 기법을 통해 감정을 인지하는 기법을 익혀야 할 것이다.

자아의 리더십을 함양하자.

내 육체의 주인인 나조차도 리더십이 부족하다면 그 이상의 무엇을 새로운 일에 도전이라는 이름으로 실행할 수가 있을까? 나의 거대한 세포를 관리하고 조절할 수 있는 리더십의 기술을 익히자. 그리고 또 다른 업무와 자아 실체를 논하여 보자. 나는 나 자신의 모든 것에 관하여 관리를 얼마나 잘하고 있는 것일까. 어느 부분에는 소홀함이 없는 것일까? 아니면 그냥 무감각한 것일까? 만약에 소홀히 했다면 지금부터라도 자기관리에 체계적으로 돌아볼 줄 아는 사람이 되어야 한다.

진정한 리더십은 무엇일까?

요즘에 리더십이란 가치를 흔하게 남용하고 있다. 그래서 의문을 던져본다. 현대 사회에서 말하는 리더는 조직에 있어 조직의 길잡이 또는 조직의 솔선수범 선행을 하는 자 등을 말한다. 포괄적으로 조직에 있어 간부들을 지칭하는 말이기도 하다.

특정 사회의 간부들은 리더십에 있어 평가를 받는다면 몇 점을 받을 수 있을까. 진정한 리더십이라면 타인 앞에 서서 자신의 말을 주장하기에 앞서 스스로 자신부터 통솔할 수 있는 센스가 필요할 것이다.

사람의 실체는 우리 몸속에 있는 세포체 중에서도 아주 작은 원(圓)에서 자아의 실체를 만들어 낸다.

우리에 몸체는 60조 전후의 세포로 구성되어 하나의 형성물을 구성하고, 하나의 이름을 활용한 자아 실체로 가는 과정적인 표현이기도 하다.

사람이 살아가면서 60조라는 숫자를 다 셀 수나 있을는지 의문이며, 이 60조의 숫자도 헤아리지 못하면서 나는 나 자신을 알고 있다고 말할 수 있을까? 그러므로 나는 나를 안다고 말할 수 없을 것이며, 자신의 주인으로서 주인다운 책임과 의무는 다하는지 다시 한 번 생각하고 자아 내면을 들여다볼 필요가 있다.

현대 사회는 복잡하면서도 섬세한 물질 속에서 살아가고 있다. 생활에서 아주 작은 것에 관심을 가질 필요가 있으며 섬세함을 관습화가 될 수 있도록 생활화해야 한다.

섬세함이 관습화가 되어야 현대 사회의 조직에서 존립할 수 있는 기반이 될 수가 있을 것이다.

큰 규모의 큰 작품은 작은 규모의 작은 작품에서부터 시작이 되어 이루어졌음을 항상 기억하고 있어야 한다. 우주를 탐험하는 우주선에 있어서도 첨단이라는 기능을 가지고 있으며, 그 기능에 있어서 작은 부품 하나의 결함이 생기면 전체 팀워크가 깨어지는 불행한 일이 발생한다는 사례도 있다.

사례를 통한 정밀성을 강조하는 부분이기도 하다. 요즘에도 대형사고가 많이 발생되고 있다. 내막을 알고 보면 사소한 부분이나 관리 부실 등이 누적을 통해서 큰 재앙을 맞이하는 일들이 여기저기에서 발생하고 있다.

우리는 순간순간을 망각하면서 살아가고 있는 것이 아쉬움을 더할 뿐이며, 어떤 일을 추진할 때 준비하는 과정에서 기다림의 시간도 없이 결과물을 주장하며 결과물에 관한 평가가 먼저 앞서 시행하는 이로 하여금 조급증과 의욕상실을 유도하여 부실을 초래하는 사례도 있다.

마치 모래 위에 집을 지으라고 독촉을 하는 과정이나 다를 바가 무엇인가!

내용물에 관하여 내실 없고 실리 없는 상태에서 포장만을 중시하는 일들은 우리가 사는 사회에서 재점검해야 할 것이고 작은 것에서 기다림의 실용을 추구해야 할 것이다.

자아의 실체인 작은 세포에 새로운 에너지를 불어넣고 튼튼하게 만들어가되, 복잡한 사회 속에서 생존할 수 있도록 면역력의 체계를 높이고자 하는 목적이 있어야 한다.

그 목적을 수행함에 있어, 기다림의 소재에 의한 응용 기법으로 항체 면역을 높여서 생체가 병들지 않고 건전한 인격체로서 조직의 구성원으로 제구실을 다할 수 있도록 인고의 과정을 만드는 기회가 되어야 할 것이다.

현대 문명사회에서 자아 존재를 위협받는 부분 중에는 생체의 조직 중에 암세포라는 불청객이 있다. 암을 방치하게 되면 자신의 생명 유지 및 존립이 가름 되는 심각한 문제가 발생한다. 그리하여 기다림(氣茶砯)의 소재를 통한 생활관습 변화로 암세포 치유 길을 찾아보자. 암세포의 천적이라 하면 신선한 산소이다.

양질의 산소라 함은 피톤치드의 피넨 성분이 함유된 정기(氣)를 말함이고, 산과 들에서 좋은 산야초를 채취하여 발효음료 및 효소음료를 만들어 식음하게 되면 이것이 보약이요 약차(茶)이다.

산림자원 속에서 부존자원을 활용한 음식을 섭취하거나 체육시설을 설치하여 규칙적인 운동을 하다 보면 생체의 기운이 회복된다. 이를 삼림욕 또는 산림 치유라는 이름으로 현재 많이 실행하고 있어 이를 '림(碄)'이라고 칭할 수 있을 것이다.

정리하자면, 기다림이란 양질의 산소를 마시고, 천연의 약차를 마시며, 솔잎의 삼림욕을 한다는 의미이다.

스스로의 생각에서 시작하면서 나의 체질을 알고 나의 건강을 보존하면서 진정한 내면의 주인이 되어야만 작은 세포들은 주인을 향하여 힘을 실어줄 것이다. 앞으로 아무리 큰일이 있다 하더라도 그 근본은 내 안에서 이루어진다는 것을 새삼 되새길 것이며, 작은 것을 소홀히 하지 않는다는 스스로의 지각과 동시에 자아 실체를 섬기는 내면의 주인이 되어야 할 것이다.

5060 세대 녹색 기능을 통한 행복한 생활

녹색 기능을 통한 행복한 생활을 찾자.

숲은 당신을 기다립니다.
당신에 숨소리가 담겨 있는 이 숲 속에서
나는 당신을 기다립니다.

숲은 나를 오라고 손짓한다.
자연의 모든 것을 다 준다고 하면서 두 팔 벌려 나를 맞이한다.
그리고 조건 없이 나를 품에 안아 준다.
숲은 사람들로 하여금 어떻게 행복을 주는 것일까?
조건 없이 베푼다는 의미에서부터 시작된다.

잡초……, 잡초같이 강인한 숲, 그 숲 속에는 나무가 있고 림이라는 공간을 구성하고 있다.

약초……, 풀 속에서 에너지를 갈구하고자 하는 인위적인 마음, 숲 속에는 산삼이 자리하고 있다. 인간들의 자연적인 에너지원의 섭생에 욕망을 메워주려고 한다.

감초……, 독성분을 중화시키는 풀이 있다. 삶에서 쓴맛과 단맛이 있는데 균형을 위한 중립의 기능을 한다. 누구나 한 번쯤은 삶의 생활에서 사회가 필요로 하는 한 포기의 약초가 되어 보자.

잡초 같은 인생 모질게도 살아볼 필요가 있다. 잡초이기 때문에 더더욱 애절하게 살아야 되는 사명감이 있는 지도 모른다.

농경사회에서 우직한 일꾼이 되는 한우라는 동물의 세포도 풀 한 포기 한 포기를 더하여 형성된 물체이다. 풀 한 포기 에너지가 내면으로 흡수되면서 행복이라는 산물을 생산한다.

조물주는 사람들에게 번민과 고통과 생각의 공간을 주었다. 숲에 있어 잡풀은 귀찮은 존재이다. 그러나 우리들의 생활에 있어 많은 가르침을 주며 삶에 지쳐 있는 우리들에게 칠전팔기(七顚八起)라는 훌륭한 지침을 주기도 한다. 여기에서 우리는 잡초의 가르침에 귀 기울이자. 잡초는 밟아도 죽지 않으며, 꺾어도 꺾이지 않으며, 잠시 숨을 죽일 뿐 또 살아난다.

이는 우리가 살아감에 있어 반드시 배워야 할 부분이다. 사람은 살아가면서 힘들고 어렵고 때로는 좌절하고 실패하여 죽고 싶으리만큼 고통을 많이 겪을 것이다. 그러나 우리는 사람이고 사람의 힘이 대단하다는 것을 스스로 인정하자.

하찮은 잡초도 생명력과 생활력이 대단하지 않는가. 잡초를 앞에 두고 사람이 먼저 좌절을 한다면 이것을 보고 잡초만도 못한 사람이라는 말을 할 것이 아닌가.

사람의 마음이란 순간순간 요동을 친다.

마음이 순간 요동칠 때 비약이 되는 사물을 보자. 잡초와 동시에 약초가 되는 쇠비름이라는 풀이 있다. 이 풀은 우리가 살고 있는 주변에서 많이 서식하고 있으며 관찰의 대상이 되기도 하는 풀이기도 하다. 이 풀의 성질은 땅으로부터 뿌리를 뽑아도 생명력은 쉽게 그칠 줄을 모르고 조그마한 에너지만 보충이 되면 다시 살아나는 모진 생명력을 가지고 있다. 이 풀은 건조 시에도 햇볕에서 10일이 지나도 형체가 그대로인 만큼 특수한 성분을 가지고 있다.

사람에게 유익한 성분을 제공해 주기도 한다. 쇠비름에는 오메가-3 지방산이 많이 들어 있으며 장을 튼튼하게 하고 대변과 소변을 잘나오게 하는 작용을 도와주는 기능을 가지고 있기도 하다. 자연에서 쓸모가 없다는 풀조차도 사람에게 유익한 영양소를 제공한다. 나 스스로 쓸모가 없는 것이 아니고 각자의 기능과 역할이 있다는 이야기이다.

즉 말해서 자신만의 독특한 고유 기능이 있다는 것이다. 그러므로 우리는 삶에서 어떠한 고뇌를 접하더라도 피하지 말며 정면으로 돌파할 수 있는 생활의 지혜를 얻고자 노력해야 한다. 고행 다음에 오는 행복의 맛이야말로 진정한 행복의 맛으로 느끼게 된다.

우리는 숲의 잡초에서 인간사 번뇌를 슬기롭게 돌파할 수 있는 기운과 지혜를 얻자. 그리고 그 작은 에너지로 하여금 나의 육신에 큰 힘이 되도록 파동을 쳐보자.

숲이 있는 숲 속의 공간이나 사람이 살고 있는 삶의 공간이나 생리적으로 살아가는 형태를 보면 일용하는 양식의 방향과 생활 방식은 같다고 본다.

숲의 공간과 사람들의 삶의 공간이 다른 점이 있다면, 숲의 공간은 친화관계가 좋으며 배출물을 스스로 정화하는 기능을 하고 있다. 사람들의 삶의 공간은 생활 주변에 남을 위한 배려가 미약하고 생활의 배출물을 타인의 힘에 의해서 정화를 한다. 부분적이지만 자기만의 이익을 위한 물욕이 가득한 삶이라고 볼 수 있다.

위와 같은 내용을 볼 때 숲과 사람의 삶에서 공통점이 있다면 서로의 배려와 오물의 정화 기능이라는 것이다.

이즈음 우리네 사람들은 숲의 기능을 통해 삶의 생활을 새롭게 할 필요가 있다고 본다. 숲은 새로운 것이나 타 물질에 관하여 큰 욕심 없이 자기가 갖고 싶어 하는 만큼만 가지며 공간을 영위한다. 그런데 도시에 살고 있는 우리는 어떠한가? 같은 조직사회에서도 자기 주변을 위한 배려는 얼마나 하고 있으며, 생활환경 보존을 위해서 개선해 보려고 얼마나 노력을 해보았는가?

혹자는 자기만의 욕심 속에서 살아가고 있지는 않은가 하는 의문을 남긴다.

숲에 있는 나무는 행복을 창출하는 기회를 주고, 숲에 있는 향기의 바람은 행복을 전해주는 전도사의 기능을 하기도 한다. 숲은 언제나 싱그럽고 상쾌하다. 그 속에서는 언제나 행복이 넘쳐나고 있다.

행복이란 평등하다. 행복의 추구권은 귀천이 없다. 누구에게나 기회는 주어진다. 그러나 준비된 자만이 기회를 잡을 수 있다. 도시는 그저 메말랐다고 표현을 해야 할까. 사람한테서 싱그럽고 정겨운 냄새가 나지 않는다. 사람으로서 열심히 움직이는 것 같은데 로봇처럼 생기가 없고 눈에 힘이 없다. 사람다움에 있어 자연미가 없고 인공으로 화장한 모습이 부자연스럽게 표출될 뿐이다.

인생사 고뇌를 숲을 통해서 반성하고 새로운 것을 익히며 고뇌의 출구를 향한 지혜를 얻어야 한다. 항상 새로운 힘으로 재도약할 수 있는 발판으로 여기고 괴로움을 즐거움으로 생각하며 살아가야 할 것이다.

수도자만이 수행하는 것이 아니고 일반 생활을 하는 자들도 바른 생활이라는 습관 규칙을 수행해야 한다. 이를 수행하는 자는 참된 삶을 살아가고 있다고 말할 수 있을 것이요, 그렇지 못하면 사람은 이성적인 동물이 아닌 비이성적인 동물의 삶이 될 것이다.

인간사 번뇌와 참 생활의 길이란 지혜의 강이라고 표현하고 싶다.

지혜의 강을 건너기 위한 지혜의 교량이 필요하다.

현명한 자는 스스로 저울질을 잘하여 교량을 슬기롭게 통과할 것이요, 우매한 자는 스스로의 저울 기능을 오판하여 교량 통과에 실패할 것이다. 인생을 살아가노라면 산을 넘고 강을 건널 일이 많이 있다. 아무리 작은 산과 강이라 할지라도 넘고 건너는 지혜를 익혀야 된다.

삶에서 균형을 위한 저울질을 할 때에는 저울의 눈금을 잘 읽을 줄 아는 지식과 지혜가 필요하다.

자연의 순리적인 생활에서 지혜를 득(得)한 자는 기다림의 인고에서 달콤한 열매를 얻을 것이고, 그 배려의 덕(德)으로 선물을 받게 될 것이다.

부농 희망의 꿈, 휴선 산업에 도전하다

미래를 바라볼 때 저탄소 녹색 성장 시대와 함께 녹색 직종의 직업들이 새로운 블루오션 일자리가 될 것이다.

그래서 많은 사람이 녹색에 관하여 관심이 있으며, 처음부터 직종을 선택하는 사람도 있지만, 현재 근무하고 있는 직업에서 녹색 직업군으로 새롭게 전환하고자 하는 사람들이 점점 늘어나는 추세이다.

그런데 무엇을 어떻게 접근해야 할 것인가! 방향조차도 모르고 방황하는 사람들이 많다는 것이 현실적인 문제점이기도 하다.

최근 한국고용정보원에서는 108개 녹색 직업 목록을 준비하여 발표했다.

그중에서 녹색 직업 종류를 살펴보면 아래와 같다.

① 탄소 배출 감정사, ② 환경 소재 연구개발자, ③ 녹색 경영 컨설턴트, ④ 바이오에너지 연구원, ⑤ 정밀 농업전문가, ⑥ 농업환경 컨설턴트, ⑦ 에너지연구원, ⑧ 녹색 생태 가이드, ⑨ 녹색 휴양산업 프로젝트, ⑩ 기타 레저 프로그램 산업

필자가 선도하고자 하는 녹색 직업 종류는 ⑨번과 ⑩에 해당되는 프로그램들이다. 그 프로그램 실행 과정은 다음과 같다

농산어촌 지역의 어메니티(amenity) 자원을 찾아내어 제품을 개발하고 생산하여 체험휴양 프로그램 사업을 실행할 수 있도록 휴선아카데미에서 교육을 지원함으로써 농산어촌 지역의 휴선체험원을 활성화하고 도시민들의 여가생활에 대한 욕구 충족과 농어촌 지역의 발전에 기여하고자 한다.

실행 과정을 요약하면 농산물 유기농 생산, 기술 가공, 휴선문화 체험, 온라인 유통판매, 소비자에게 녹색 자원 정보제공 등의 순서대로 진행한다.

유기농 휴선체험원 김정규 대표는 녹색 자원을 통해 부농의 꿈을 실

현하고자 하는 의욕과 목표가 타인과 색다른 점이 있다. 현장에서 활동하고 있는 김정규 대표의 이야기를 들어본다.

【귀농 생활수기】

농어촌 색깔 있는 마을 휴선산업에 도전하다

김 정 규

청운의 꿈을 안고 도시로

집안 형편이 어려운 나는 1972년 중학교를 졸업하고 서울로 올라와 산업체에 근무하며 기술을 배우게 되었다. 일하면서 틈틈이 검정고시 준비를 위한 공부를 했고, 1982년 현역 복무를 마치고 검정고시를 거쳐 인천대학(85학번) 법학과에 입학하여 4년 동안 후회 없는 공부를 했다. 대학에서 최소한의 생활비 보조와 장학금으로 대학을 무난히 다니게 되었다.

법대생들의 목표인 사법고시를 준비하게 되면서 건강이 악화되기 시작하였다. 신경성 위염. 책만 보면 위가 딱딱해지고 머리가 아프고 무기력해지는 체력 때문에 '내 건강은 내가 지켜야 한다, 내 몸은 내가 다스려야 한다'는 생각을 하게 되었다.

연구와 공부 끝에 매일 먹는 밥이 건강과 밀접한 관계가 있다는 것을 알게 되었다. 밥알 한 톨, 김치 한 조각……. 밥상에 오르는 것들이 보약이라는 것을 깨닫게 된 것이다.

'지금까지 살아오면서 제대로 밥을 챙겨 먹었는가?'

'건강을 생각하면서 밥상을 생각해본 적이 있었던가?'

자문자답하면서 주위 친인척 분들이 병에 걸려 고통받는 것을 보면서, 이런 병들이 모두 식습관에서 비롯된다는 것을 알게 되었다.

귀농, 그리고 시행착오

농업과 관련하여 어느 정도 지식이 쌓였다고 판단되어 사업계획서를 만들었다. 사업계획서의 큰 그림은 '생산 ➡ 가공 ➡ 유통 ➡ 휴양 관광 · 레저'로 전개되어, 내가 보기에도 그럴듯하게 보였다. 2002년 11월, 충남 서산에 농지 4,600평을 구입하고, 조립식 구조체로 집을 40평 크기로 완성을 했다. 우리 동네는 80가구인데 모두 농업을 하며 80%가 60대의 연령대이다.

입주식에 이장님을 비롯하여 동네 어른들을 모시고 식사 대접을 했다.

그 이후 마을 행사에 열심히 참여하면서 농촌 개념을 익혀나갔다.

그러나 친환경 농법에 관하여 오해 아닌 오해가 발생되었다.

"공부만 하던 네가, 농사를 한 번도 지어보지 않은 놈이 어떻게 자연 농업을 한다는 거냐?"

온갖 부정적인 말들과 주위의 냉대는 나를 힘들게 하였다.

평생을 관행 농법으로 농사지은 동네 어른들에게는 바뀔 수 없는 고정관념이 나를 외롭게 만들었다. 그래도 내가 성공하면 따라주겠지 하는 생각을 갖고 배운 대로 연구하고 실천하였다. 자연 농법을 실천하기 위한 구체적인 방법으로 특허출원을 하게 되었다. 여기에 기능성 쌀인 발아현미 제조 방법까지 특허를 획득했다.

두 번째의 시련은 생산된 쌀, 마늘, 생강을 자연 농법의 상품으로 판매할 수 없어 주위 사람과 친척들에게 냉대받는 요인이 되었다.

현미를 도정해서 서울, 인천으로 가지고 갔지만 무농약 쌀로 인정해 주지 않았고 마늘, 생강 등을 도시 현지 상인들에게 판매를 하지 않으면 판로가 막히는 관계로 막막했다. 그때 내 스스로 판로를 개척하지 않으면 내 사업계획은 물거품이 된다는 절박감이 가슴을 눌렀다.

농업 선진지 견학에서 본 곳들은 대부분 친환경 농산물도 농협과 협력하여 판매가 이루어지고 있지만, 내가 사는 곳은 친환경 농업과는 거리가 먼 동네였다. 그 당시 일부 몇몇 농가들이 친환경 인증을 받고 있지만, 판로는 여전히 대책이 없는 상태였다.

2003년도에 생산한 자연 농법의 농산물은 그렇게 일반 상인들에게 넘어가는 아쉬움을 남겨야만 했다. 그때 마침 농촌진흥청의 지원사업으로 홈페이지를 개설하게 되었다.

농업을 주민들과 함께하는 공동체 사업으로 전환

1차 농산물 생산 < 2차 농산물 가공 < 3차 식품가공 서비스 산업으로 갈수록 부가가치가 높다는 것은 누구나 다 알고 있는 사실이다.

우리 농산물을 생산 가공하여 유통판매, 서비스까지 이루어진다면 성공할 수 있다는 것을 주민 일부는 알고 있었다. 그리하여 최소의 비용으로 가공시설을 갖추기 위해 인터넷 중고시장을 검색하여

가공 기계를 한 가지씩 준비하기 시작했다. 부산에서 분쇄 기계, 칠곡에서 제환 기계, 서울에서 중탕 기계 등을 직접 발품을 팔아가며 찾아다녔다. 또한, 식품공장을 견학하여 기술을 익히고 배우기 시작했다. 그렇게 설비를 준비하는 과정이 대략 1년 6개월 정도의 시간이 걸렸다.

이렇게 농업을 공동체 사업으로 꾸려가는 과정으로 전환했다.

친환경 농업을 추구하는 5명과 함께 2005년 8월 11일 '철새 노는 갯마을 영농조합법인'을 설립하였고, 그 이후 2007년 12월 24일 '김정규 자연건강 영농법인'으로 전환하여 운영하고 있다.

친환경 재배로는 생산량이 많은 스페인산이나 중국산 품종을 대신하여 수확량이 떨어지더라도 기능성이 뛰어난 서산 토종 육쪽마늘을 친환경 농법으로 재배하고, 가공 판매하여 소득 창출을 활성화하고 있다. 품질이 좋은 상품은 소비자 직거래 형태로 판매하거나 홍마늘 엑기스, 홍마늘 꿀환, 구운마늘환 등의 원료로 사용하고 있다.

현재는 농산물의 판매량이 늘어감에 따라 친환경 인증 농산물을 공급하는 농업인의 참여가 늘어가고 있다. 앞으로는 제조가공을 넘어 유통 및 마케팅에 주력해야 할 시점이라고 생각한다. 그것의 실천으로 만나는 사람마다 제품을 홍보하고 판매 마케팅 교육을 열심히 배우며 실천하고 있다.

미래는 준비하는 자의 것이다

2007년 이른 봄, 신성대학교 전통약재개발과 첫 강의를 수강하게 되었다.

40대 후반의 나이를 잊고 20대의 열정으로 한의학 오행론을 공부하게 되었다. 1989년 인천대학을 졸업하고 17년 만에 07학번 두 번째 대학생활이 시작된 것이다. 농업을 통하여 부(富)를 창조하고 건강식품 사업으로 도약을 위해서는 나 자신의 지식에 한계를 느꼈다.

공부를 하면서 농산물의 브랜드화는 건강식품의 특화를 의미한다는 것을 깨닫게 되었다.

전통약재개발과의 교과 내용은 한의학 개론, 한약재 재배 방법, 본초학, 생약학, 독성학, 기능성 식품 및 기타 실습 등 자신이 앞으로 하고 싶은 과목들이었다. 교수님들의 지식, 20대의 학생들에 발랄한 현실 감각을 보고 배우면서 '실용 학문이 바로 이런 거구나!'라는 것을 느꼈다. 새로운 사업 아이템들이 무럭무럭 튀어나오고, 함께 사업 구상을 상상하는 시간도 갖으면서 "미래는 준비하는 자의 것이다."라는 말을 새삼 느꼈다.

한약이 특정한 질병을 치료한다면, 한약재를 식품으로 전환하여 누구나 먹을 수 있도록 하여 질병으로부터 예방을 할 수 있을 것이라고 생각한다.

KRA와 함께 하는 농어촌희망재단과의 인연

신성대학 재학 중에 농어촌희망재단의 장학금을 받게 되어 인연의 끈을 만들었다. 농림수산식품부 ➡ 한국마사회 ➡ 농어촌희망재단으로 이어지는 조직체가 나에게 미래 희망을 향한 채찍이 되어주고 있다.

장학금 및 해외 농업연수를 비롯하여 각종 공모전에 입상과 수상을 하면서 많은 혜택을 받게 된 것은 내 마음을 긍정적으로 변화시키는 동기부여가 되었다.

최근에 농어촌희망재단에서 시행하는 마을 공동체 사업을 통해서 우리 '철새 노는 갯마을'이 선정되어 내가 가지고 있는 역량을 발휘할 수 있는 발판을 만들게 되었다. 우선 지역 주민으로부터 귀농인을 소외시하는 마음이 해소되고, 함께 일할 수 있는 환경이 형성되고 있어서 너무도 좋다.

지금은 마을 주민이 참여하는 직거래 장터를 운영하고 전자상거래를 통하여 유통 문화를 바꿔가고 있다.

그리고 마을 공동체 사업을 통해 미래 비전을 제시하는 기술을 익히고 연마하여 6차 산업으로 진입을 해서 주민과 함께 녹색 체험 사업이 활성화되기를 희망해 본다.

또한, 지역 주민과 함께 친환경 유기농 농산물 생산을 통하여 식품을 가공하고, 유기농 휴선 체험원을 통하여 휴양, 레저 문화를 익히고 배워서 건강을 위한 먹거리와 재충전을 위한 여가 프로그램 및 건강생활 문화체험 공간을 만들어서 행복이 담겨 있는 정주 공간을 만들어 가고자 한다.

2020년, 미래 우리들의 모습을 그려본다

농부의 어설픈 모습에서 사업가의 세련된 모습으로 탈바꿈되어 있으리라고 생각한다. 무엇보다도 6차 산업을 향한 기초적인 녹색 시스템들이 한 가지씩 정립될 거라고 생각한다. 또한, 매출이 얼마나 상승할 것인가를 예상해본다. 지금까지 경영해온 경험들을 산출 근거로 들여다보면, 적어도 현재의 10배 이상 매출이 늘어날 것이다.

그 예로써, 현재는 농림산물 가공상품 매출액이 연 1억 원 안팎이지만, 6차 산업, 즉 유기농(게르마늄) 농림산물 생산, 휴선 체험원, 레저 문화 관광 등을 활성화시킴으로써 매출 10~20억 원의 목표는 꼭 달성할 수 있다고 생각한다.

그리고 2015~2020년부터는 외국 시장 개척 및 매출 증대를 위한 기획이 진행 중이므로 수출을 해서 발생이 되는 매출액도 새롭게 탄생할 것이다.

위와 같이 매출액 증가를 위해서는 마을 주민과 더불어 법인체 내부적으로 더 많은 학습과 열정과 노력을 필요로 하게 될 것이다.

2020년 앞으로 8년 후 우리 사업체는 마을 공동체를 이끌어 가는 리더로서의 역할을 할 것이며, 정주 공간을 아름답게 건설하여 마을 주민이 함께 웰빙 생활을 즐길 수 있도록 만들어가고자 한다.

03

베이비부머 뿌리 깊은 느티나무가 되리라

인생 후반전, 당신의 꿈을 이렇게 설계하라

베이비부머, 나는 뿌리 깊은 느티나무가 되리라

마을 입구에 큰 느티나무 한 그루가 되어 마을 지킴이와 동시에 많은 사람들에게 시원한 쉼터를 만들어주고자 한다.

필자는 1955년생이다. 인생 후반전 경기가 시작되었다

인생의 후반부로 접어들면서 전직 문제로 고민하는 사람들과 오랫동안 머리를 맞대고 일해 왔다. 대부분 기업체, 전문기관, 교육계, 정부기관의 상급 관리자로 일해온 그들은 편안한 은퇴 시기를 보낼 수 있는 새로운 직업에 대해 나에게 흉금을 털어놓고 말하곤 했다.

그러나 은퇴 후에 정말로 그 목표를 성취하는 사람들은 거의 없었다.

일하고자 하는 강열한 욕망에도 불구하고, 그들은 대부분 은퇴자가 그렇듯 남아도는 시간을 어쩌지 못하여 전전긍긍하는가 하면 조금 운이 좋은 사람이라도 예전과는 비교도 안 되는 직장에서 허드렛일을 하며 소일하고 있다.

그 이유는 우리 사회가 후반생을 살아가는 사람들을 받아들일 준비가

되어 있지 않기 때문이다. 우리 사회 모든 시스템은 전반생을 살아가는 사람들, 요컨대 50대 이전의 사람들을 위해 돌아가고 있는 것이다.

하지만 이제 시대는 달라졌다. 우리는 길고도 건강한 인생을 선물로 받아 은퇴 후에도 30년 이상 일을 지속해야 하는 새로운 모험을 하게 되었다.

오늘날 젊은 세대들은 직업을 인생에서 생존을 위한 유일한 방편으로 여기지 않고, 그것이 다른 중요한 것들과 균형을 이룰 수 있는 방안을 찾고 있다. 후반생을 살아가는 사람들은 젊은이들에게 삶의 나머지 절반을 지혜롭게 운용할 수 있는 방법을 배워야 한다.

미래를 향한 삶의 새로운 길은 일, 교육, 여가, 가족과의 시간, 또는 영혼 속의 불을 지필 어떤 일이나 능력 등이 조화를 이룰 때 더욱 의미가 있을 것이다.

얼마 전 우리나라 인구가 5,000만 명을 넘어섰다는 뉴스가 있었다. 이들 전체 인구 중 베이비부머를 포함한 노년층 인구수는 대략 1,180만 명이다. 1953~1963년 세대는 베이비붐 세대로, 그때 태어난 사람들은 오늘날 50대에서 60대로 접어들어 노인으로 불리는 세대가 되었다.

인생의 새로운 무대에 들어선 그들은 이제 대책 없는 문제에서 대책 없는 기회라 불릴 수 있는 새로운 장벽에 봉착하고 있다.

오늘날 그들은 젊은이도 아니고 늙은이도 아닌 애매한 시점에 놓인 가운데 정체성의 위기에 직면하고 있다.

누군가 필자를 고령자나 노인이라고 부른다면, 아마 필자는 부모님의 세대를 떠올릴지도 모른다. 오늘을 사는 50대나 60대들은 스스로 자신을 전혀 노인으로 생각하지 않는다.

문제는, 고령화 사회로 접어들면서 후반생을 살아가는 사람들이 폭발적으로 늘어나고 있다는 사실이다. 사회가 고령자들이 겪고 있는 문제들에 대해 해답을 내놓고 있지 않은 상황에서, 그들은 매일 이렇게 자문하고 있다. 앞으로 30~40년 가까이 남은 삶에서 내가 할 수 있는 일은 과연 무엇일까?

결국, 그들이 직면한 문제인 미래에 대한 불확실성은 인생의 성공이라는 문제와 연결되어 있다. 만약 50대 중반에 은퇴한 사람이라면, 그에겐 많게는 40년 가까운 여생이 남아 있다. 60대에 은퇴한 사람이라도 30년의 시간적 여유가 있다.

아무도 그들에게 새로운 기회를 주지 않고 그 스스로가 재도약의 기회를 찾기 어려운 이 시기에, 알 수 없는 병으로 풀기 힘든 딜레마처럼 후반생을 살아가는 모든 이들에게 참으로 커다란 딜레마가 아닐 수 없다. 그러므로 우리 사회는 이 시기에 그들로 하여금 새롭게 재생할 수 있게 강력한 힘을 주는 단어들, 예컨대 "은퇴자들이여 야망을 가져라!" 이와 같이 은퇴 시기를 격려하는 어휘들은 많지 않다. 그만큼 그들은 사회적으로 정의하기 어려운 불분명한 존재인 것이다.

필자는 "은퇴자들이여 녹색에서 희망을 찾자!"라는 구호를 강력하게 외치고 싶다.

마음 매체를 산업으로

선(仙) 치유 시스템 프로그램화

삶에서 있어 필자가 말하는 선(仙)이라 함은, 일상생활 중에 가정이나 직장에 있어 생활의 지혜를 얻어 공동체 생활을 원만이 한다는 표현이라고 말하고 싶다.

현대인들은 출세라는 절박한 벼랑 끝에 매달려 거의 자기 상실의 슬픈 늪 속에서 자맥질하고 있다. 그리하여 부조리한 사상과 운명의 우울한 상황에 빠져 헤어날 길을 잃고 말았다.

우리가 존재하고 있는 현 세계는 지진의 파괴력보다도 더욱 심각한 위협에 직면해 있다. 그것은 심리적, 정신적 폐쇄 작용에 의한 도덕적 타락과 인간의 본능이 이성보다 우위를 차지할 때 인간의 존엄성은 동물적 차원으로 떨어지고 만다. 오직 최후의 선택은 인간 자신이 해야 하는 것이며, 이것이 곧 운명이라고 하는 자업자득의 결과로 나타나게 된다. 그러므로 우리는 한 세상을 살아감에 있어 뜻하는 바를 멀리 두고 깜박이는 등불처럼 무지한 본능 앞에 쇠잔한 채로 지쳐 쓰러져 버릴 수 없는 것이며, 죽음이라고 하는 후회의 계절이 닥쳐오기 전에 마음속에 잠들어 있는 자성(自性)을 깨워야 하는 삶의 의무가 있는 것이다.

오늘날 우리 현대인들은 불완전한 인간이 되어 버렸다.

그러기에 우리는 스스로 자신의 완성을 위해 노력해야 한다. 생각건대, 비단 성현(聖賢)뿐만이 아니라 요즈음 모든 집단을 안전하게 소유하고 부귀를 지탱하고 있는 사람들은 반드시 하나의 도를 터득하고 있는 법이다.

즉 도(道)를 터득한 사람은 지혜(智慧)가 깊고 심오하여 날로 공덕을 쌓아 그 생각도 원대한 법이므로 보통 사람으로서는 그 마음속에 간파할 수 없는 것이다.

선(仙)은 생활의 가치를 추구하고 있다.

선(仙)은 바른 생활의 진실을 알고 싶어 한다.
선(仙)은 업무 능률 향상을 도전하고,
선(仙)은 가정과 사회가 맑고 행복하기를 바란다.

치유라 함은 예방의학이라고 해도 과언이 아니다. 더 큰 병을 얻기 전에 예방이라는 차원도 있지만, 가벼운 신경선의 운동과 긴장을 풀어주는 것도 치유라 할 수 있다. 도시의 여건과 직업의 환경에 따라 요즘 점진적으로 수요가 확대하고 있는 실정이며, 치유의 장소로는 바다를 찾거나 계곡의 물과 숲이 있는 산을 찾는 방향으로 흐르고 있다.

왜 현대인들은 스트레스라는 병적 요소를 치유의 대안으로 찾는 것일까. 매 주말이면 공원이나 산은 휴식을 위해 찾는 주말 인파로 북적인다. 또 태어난 고향 마을을 뒤로하고 도시로 모여든 현대인들이 주말만 되면 돈과 시간을 들여서 산과 바다로 길을 떠나고 있다. 왜 우리 현대인들은 숲 속에서 편안함을 느끼고 건강해질 수 있다는 생각을 하는 것일까?

사람은 누구나 익숙한 것에서 편안함을 느끼는 법이다. 비록 지금은 대다수의 사람들이 숲과는 거리가 먼 도시 생활을 하고 있지만, 원래 인간은 아주 오랜 세월 속에서 나고 숲에서 생활을 했다. 인간이 자연과 격리되어 지금의 도시 환경 속에서 생활하기 시작한 시점을 산업혁명이라고 가정한다면 오래전에 탄생한 인류는 진화의 과정 중 99.99%의 시간을 자연환경 속에서 살아왔다.

우리의 몸은 숲이라는 자연환경에 잘 맞도록 오랜 시간을 통해서 진화해온 것이다. 숲에 적응하기 쉬운 몸을 가지고 있는 우리는 콘크리트

와 네온으로 둘러싸인 도시라는 인공 환경 속에 살고 있다.

오랜 시간을 적응해 온 숲이라는 환경을 떠나 동물원 우리 같은 콘크리트 속에서 살고 있는 현대인은 일상생활 속에서도 항상 강한 긴장 상태이고 스트레스 상태이다. 따라서 숲 속에 들어가면 원시 상태로 돌아가 엄마 품에 안긴 아이처럼 일상생활의 긴장이 풀리면서 편안함을 느끼게 되는 것이다.

도시 문명의 풍요로움 속에 빠져 의식은 오래전에 도시화를 받아들였는지 모르지만, 아직 우리 몸은 숲에서 살 때 그대로이다. 그래서 숲을 찾으면 마치 고향을 찾는 것과 같은 편안함을 느끼게 되는 것이다.

우리 몸이 기억하고 편안해하는 것은 오랫동안 함께했던 그 숲이기 때문이다. 이렇듯 숲 속에서 느끼는 편안함은 인간이 가지고 있는 자연치유력을 높여주어, 우리의 몸을 병에 걸리기 어렵게 또는 병이 쉽게 나을 수 있는 몸으로 만들어 준다.

우리는 산행 중에 숲 속에서 하룻밤을 머물고 나면 다음 날 아침에 전날의 산행 중에 쌓인 피로는 온데간데없고 활기가 넘치는 자신을 발견하곤 한다.

도시의 아침에서는 찾아볼 수 없는 일이다. 맑은 공기와 숲 내음, 푸름 가득한 숲의 경관, 자연의 소리들…….

이 모든 환경이 어우러진 숲 속에서는 병원이 없던 시절부터 우리의 몸속에서 숨어 있던 자연 치유력이 더욱 활발하게 작용해서 몸속에 쌓인 피로를 풀어주기 때문이라고 생각된다.

녹색 자원을 활용하고 숲과 함께 인생 후반전을 설계해보는 것도 바람직한 생활이라고 생각한다.

숲을 활용해서 할 수 있는 일자리는 무엇이 있을까?

① 숲 해설사 (국립공원 또는 체험 휴양마을)

② 힐링타운 단지 (개별적으로 운영 중인 치유 단지)

③ 건강 펜션 (숙박, 음식, 치유 프로그램 운영)

④ 산지를 활용한 산채류 생산 및 발효음료 등을 생산

⑤ 녹색 기능을 생활 속으로 접목시키는 종합 디자이너 직종 등

뿌리 깊은 나무는 광합성 능력이 뛰어나다

뿌리 깊은 나무는 바람에 강하며, 많은 사람에게 그늘이 되어 준다.

정상적인 광합성 조화 현상은 정품이 될 수 있는 나무로 만들어 주고, 비정상적인 광합성 조화 현상은 장애가 있는 나무를 만들어 준다. 나무는 사람들을 무성하게 자라도록 길을 가르쳐 주는 스승과 같은 존재이기도 하다.

눈이라는 두 개의 렌즈를 잘 조절하여 한 개의 눈으로는 즐거운 것을 보고 한 개의 눈으로는 괴로운 것을 보아야 한다. 또한, 두 개의 렌즈를 통해서는 이들을 중화하여 합성할 수 있는 조화술을 익혀야 할 것이다.

코는 두 개의 통로를 잘 열어서 하나의 통로는 고소한 냄새를 음미하고, 또 하나의 통로는 썩은 오물 냄새를 잘 맡아야 한다.

모든 생명체는 고유의 향기를 갖고 있다. 그러므로 개체의 특성을 잘 파악하고 조직의 분위기를 조정하려면 향기를 잘 읽는 판별력을 길러야 한다. 그리하면 그 조직에서 진정한 리더가 될 수 있을 것이다.

귀는 두 개의 통로를 하나로 열어놓고 한쪽에서 들어오는 귀한 정보는 입력을 하고, 한쪽에서 들어오는 나쁜 소리는 그대로 흘려보내는 학습을 해야 한다. 그리고 만인의 충고를 폭넓게 수용하는 자세를 가져야 한다.

입은 침묵과 확성기를 동시에 달아서 때로는 무언을 통하여 의사를 전달하고, 때로는 큰소리를 외쳐서 자신의 의사를 관철시킬 수 있는 역량을 배양해야 할 것이다. 또한, 5가지의 맛(단맛, 짠맛, 신맛, 매운맛, 떫은맛)을 음미할 수 있어야 입의 기능이라고 할 수 있다.

자신 안에서 광합성 작용을 활성화하기 위해서는 눈, 코, 귀, 입의 기능들을 넓게 열어야 한다. 사회생활에서 윈윈 공간 법칙을 익혀야 생존에 효율성이 있다는 의미이다. 그리고 저 하늘에 떠 있는 태양의 빛을 내 안으로 맞이하자. 내 안으로 들어온 빛을 생활 에너지가 되도록 합성할 수 있는 기능을 익혀보자.

인생이라는 나무가 잘 성장하려면 잎과 뿌리가 튼튼하면서 건강해야 한다. 그러기 위해서는 잎과 줄기로부터 생산된 영양소를 뿌리 쪽으로 많이 보내주고, 다시 잎으로 보내주는 상호보완 작용을 반복해야 한다.

인간들은 광합성작용을 어떤 방법으로 해야 효율성을 높일 수 있을까?

광합성의 식(式)을 내 안에서 지혜롭게 풀어보자.

광합성이라는 말은 인간시장이라는 의미로 표현해도 좋을 듯싶다.

인간으로서 사회적인 구성원을 희망하고 자신 마음으로부터 문을 열어서 인생의 선구자가 되고자 하는 뜻도 함께 담고 있다. 그리고 자신으로부터 마음의 문을 열고자 할 때는 열고 닫는 시기를 잘 조절하여야 한다는 의미도 함께 포함되어 있다.

마음의 문이라는 표현은 열린 대화 또는 타인의 말에 귀를 잘 기울인다는 뜻이다.

식물의 광합성 작용을 들여다보면 나무에서 이루어지는 탄소동화작용은 상시에 이루어지고 있으나, 영양소 공급은 필요한 만큼 시기를 조절해 가면서 상하 교류를 한다.

우리가 살고 있는 일상에서 대인관계를 함에 있어 광(光)합성을 통한 교류의 활동이 부족하다. 그 때문에 자신만의 아집으로 생활을 영위하는 자들이 많다. 자기가 주장하는 말만 옳다고 고집을 피우는 자들이 많다는 이야기이다. 이런 현상은 생활이라는 관 속의 소통이라는 관로에서 순환밸브를 스스로 닫아버리는 우매함과 같다.

초목들의 생리를 들여다보면 건강하게 성장하기 위해서는 햇볕이 매우 중요하다는 것을 느낄 수 있다. 나무는 햇볕을 통한 광합성 작용량에 따라서 연간 성장 속도가 결정된다.

인간이란 근본적으로 사회적인 동물이다. 이 때문에 학습이 근본이며 타인과의 융합이 근본이기도 하다. 융합을 위해서는 대화가 필요하다. 모든 사람들과 대화할 때에 일정한 식은 없다. 대화 중에는 쓴소리도 있고 단 소리도 있다. 다만, 대화 중에서 자신에게 필요한 것들만 필터링하면서 자신에게 맞는 양식으로 저장하면 된다.

뿌리 깊은 나무가 되려거든 4계절 숨을 쉴 수 있는 문이 항상 열려 있어야 한다.

삶에서 필요의 선(鮮)만 담아라.

필요의 악(惡)이랑 절제하라.

작은 찻잔에 우주의 기운을 담다

주변에는 불필요한 선(鮮)이 너무나 많아 기억을 어지럽게 한다. 선의 의 악(惡)이 있거든 과감하게 결별하라. 풍족하고 화려한 생활에 대한 미련을 떨쳐버리기는 쉽지 않다. 그러나 참된 마음의 여유와 평화를 위해서는 불필요한 소유욕에서 벗어날 필요가 있다

인간의 생활은 담아서 소화를 할 것과 버릴 것을 실행하는 자만이 현명한 삶을 엮어 간다고 말할 수 있을 것이다. 사람다움의 가치란 자리 선택의 판단이 그 스스로에게 아름다움을 줄 것이다.

비록 몸집은 작지만 마음만은 처음부터 높고 넓은 자리를 펼치자.

작지만 슬기롭게 대처하자. 작은 고추가 맵다고 하지 않던가?

찻잔에 우주의 기운이라……! 허무맹랑한 이야기처럼 생각할 사람도 있겠지만, 허무맹랑한 소리는 아니다.

누구나 한 번쯤 담아보자. 희망과 행복은 지정된 그릇이 없다. 담고자 하고 담는 대로 담기는 것이 희망과 행복이다. 그래서 누구나 주인이 될 수가 있다.

비움의 마음에 그림을 그리면 누구나 생각대로 다 이루어진다. 그러나

그 그림을 현실에서 실천함에 있어 분야별로 다소의 차이가 있을 뿐이다. 특히 물질을 요구하는 일에 있어서는 꿈과 현실이라는 차이는 더더욱 거리감이 있어 보인다.

돈 많은 부자, 높은 자리에 있는 관료의 길, 최첨단 기술 등은 꿈만 가지고는 이루어질 수 없는 부분이며, 피나는 노력이 수반되어야 이룰 수 있는 부분이다.

또한, 무한한 가능성을 열어 놓고 도전의 기회를 준다는 것이다. 우리는 성취감에 있어 꿈으로 이룰 수 있는 일과 생각대로 이룰 수 있는 일과 운명적으로 이룰 수 있는 일이 있다고 볼 수 있겠다.

꿈과 현실은 엄연히 다르다. 판단과 결정은 본인 스스로 하여야 한다.

말[言]과 생각만으로 스스로 원하는 것이 이루어지는 세상사가 아니라는 표현이기도 하다.

현 사회에서 부분적이기도 하지만, 풍선 같은 말을 많이 만들어내고, 이를 활용하여 듣는 이로 하여금 방황하게 만드는 사례가 많이 있다. 예를 들어 우리는 꿈이라는 표현을 많이 쓴다. 이 말은 용두사미와도 같으며 그 뒤의 대안이 없이 바람이 빠지고 나면 그냥 풍선일 뿐이다. 일명 허풍의 꿈이라고 표현할 수가 있을 것이다.

허망한 꿈을 좇지 마라. 땀의 결정체에서 가치를 찾자.

사주와 운명은 그 사람이 가는 길이며 양쪽 어깨에 짊어질 짐이기도 하다.

사람의 삶에서 팔자와 운명은 기존에 있기는 하나 삶을 살아가면서 자신의 노력 여하에 따라서 새롭게 만들어 갈 수가 있다고 한다. 그렇기 때문에 우리는 타고난 사주와 운명에만 연연하지 말고 스스로 팔자를 위해서 노력하여 본인이 원하는 좋은 팔자를 만들어 가야 한다.

대처하는 방법으로는 자신 안에서 새 기능을 발굴하고, 자기 자신을 쇄신하여 새로운 그릇을 만들고, 새로운 그릇에 새로운 물질을 담아서 자기 것으로 소화를 시키는 것이 중요하다.

필자는 작은 찻잔에 우주의 기운을 담자고 했다. 상상과 공상에 불과하다고 할 수 있겠지만, 결코 어려움만을 고집할 필요도 없다. 누구나 한 번쯤은 실천해 보라고 말하고 싶다.

일상에서 기적이라는 단어는 로또복권과도 같은 표현일 것이다. 과연 기적이라는 단어가 나에게도 행운을 줄까? 그렇다고 믿으면 그렇게 된다. 하염없이 주문하여라. 의문도 있겠지만, 망설이지 말고 과감한 용기 속에 연속적으로 실천해 보자. 그러면 당신 마음에 중심이 보이게 된다.

찻잔의 표면에 당신의 눈이 보일 것이고, 당신의 마음이 보이고, 당신이 가고자하는 길이 보일 것이다. 마음을 넓고 높게 활용하라. 생각은 기운이 용솟음치듯이 활용하여야 한다. 자신의 몸을 이들로 하여금 겹겹이 맞이하도록 곁을 비워두어라. 그를 행함에 있어 당신 앞에 있는 작은 찻잔이 아닌 그 속에서 우주가 보일 것이다.

기적이라는 단어는 노력과 집중이라는 기능적인 한계를 요구한다.

노력 없는 행운과 집중력 없는 기적이란 없다는 이야기이다. 사과나무 밑에서 사과가 떨어지기를 기다리지 말고 사과를 어떻게 따서 맛있게 먹을 수 있느냐를 생각할 때이다.

자기 계발을 꾸준히 하고 집중력을 동반한 땀 냄새나는 노력을 게을리해서는 안 된다. 또한, 인고를 극복하면 당신 스스로에게 행운이 찾아올 것이다.

일상에서 사람들은 자기 스스로를 평가할 때 겸손이라는 이름으로 과소평가하는 경향이 있다. 자기 스스로 자기 능력의 가치를 높여보자. 사람은 이성적인 존재다. 사람은 두뇌를 가지고 있고 두뇌를 지배하는 것이 사람이다. 현실에서 사람이 두뇌를 지배해야 되는데 두뇌가 사람을 하인으로 부리는 듯한 느낌을 받고 있다.

사람은 누구나 평등한 권리와 평등한 능력을 가지고 있다. 스스로 자기 자신을 비약하지 마라. 무한한 잠재능력에서 깨어야 할 때이다. 논리에 의한 자신의 내면을 들여다보자. 작게 생각하면 작게 보이고 크게 생각하면 크게 보인다.

필자는 근자에 무모하리만큼 큰 도전을 하였다. 우주를 향하는 것은 아니지만, 세계적인 도전을 향하여 도전장을 던졌다. 필자가 추진하는 프로그램이 우리나라를 대표하고 세계적인 문화로 확산하자는 각오이다. 프로그램의 이름은 '휴선'이라는 것이고, 삶에 있어 행복한 휴양산업을 창조하자는 논리이다.

과연 필자가 감당할 수 있을지 의문이기도 하며, 실효성이 있을까 하는 이들도 많지만, 반면에 찬성과 후원을 하는 이들도 많이 늘어가고 있다. 1%로의 가능성을 가지고 기획을 하며 51% 확률을 가지고 도전해보라. 성공의 지름길이란 실행과 함께 첫발을 내딛는 자에게만 주어지는 기회일 것이다.

필자의 프로그램도 첫걸음을 시도했고 다음 단계는 융화의 단계에 접어들었다. 누구에게도 가능성은 있으니 머뭇하지 말고 자기 능력으로 도전을 해보라는 의미에서 부분적으로 잠시 소개를 해보았다.

찻잔이 작다고 작게 보지 마라. 하늘처럼 넓게 보라.

우주처럼 넓다고 생각하고, 그 크기에 자기를 맞추려고 노력해야 할 것이다. 하루에 한 번쯤은 찻잔을 마주하면서 우주를 바라볼 수 있는 마음의 수련을 해보라고 권하고 싶다. 이런 수련을 하다 보면 나 자신의 마음이 열리고 용기가 발생하여 새로운 일에 과감하게 도전하여 길이 열릴 수 있다.

당신도 할 수 있다. 넓은 세계를 보라. 바라보는 공식을 얻을 것이고 자기 눈높이와 자신의 그릇에 맞는 범위의 그림을 그려야 한다.

찻잔에 우주의 기운을 담는 것은 자기 마음을 찻잔에 담는 이치와도 같으며, 저 하늘에서 이글거리는 태양의 기운을 담는 것은 자기 마음을 사회에 공헌하는 그릇에 담고자 하는 이치와도 같다.

행복한 인생, 그리고 은퇴 이야기

휴선(烋仙)의 문화를 통하여 바른 생활을 익혀보자.

휴선의 의미는 '행복으로 가는 지혜의 길을 얻다.'라는 의미를 가지고 있다.

생활 속에서 행복이라는 달콤한 맛을 스스로 맛보고 행복이라는 가치를 스스로 즐겨보자. 책 속에 있는 한 소절의 단어라든지 입으로만 외치는 행복이 아닌 자연스럽게 마음속으로 와 닿는 진정한 행복의 느낌을 가슴으로 느껴보자.

필자도 57년이라는 세월 속에서 이제야 비로소 행복으로 가는 길을 찾았다. 행복이라는 물질이 담고 있는 행복한 감성 주파수를 찾은 것이다. 행복으로 가는 길을 찾고자 산속에서 25년이라는 긴 인고의 시간을 보냈는지도 모른다.

요즘은 하루하루의 생활이 참기름처럼 고소하면서 생기가 솔솔 돋아난다. 사람으로서의 가치와 삶의 질이라는 맛을 체계적으로 즐기고 있다는 의미이다.

이러한 진솔한 행복의 맛 체험을 필자 혼자서 즐기기에는 너무도 아쉬운 부분이 많이 있다. 그래서 기회가 주어진다면 모든 이들과 행복의 맛 체험을 함께 나누고 싶다.

행복의 맛을 느끼려고 한다면, 첫 번째로 내가 살아있음을 먼저 확인해야 할 것이다. 즉 말해서 내가 현재 숨을 쉬고 있는가를 먼저 깨달아야 한다. 그 다음에 내가 어떻게 숨을 쉬고 있는가를 마음으로 느껴야 한다. 비로소 내가 존재하는 가치를 음미하고 행복의 맛을 느낄 수 있는 자세가 되어 있다고 할 수 있다.

탄생의 기쁨과 행복의 의미는 먼 길을 떠나는 시발점과도 같고 종점과도 같다. 그러므로 생(生)과 사(死)의 과정 속에는 기쁨과 행복이 항상 존재하고 있다는 의미이다. 저녁에 눈을 감으면 생활의 기능이 일시적인 정지 상태로 된다. 아침에 눈을 뜨면 생활 기능이 활성화 상태로 순환이 된다.

필자는 아침에 기상과 동시에 정원 주변을 산책한다. 산책하면서 자연물질들에 대한 일일점검이 시작된다. 조경수들은 잘 자라고 있는지, 주택과 부속건물들은 건강한지 등을 자연스럽게 점검하곤 한다. 식물들을 점검하면서 오늘은 건강한 주파수를 발산하고 있는가를 한 가지씩 살펴본다. 이렇게 아침에 식물들과 교감을 하고 있노라면 행복하다는 마음이 나도 모르게 가슴으로 와 닿는다.

필자에게 행복의 감정을 표현해 보라고 한다면, 식물들의 향기가 머리를 맑게 해주고 머릿속으로 과거의 시간이 순간순간 스쳐 가면서 작품들을 만들면서 고생했던 모습들이 떠오른다.

그래서 이 많은 작품들을 바라보고 있노라면 행복감이 넘치는 것을 느낀다. 동시에 많은 작품을 바라보면서 이런 생각들이 떠오른다.

와! 내가 이 건축물을 어떻게 지었을까?

만약에 다시 이 건축물을 지으라고 한다면 할 수가 있을까?

나는 그 시절에 왜 이것을 지어야만 했을까?

디자인과 기능들을 어떻게 생각해 냈을까?

또 연구실에 있는 수많은 상품들은 어떤 생각을 하면서 창작하였을까?

많은 생각과 함께 스스로 돌아보게 한다. 작품들을 바라보고 있노라면 해냈다는 성취감이 조금 있다고나 할까? 아니, 하고 싶었던 것을 이루었다고 표현하는 것이 솔직한 표현일 것이다.

만족스럽고 삶에 후회가 없다. 만족이라고 말을 한다면 정도(正道)의 만족이다. 행복이란 삶 속에서 스스로가 원하는 것을 행하고 동시에 결과물을 성취하는 것이라고 생각한다. 질(質)과 양(量)에 있어서는 자신이 높낮이를 조절하는 것이고, 자신의 조율에서 균형을 지키는 것이 가장 중요하다고 생각한다.

독자에게 한마디 권하고 싶은 이야기가 있다면, 행복한 감(感)을 얻으면 행복한 길[道]이 보인다는 것이다.

은퇴 이야기

아침에 해가 뜨면 저녁에 해가 진다.

나뭇가지에서 봄철에 잎이 피어나면 가을철에는 잎이 낙엽으로 변한다. 초등학생도 알고 있는 말을 새삼스럽게 표현하자니 쑥스럽다.

그렇다. 누구나 한 번쯤은 맞이해야 하는 아쉬움의 이야기이다. 그렇다면 나는 어떻게 제2의 인생을 맞이할 것인가? 황혼을 어떻게 맞이하여야 인생을 잘 살았다고 할 수 있을까?

요즘 '세컨드 라이프'라는 이름으로 고민을 하는 사람들이 점점 늘고 있다. 1950~1963년생을 전후해서 이야기하고자 한다. "준비해야지."라고 말들을 한다. 그러나 어떻게 준비해야 하는가에서 망설이고 있다.

미래를 준비하는 것은 결코 쉬운 문제는 아니다. 아직까지도 우리 사회에는 황혼에 관한 이렇다 할 지침서가 없다는 이야기와도 같다.

필자는 세 가지로 대안을 제안하고자 한다.

1) 퇴직 후 10년간 할 수 있는 일자리 재창출

2) 10년간 어떤 방식으로 문화생활을 할 것인가?

3) 은퇴 후의 삶을 어떤 방식으로 아름답게 즐길 것인가

1) 일자리 재창출, 60~70세는 일자리가 필요하다

일자리 재창출은 기존에 자기가 하던 일을 연장하여서 하는 것이 제일 바람직하나 여의치 않을 때는 큰 오차 범위가 없는 선에서 퓨전 방식을 활용하여 자기 역량을 재구성해 본다.

일자리 선택에서는

첫째, 기능직으로서 육체적으로 일을 할 것인가?

둘째, 레저, 복지, 지식 기부, 문화, 예술적으로 일할 것인가?

셋째, 정신교육 사업, 상품 생산 및 유통업 쪽으로 일을 할 것인가를 먼저 선택해야 한다.

일자리 선택 중에서 귀촌의 사례를 들여다본다.

제2의 일자리를 선택하는 데 있어 어리석음을 겪는 분들이 공무원 생활을 지낸 분들이라고 말하고 싶다. 소수 인원들은 정규직을 마치고 연

임하는 길을 찾아가지만, 다수 사람들은 스스로 다른 길을 찾아야 하는 어려움을 겪고 있다.

요즘 필자에게 제2의 일자리에 관하여 상담하는 사람들이 많다. 상담자 중에는 막연한 생각들을 많이 하는 듯싶다. "제2의 생활을 어떻게 하고 싶습니까?" 하고 물으면 "전원생활을 하고 싶다."라고 대답하는 사람들이 많다.

전원생활이라면 일단은 도시를 벗어나서 생활하고자 하는 생각이다.

그렇다면 서울의 위성도시라든지 지방의 시골을 의미하는데, 위성도시와 지방의 농촌생활은 분류 및 종류가 다르다.

"그렇다면 귀촌을 하여서 무엇을 하고 싶습니까?"라고 물으면 "나무를 심고 텃밭을 가꾸면서 여가 생활을 하고 싶다."라는 말을 한다. 구체적인 계획 및 기획이 없다는 것이 아쉬운 부분이다. 귀촌 생활을 기획하는 사람은 사전에 많은 준비성이 있어야 할 것이다.

여기서 상세하게 알아야 할 부분은 귀촌과 귀농을 혼동하지 말아야 한다. 현재 진행되고 있는 귀촌의 성공률이 몇 퍼센트나 될까?

필자가 현장에서 지켜보는 관점에서는 확실한 정착이 20% 정도라고 생각한다.

그렇다면 성공률이 낮은 점은 무엇이 문제가 있을까?

첫째, 일자리와 함께 경제적인 기반 활동이다.

둘째, 지방자치단체 지원 및 지역 주민과의 소통이 문제이다.

셋째, 병원진료 문제, 레저생활, 복지 지원, 문화생활 등의 환경적인 조건이다.

귀촌의 적응 기간을 분석해 보면 처음 1~2년간은 매우 재미 있다고 한다. 귀촌 후 5년 전후가 견디기 어려운 분기점인 것 같다. 그래서 5~10년 사이에 다시 도시로 돌아가는 사람들이 많다.

그뿐인가. 10~20년 된 사람들도 다시 돌아가려고 한다.

필자도 전원생활을 꿈꾸어서 실현하였지만 다시 도시 인근으로 가고 싶다. 귀촌도 젊음이 있을 때 가능하다. 나이가 들면 활동력이 떨어져서 자기 주변에 있는 환경 관리조차 힘이 든다.

아직까지 우리 농촌사회에는 문화적인 인프라가 무척이나 부족하다고 생각한다. 그래서 귀촌 인구가 늘어나지 않는 이유 중의 한 가지이다.

제일 큰 문제점이 있다면, 복합적인 문화생활이 불편하다는 점이다. 이것들이 산속에서 젊은 25년을 보낸 황혼인으로서의 소견이다.

2) 향후 10년간 어떤 방식으로 문화생활을 할 것인가?

58~65세까지는 제2의 하고 싶었던 일을 즐겼다면 65~75세까지는 짐을 내려놓는 문화생활을 즐겨야 할 것이다.

그렇다면 문화생활을 어떻게 즐길 것인가? 참살이를 즐기면서 내면에 있는 잠재 기능들을 한 가지씩 정리하는 시간을 가져보는 것이 아름다운 생활이라고 할 수 있을 것이다. 자신이 가지고 있는 지식의 자료를 총집합하여서 후계자를 양성하는 것도 보람이 있을 것이다.

삶의 질이 있는 생활이라고 한다면 평소 하고 싶었던 것을 한 가지씩 해보는 것이다. 여행, 운동, 등산, 연극, 음악, 레저 활동 등을 연중 프로그램에 의해서 꾸준하게 실행할 필요가 있다. 프로그램을 기획할 때에는 가장 중요한 것이 나이를 고려한 중장기 계획이 필요하다.

예를 든다면, 여행은 젊었을 때가 좋고, 등산 및 스포츠 활동도 종목에 따라서 안배가 필요한 부분이다.

위와 같은 행위들은 필자의 개인 생각이다. 60세 나이쯤에는 하고 싶은 것들을 마음껏 해보라고 권하고 싶다. 인간으로서 삶의 질이 있는 가치를 느껴야 할 권리가 있기 때문이다. 그래서 은퇴 후에는 시간을 보내는 것이 아니고 시간을 담을 수 있는 아름다운 여유를 즐겨야 한다. 그래야 비로소 후회가 없는 인생의 맛을 보게 될 것이다.

요즘 필자는 틈틈이 은퇴 후에 벌어질 미래의 시간들을 생각해 보곤 한다. 미래의 시간 2030년을 생각하면서 그 시절 생활환경에 관해서 고민을 하고 있다. 또한, 2020년에는 내 안에 있는 모든 생활들을 재정비할 생각이다. 그리고 비움이라는 것을 실행할 계획이다.

위와 같은 일들은 앞으로 몇 년 후에는 필자가 직접 당면해야 하는 과제이다. 그러므로 고민과 숙고가 연속 중이다. 미래의 은퇴 맞이를 준비하자. 준비하는 자만이 황혼을 아름답게 보낼 것이다.

이 순간 새로운 눈으로 세상을 보라

세상이 너무 빠르게 변하고 있다.

"불과 10년 전엔 나도 시대의 트랜드를 창조하는 경영자로 자부했는데, 지금은 시대의 트랜드를 좇아가기에도 바쁘다."

이 말은 50세 후반들이 공감하면서 불투명한 미래를 걱정하는 이야기이다. 그들은 전반생을 누구보다 화려하게 장식했던 인물들이다. 그런 까닭에 미래를 위한 어떤 준비도 하지 않았던 것이다.

풍요로웠던 전반생이 후반생에도 그대로 유지될 것으로 알았던 그들이기에, 어느 순간 그렇지 않다는 사실을 알게 되자 주체할 수 없는 불안감이 엄습해 왔다. 그 자리에 참석한 사람들은 대부분 60세에 다다랐거나 이미 60대였다. 그들은 젊었을 때 자기가 60대가 된다는 것을 믿을 수 없는 미래라고 여겼을지 모른다. 하지만 올 것은 기어이 왔고 그것도 심각한 불안감과 함께 왔다.

그들은 어쩌면 60대라는 나이를 삶의 브레이크를 밟는 시기라고 생각하고 있는지도 모른다.

은퇴에 대한 관념이 바뀌고 있다

자신으로 하여금 최선을 다할 수 있게 만드는 만족스러운 직업은 의미 있는 삶과 훌륭한 인맥, 그리고 보람찬 생활을 제공한다. 자신에게 주어진 일이야말로 돈벌이의 어려움과 여가 생활의 달콤함 사이에서 중간 역할을 하는 황금 열쇠일지 모른다.

바로 이런 이유 때문에 우리는 은퇴 후에도 여전히 자신의 경험과 기술, 그리고 에너지를 계속해서 사용하기를 원한다. 쉬지 않고 일만하는 개미를 싫어하지만, 일을 하지 않고 쉬기만 하는 베짱이는 더욱 아니라는 게 은퇴자들의 생각이다.

늙은이의 마음은 늙은 말과 같다. "당신이 살아있음을 확인하고 싶다면 항상 일해야만 한다."라는 이야기는 산업화가 확장되면서 변화가 생기기 시작했다. 생산성을 유지하기 위해서는 고령의 직원을 젊은이로 교체할 수밖에 없었다. 바로 이때부터 은퇴라는 단어가 탄생했다.

탄력성에 대한 도전은 현재진행형의 과제이다

오늘날 60대들은 과거의 40대에 버금갈 만큼 정신적으로나 육체적으로나 건강을 유지하고 있는 사람들이 많다. 아직도 업무수행 능력에 있어 탄력성이 존재하고 있다는 의미이다. 2004년 세계보건기구의 조사에 따르면, 2000년대에 미국에서 태어나는 어린이가 50세가 될 때인 2050년대에 100세까지 살 확률은 50%이상이라고 예측했다. 또한, 과학자들은 2070년에 이르면 미국 여성의 평균 수명 기대치가 100세를 넘을 것이라 말하고 있다.

이런 관념이 가져다주는 심리적 영향은 매우 크다. 사람들은 이제 직업생활을 하는 기간과 그 모양새뿐만 아니라 평생 무엇을 하며 지낼지에 대한 전체적인 내용까지도 진지하게 고려해 보고 있는 것이다.

또한, 이런 일들을 만들어가는 사람들도 있다.

① 지역 공동체의 리더로 일하며 공익에 도움을 주고 있다.

② 자신의 취미를 살리거나 창조적인 능력을 바탕으로 수익을 창출하는 사업을 벌이는 사람도 있다.

인간의 수명 연장 덕분에, 이처럼 많은 고령자들이 열린 기회에 뛰어들어 자신의 후반생을 멋지게 장식하려고 한다. 이런 모든 일들은 한마디로 표현하자면, 균형 잡힌 삶이라고 할 수 있다. 진정한 균형은 자기 삶을 스스로 힘으로 통제할 수 있을 때 가능해진다.

자기 정체성을 잃지 않고 자신의 인생관대로 삶을 펼쳐나가는 것, 필자는 이것이 후반생에 임하는 사람들의 기본적인 철학이 되어야 한다고 생각한다.

세상은 넓고 할 일은 많다

지구에는 자연 공간이 넓고도 광활하다. 그러므로 자신이 보는 시각에 따라서 할 일은 많이 분포해 있다.

삶의 질을 향상시키자. 인간 수명이 연장되었다는 것과 향후 20년 안에 고령자들의 기술과 경험을 필요로 하는 시대가 올 것이라는 것은 비교적 증명하기 쉽다.

하지만 보통의 사람들이 과거와 비교하면 한층 더 개인적인 시간에 대해 중요성을 느끼고 있다는 것은 측정하기 어려운 부분이다.

후반생을 살아가는 사람이 개인적인 시간을 모조리 박탈당하면서까지 일에 매몰된다면 전반생과 다를 바가 없기 때문에 이런 경향은 의문의 여지가 없다. 인생 후반의 생은 보너스로 주어진 것이 아니고 황금빛이 찬란한 금빛 포장을 하는 시기이다.

오늘날 60대는 노인 축에 끼지도 못한다. 예전에는 젊은이는 20대, 중년은 30~40대, 60대는 노인으로 분류했다. 그러나 오늘날의 개념에서는 30대 중반까지는 젊은이, 35세에서 50세까지는 중년, 50세에서 65세까지는 늦은 중반으로 취급된다. 요컨대 65세 이후, 70대에 이르러야 비로소 노인 대접을 받는다는 것이다.

하지만 이런 개념마저도 도전받고 있다. 65세부터 75세 사이는 젊은 노인 단계로 불리며, 이때가 비로소 진정한 노화가 시작되는 시기로 받아들여지고 있는 것이다. 사실 이 연령대는 정신적인 면에서나 정체성 면에서 봤을 때 아직도 생생하기 때문에 완전히 늙었다기보다는 늦은 중년에 가깝다. 앞으로는 적어도 80세 이전까지는 이런 대접을 받을 것이다.

이런 관점은 우리가 예전에 갖고 있던 노인에 대한 관점과 약 20년의 시차를 만들어 내고 있다. 이것은 자연이 인간에게 주는 축복의 기회일 것이다.

그러므로 현 시대에 살고 있는 은퇴자들은 자연이 주는 축복의 기회를 십분 활용하여 삶을 즐기고, 세상을 더 살기 좋은 곳으로 만들어야 하는 의무와 동시에 권리를 누려야 한다.

연구에 따르면, 65세 이상 고령자들이 흔히 갖는 만성적인 질환이나 장애는 지난 20년 동안 현저한 감소를 보이고 있다. 건강상의 문제가 개선된 것은 의학의 발달과 개인의 노력에 따른 것으로, 60대 이상 고령자들을 상대로 건강 유지법을 가르치는 일은 새롭게 성장하는 하나의 산업 분야가 되었다. 60대 이상 고령자들을 상대로 행복의 조건 1순위가 무엇이냐고 묻는다면, 아마도 그들은 건강이라고 답을 할 것이다.

그렇다면 건강을 통한 진짜 행복은 무엇이며, 어떻게 하면 행복을 달콤하게 느낄 수가 있을까? 진짜 행복은 일자리에서 나오고, 달콤한 행복은 여가에서 나온다. 열심히 일을 해서 땀에 대한 가치를 찾고 싶어하고, 그 땀의 가치로서 인간다움을 느낄 수 있는 문화적인 여가를 즐기는 것이다.

삶의 질의 향상을 바란다

일반적으로 60세가 넘게 되면 삶의 질을 높여야 된다고 생각하는 사람들이 많다. 즉 이제부터는 자신만의 인생을 즐기는 시간을 갖고 싶어 한다는 말이다.

일상생활이 매일매일 바쁘기만 할 뿐 만족스러운 삶과는 거리가 있다고 느끼는 많은 사람이 생활의 질을 높여야겠다고 생각하며 이 부분에 더 많은 신경을 쓰고 있다. 그들은 소비를 억제하고, 개인적인 시간에 더 큰 가치를 두고 영적인 부분을 계발하기위해 명상을 하고, 사회적인 인간관계를 넓히기 위해 다양한 모임에 참여하고, 가족과 더 많은 시간을 보내려 한다.

이런 추세를 반영하듯 모든 것을 다 가지려는 현대인들의 탐욕과 그로 인한 부작용을 경고하는 책과 잡지들이 줄지어 출간되고 있다. 책들은 진실로 균형 잡힌 삶이란 더 많은 것을 갖는 데 있는 것이 아니라 더 적게 갖는 것, 자신을 비워 내는 것에서 출발한다고 말하고 있다.

진정한 삶의 질이란 물질의 풍요에 있지 않다는 것이다.

대기업의 인사 담당자들이 공통적으로 하는 말 중에 요즈음 젊은이들은 직장을 선택할 때 높은 연봉 이외에 반드시 보장받기를 원하는 것이 또 있다고 한다. 그건 바로 개인적인 삶이다.

반면에 직장생활 15년 차에 이른 중간 간부들을 대상으로 물어본 결과, 자신이 가장 행복할 때는 높은 연봉을 받을 때가 아니라 의미와 목적이 분명한 일을 할 때였다고 말들을 한다.

이와 같은 경향은 종래의 직업관과는 거리가 있다. 단순히 돈을 벌기 위해 일하고, 거기서 존재감을 확인했던 과거의 직장인들에 비해 삶의 질을 더 높이 치는 현대인들의 생활 감각은 앞으로 더욱 높아질 것이다.

부부가 함께하는 행복한 시간 만들기

인생 60세가 되면 동반자의 가치를 중요하게 인식하게 된다. 그래서 부부 서로가 상대방의 의사를 존중하면서 자신의 아집을 중화시키려고 노력하게 된다. 이 시기는 부부의 존재와 자식의 존재를 저울질하면서 절대적인 동반자가 누구인가를 확인시켜 주는 깨달음에 기회를 준다.

오늘날 여성 노동 인력은 최고조에 이르고 있다. 즉 맞벌이를 하는 부부들이 많이 있다는 것이다. 이런 경향은 후반생의 라이프스타일에 어떤 영향을 미치게 될까? 여성들은 가정에서의 역할과 직장에서의 일을 전부 감당하기 위해 융통성 있게 행동하는 기술을 연마해 왔다. 그런 까닭에, 그들은 일뿐만이 아니라 삶을 계획하는 일에 있어서도 새로운 것을 취하는 것에 훨씬 더 개방적인 편이다.

여성들이 새로운 역할을 감당하게 되면서 남성들도 융통성 있게 행동하는 법을 배웠다. 한 조사기관에 의하면, 남성들이 아내와 가사를 공평

하게 분담하기 시작하면서 책임질 일이 더욱 많아지고 있으며, 이제는 기업 내에서 남성들이 여성들처럼 유연성 있는 시간 조정을 요청받고 있는 실정이라고 한다.

후반생을 위한 라이프스타일에서 은퇴에 관한 선택은 비단 남성에게만 국한되는 게 아니다. 부부가 함께 시간표를 짠다면 더 많은 유연성을 발휘할 수 있으며, 훨씬 더 많은 선택을 할 수 있다.

대부분의 국가에서 여성의 수명은 남성보다 최소 7~10년 이상의 시차가 있다. 그래서 후반생을 위한 라이프 시간표를 수립하는 데 있어 여성을 배제하고서는 어떤 계획도 완전하지 않다는 것이다.

앞에서 진짜 행복이 무엇인지, 삶의 질을 높이는 라이프스타일이 무엇인지 등을 생각해 보았는데, 그 모든 조건은 부부가 함께 이뤄 나가는 일임을 잊지 말아야 한다. 황혼 생활의 시간표 작성은 부부와 함께 짜는 것이 더욱 합리적이고 구체적일 것이며, 더불어 후반생이 행복하게 전개될 것이다.

세대 간의 교류하는 기법을 익혀야 한다

많은 사람들이 기존의 정년 시기를 넘기고 일하기 시작하면서 일터에서는 세대 간의 교류가 점차 증가하고 있다. 이런 현상이 세대 간의 마찰을 야기할 수도 있지만 직장 현장에서 그들이 행동하는 모습을 보면 함께 융화하려고 노력하는 사람들이 많이 있다는 것이다.

예전의 직위와는 상관없이 직장에서 새로운 역할에 도전해 보려는 중년의 근로자들은 젊은 사람들에게 기존의 은퇴 개념에 저항하는 삶이 무엇인지 몸소 실천하는 모습들을 보여주고 있다.

또한, 중년의 근로자들이 X세대와 Y세대로부터 받을 수 있는 교훈도 매우 크다. 그들 세대는 이미 직업이라는 것 자체를 인생의 전부가 아니라 라이프스타일의 일부로 보기 때문이다. 그들은 직업이 가져다주는 안정감보다 자신이 원하는 바를 달성하는 목적이 담겨 있는 생활을 선호하고 있다.

사람들은 가족 안에서도 다른 세대와 교류한다. 조부모들은 손자 손녀들과 친하게 지내면서 더 많은 교류를 가진다.

현대 사회에서 조부모가 되는 평균 나이는 55~60세 안팎이다. 이들은 손자 손녀들에게 가르침을 주고 또한 아이들로부터 배울 수 있는 몇십 년이라는 시간에 관한 공간적 지혜를 익히게 된다.

현대를 살아가는 사람들은 더는 자신의 선택 폭이 한정적이라고 생각하지 않는다. 자신의 고용주, 사회적 관습, 또는 가족들이 기대하는 것에 의존하지 않고 스스로 자기 인생에 관한 선택을 내릴 것을 원하고 있다.

과거의 익숙한 것들과 작별을 고하라

현재 위치에서 자신의 신분을 재정립하고 이미 지나간 시간은 흘러간 강물처럼 생각들을 정리하여야 한다. 자신의 두뇌 속에 과거 일들이 가득 차 있으면 미래를 향한 진보에 장애 요인이 된다.

후반생을 알차게 보내기 위한 생활 시간표 작성은 어떻게 하면 잘 만들 수 있을까? 생활 시간표는 극히 개인적인 계획인 만큼 대단히 역동적이기도 하다. 그래서 계획을 짜다 보면 자신이 전혀 예상치 못한 길로 접어들 수도 있고, 혹은 어린 시절엔 간절히 꿈꾸었으나 지금까지 까맣게 잊어버린 것에 도전할 수도 있다.

아무튼, 생활 시간표를 작성하는 데 중요한 것은 균형을 잃지 말아야 한다는 점이다. 포괄적인 면에서 균형은 후반생을 살아가는 사람들에게 가장 중요한 전제조건이기 때문이다.

은퇴 생활 시간표의 기획은 장기적인 큰 그림 속에서 작은 계획을 위한 밑바탕도 준비해야 한다. 여기서 꼭 필요한 것은 자신과 가장 가까운 사람들, 이를테면 배우자나 자녀, 친구 동료를 계획에 참여시키는 일이다.

이런 방법은 지인들로 하여금 조언 또는 아이디어 창출을 유도하는

데 큰 도움이 되기도 한다. 동기부여로서 그들이 기대하는 것이 무엇이며, 그들의 도움을 받을 수 있는 일은 무엇인지를 생각해 보는 동안 만족스러운 계획을 짤 수 있을 것이다.

이 과정은 단순한 공상 그 이상이어야 한다. 이제껏 해 온 일을 대체할 수 있는 새로운 일을 생각해 보고, 그것을 해낼 수 있는 자신의 능력에 대해 심사숙고하는 과정이기 때문에 현재 자신을 에워싸고 있는 실질적인 문제들을 충분히 고려해야 한다.

제2의 생활에서 계획을 세우는 일이 매우 중요한데도, 후반생을 살아가는 사람들에게 계획을 세울만한 여유가 없다는 것이 현실적인 문제점이기도 하다. 문제점 중에는 갑자기 직업을 잃어서 정신이 없거나, 계획을 세우는 일에 취미가 없거나 작성할 수 있는 역량이 안 되는 사람이 많다.

어떤 경우가 되었든 변화에 대해 고민하는 지금 이 순간이 후반 생활에서 가장 중요하다는 사실을 잊지 마라. 변화에 대해 고민할 때 사람들이 가장 힘들어하는 부분은 지금이야말로 현장에서 탈출하기에 가장 적합한 시기라는 사실을 인정하는 일이다.

사람들은 일반적으로 변화를 싫어한다. 변화는 새로운 장벽에 도전하는 일이기에 무엇보다 두려움이 앞선다. 좀 부족하더라도 현실에 안주하며 일단 몸도 마음도 편하기 때문에 되도록 변화 없는 일상을 꿈꾼다. 하지만 현재에 머물러 있으면 당신에게 타인과 다른 후반생은 좀처럼 찾아오지 않을 것이다.

필자 주변에도 은퇴자들이 많이 있다. 후반생의 목표 설정을 정확하게 못한 채 방황하는 사람을 많이 목격하게 된다. 그러나 그들에게 방향 설정에 관한 조언을 해주고 싶어도 조금은 조심스럽기도 하다. 한 가지씩 풀어갔으면 하는 바람이다.

젖을 먹던 어린아이의 변화 과정을 들여다본다.

유아들은 때가 되면 어머니로부터 젖을 떼어야 한다. 선택이 아닌 필수 조건에 적응을 해야 한다는 것이다. 그러나 어린아이는 처음부터 젖을 떼는 것에 순응하지를 않는다. 젖 대신 밥을 먹어야 하는데 물질 변화에 관한 적응력 부재로 어머니에게 투정을 부린다. 얼마만큼이나 투쟁의 시간을 보내고서야 환경 변화에 적응하면서 받아들이게 된다.

은퇴자들은 성인이다. 그래서 투정을 받아줄 사람도 없다. 모든 일은 스스로 결정하고 스스로 고민하고 스스로 책임져야 하는 고독한 방랑자이기 때문이다.

① 변화를 너무 서두르지 마라. 너무 성급한 변화는 오히려 한꺼번에 많은 것을 잃을 수 있다.

② 조금씩 나누어서 하나씩 하나씩 변화를 모색하라. 그런 가운데 크고 작은 경험을 모으면서 자신감, 집중력을 키워라.

③ 언제 어떻게 변화를 시작할지 계획하라. 계획을 혼자만 간직하지 말고 자신의 발견을 다른 사람들과 공유하라.

④ 새로운 계획을 위해 당장 버려야 할 우선권이 무엇인지 생각해 보라.

⑤ 일의 결말에 대해 생각하라. 일의 끝을 생각해 보는 것으로 그동안 잃어버렸던 삶을 찾을 수도 있고 마음속의 빈 공간을 채울 수도 있다. 창의적인 생각이 시작되는 것이다.

비움의 마음에 선(鮮) 빛을 담다

열린 눈[眼] 닫힌 눈[眼]

사물을 바라보는 방식은 두 가지가 있다. 하나는 눈을 뜨고 보는 법이고, 다른 하나는 눈을 감고 보는 법이다.

눈을 뜨고 사물을 감상하는 것은 외면의 감성을 척도 하는 것이요, 눈을 감고 사물을 감상하는 것은 내면에 있는 진리를 척도 하는 것이다.

사물을 바라볼 때 외면만 보지 말고 내면도 볼 줄 알아야 한다. 외면의 화려함은 내면의 미숙함을 포장할 수가 있고, 그 포장된 부분은 쉽게 병들고 상처로 남게 된다.

사물을 바라볼 때 유유한 마음으로 선입견에서 벗어나라. 맑고 따뜻하게 열린 눈으로 바라보라. 그러면 새로운 관계가 형성되고 마음으로부터 생기가 돌게 된다.

눈을 뜨고 있다 하여 열린 눈이라 말할 수 없다. 진정한 내면을 볼 수 있는 눈이라야 비로소 열린 눈이라 말할 수 있다. 당신과 나, 우리 모두가 이 밝은 세상을 열린 눈으로 바라보자. 그러면 곧 당신의 가는 길 속에서 가고자 하는 길이 함께 열릴 것이다.

높고 넓은 곳을 헤아리려고 하는 의욕과 보려고 하는 마음이 있다면 높고 넓은 공간을 만들어야 한다. 그리고 그 공간을 비워두면 그 공간을 통해 다른 세계가 보일 것이며 새로운 지혜가 담기게 된다.

그리고 희망의 빛을 맞이할 것이며 구해진 희망의 빛으로 원하는 꿈을 꾸게 된다. 또한, 그 꿈은 현실적으로 자기 곁을 방문하여 실용의 기회를 추구하게 될 것이다.

선(鮮)의 빛을 따뜻한 마음으로 바라보자. 행운의 복운과 동녘의 빛 여명을 맞이할 것이다.

선(鮮)의 빛을 차가운 마음으로 바라보면 부정의 길과 지는 해, 즉 석양을 맞이하게 될 것이다. 선의 빛을 바라보고 생각하면서 맞이하는 방법에 따라 자기의 형상체가 그 속으로 묻히게 되며, 이것이 곧 자기 내면의 빛이라 할 수 있다. 외면의 모습으로 비춰지는 빛은 나를 포장할 뿐이지 자아의 실체는 아니다. 우리는 내면의 빛과 소리를 맞이하고 그 빛과 소리를 통한 자기성찰의 기회를 맞이하자. 마음은 바람과 같이 나그네 모습을 하기도 한다. 나무에 매달린 나뭇잎처럼 쉼 없이 흔들리기도 하고, 마음은 새들의 모습처럼 하염없이 방황의 날갯짓을 하기도 한다.

자연의 세계에서는 마음과 바람과 새는 생활을 공유하며 환경을 영위한다. 사람의 마음은 갈대라고 했던가. 갈대를 움직이는 것은 바람이며, 바람 같은 마음은 때로는 나도 모르게 나의 모습을 잃어버리게 한다.

사람의 마음은 투명하여 보이지도 잡히지도 않는다. 생활에서 설정되는 상황들의 순간순간 감정의 부조화로 자아 스스로 속상해하기도 하며, 스스로 미워하는 동기가 발생되기도 한다. 그를 통한 원망의 울분을 자기 합리화를 위한 소명의 기회조차도 없다는 것이다.

나뭇잎의 생리적 원리를 통한 생활의 실용을 익히는 기회를 가져 보자.

활엽수에서 나뭇잎의 흔들림은 갈대인 양 바람에 흔들리는 기능만 보일지 몰라도 내면으로는 자기 영양소 공급이라는 기능을 동시에 수행하는 중이며 여유를 보여주는 단면이기도 하다.

살 내면에 있는 마음도 때로는 미칠 듯이 요동을 치더라도 자기중심적인 자신의 색깔에서 벗어남 없이 유연한 에너지로 흡수하는 동시 편차에서 여유를 가지고 대처해야 한다.

부동자세로 흔들리지 않는 마음은 인간의 마음이라고 할 수 없다.

잎사귀는 흔들리되 가지는 흔들리지 말 것이며, 이런 현상을 융통성이라는 표현으로 접근하면, 융통성이 없는 생활은 활동 영역에 있어 마이너스와 왕따란 직위를 얻게 된다. 그 연장선상에서 고독과 외로움이 당신의 마음으로 방문하게 될 것이다.

어떤 형태로든 비움이란 항상 새롭다

사람 생활에서 일일 숙제 중 배변이라는 과정이 있는데, 내면에 있는 생리 현상으로 부분을 비워야 하는 이 행위조차도 몸부림치며 고통을 받는 이들이 많다.

사람마다 생체 기능이 다소 다른 점이 있어 생체 기능을 탓하기도 하지만, 이 문제는 생체와 자연의 생리 현상으로만 미루기는 자기모순이라는 논리가 잠재되어 있다. 스스로의 관리 부족과 평소 관심 부족으로 인한 부실의 원인이라고 볼 수 있으며, 때문에 덕(德) 행위에 있어 고통의 발생은 자기관리 부족에 의해서 발생된다고 말할 수 있겠다.

평소에 자기관리가 잘되어 있고 하고자 하는 일에 준비가 잘된 사람들은 일상생활에서 배변의 논리를 통한 비움의 상쾌함과 효능을 느낄 수 있다. 비움이란 타인을 위해 배려할 수 있는 공간이 있다는 것이며, 비움의 공간에서는 봉사와 용서할 수 있는 여유를 갖는다는 의미이다. 비움의 자리 뒤에는 욕심을 담는 것이 아니고, 더불어 살아가는 새로운 이정표를 담는 것이다.

이때 새로운 이정표란 진정한 마음으로 비움을 준비한 사람에게는 그 스스로가 번민에 쌓여 고뇌의 늪에서 몸부림칠 때 선의 빛이 현명한 이정표의 길을 인도하게 된다.

비움이란 외면의 그릇을 탓하는 것이 아니고 내면의 그릇을 비워야 비움이라고 말할 것이다. 마음의 때를 씻어내며 정화의 수순을 거쳐 마음에 새로운 것을 무엇으로 채워야 하는가를 생각할 때이다.

비움의 의미는 내 안에 있는 부조화의 모습들과 욕심을 제어하자는 것이며, 비움이라 하여 모두를 비움이 아니고 분수에 맞는 욕심다움을 가져보는 것도 바람직하다.

상황에 따라 행함에서 부족함이 없는 욕심은 부리되 넘치는 욕심은 삼갈 일이다. 미련 없이 떠나보내자. 내 안에 있는 부조화스러움을 떠나보내자!

내 삶에서 마디마다 층층마다 정리하여야 할 일들이랑 내 마음으로부터 보내주자. 미련이 있다 해도 과감하게 잊어야 한다. 새 자루에 새 물건을 담으려면 자루의 내부를 비워야 하듯 아쉽거나 섭섭해할 필요가 없고, 과감성이 있어야 한다.

내 안에서 잡고 있을 때 고통보다도 떠나보냈을 때 섭섭했다면 이것은 당신에게 득이 되는 일일 것이다.

비움에 있어서는 결정과 결단이라는 실행의 단어가 수반하게 된다.

단어의 내용에 있어 정(定)은 마음과 합의하는 과정이요, 단(斷)은 마음으로부터 버려야 하는 순간이다. 어려운 실행이다. 처음 순간적으로 마음이 닿는 선택으로 행함이 후회가 적을 것이다. 비운다는 것, 재물을 비움이야말로 얼마나 고민이 되겠는가?

어렵지만 우리가 현실을 살아가면서 피해 갈 수 없는 부분이기도 하다. 그 때문에 마음의 수련이 필요하다.

이삿짐을 정리할 때 부부싸움이 종종 있을 때도 있다. 또 잊고 있었던 부분 중에 귀중한 물건이 새롭게 나오기도 한다. 비움의 자세를 갖추다 보면 새로운 물질과 새로운 방법을 스스로 알게 된다는 이야기이다. 그래서 비움이라는 프로그램은 아이러니한 일도 많이 발생이 되기도 하지만, 자기 능력 개발에 발판이 되기도 한다.

비움의 방편으로 기부 문화가 있다. 나는 기부 문화에 어떤 방식으로 참여할 것인가를 생각해보자.

기부 문화란 나에게 있는 것 일부분을 희사하여 타인에게 도움이 되는 행위이다. 나는 어떤 부분을 할애할 것인가?

돈, 시간, 능력(기술 포함), 단순 봉사 등이 있다. 현대 사회에서 비움이란 단어와 기부 문화라는 단어가 있기는 하나 선뜻 참여하기란 매우 어려운 일이다. 어려운 일을 하는 것이 자신다움의 가치로서 보람되고 아름다운 일을 했다고 할 수 있다.

마음을 다스림에 있어 선의 빛을 내 안으로 맞이하고 때로는 바람처럼, 때로는 나뭇잎처럼, 때로는 새처럼 자연에 순응할 필요가 있다.

녹색 덕분에 감사할 일이 너무 많은 인생

산속에서 녹색을 벗으로 삼고 살아온 지도 벌써 30년이 되었다. 인생의 1/3을 녹색과 함께 했으니 '녹색 인생'이라고 불러도 색다른 표현이 아니라고 생각한다. 필자는 녹색으로 말미암아 너무나 많은 혜택을 받았다. 그래서 이제부터는 감사함을 환원하는 차원에서 지식 기부를 하는 정신으로 인생을 살아가고자 한다.

자신의 시간과 에너지를 타인을 돕는 일에 할애하는 것은 삶을 성공리에 살아가고 있다고 말할 수 있을 것이다. 물론 인생의 변화 시점에서 자신이 중요하게 여기는 가치나 우선순위에 있는 것에 끈을 놓으면 안 되지만, 자신은 타인에게 도움을 받고 또한 자신이 타인에게 도움을 줄 수 있을 때 그 모든 일이 가능해진다고 믿는다.

다른 사람에게 내가 가진 것을 기꺼이 내놓는 일은 삶의 엄청난 에너지와 진보를 가져다주기 때문이다. 이를 간단히 말하자면 환원이라고 부른다. 물론 이 말에는 배려라는 뜻도 포함되지만, 환원이라는 말은 단순히 베푸는 행위보다 우위에 있다.

우리는 세상으로부터 너무나 많은 것을 받아 왔기에 적절한 시간이

오면 그것들을 돌려주어야 한다. 받은 것을 돌려주는 일이야말로 완벽하게 인생을 만들어가는 과정이라고 말하고 싶다.

환원의 가치를 알면 삶의 맛이 달라진다

인생에서 목표가 없다면 길을 잃기 십상이다. 삶이 변화하는 길목에서 자신의 목적을 재평가하지 않으면 그 또한 길을 잃게 된다. 자신이 무엇을 해야 하는지 모르는 사람은 없지만, 알면서도 행하지 못하는 경우가 많다.

후반생에 들어서 직업 생활에서 손을 떼면, 균형이 잡히고 명랑하게 생활해 왔던 사람마저도 나머지 시간 동안 자기가 해야 할 일을 찾는데 어려움을 겪는다. 이런 현상은 그동안 일상생활을 함에 있어 자신에게 이익이 되는 계산을 추구하면서 살아왔기 때문에 사회성, 즉 말해서 공동체 정신을 잃어버렸다고 말할 수 있다. 자연 속의 숲은 공동체 정도(正道) 정신을 바르게 가르치는 스승과 같다. 그러므로 바른 공동체의 정신을 익히려면 숲 속에서 많은 시간을 보내야 한다.

나눔을 실천할 때는 내게 보탬이 되는 일인지를 먼저 고려해서는 안 된다. 그것은 또 다른 형태의 비즈니스에 불과하다. 사랑은 받는 것보다 주는 것이 더 아름답다고 했다. 그러므로 주는 것이 곧 받는 것이라는 사실을 모르는 사람들을 보면 의식 수준을 다시 한 번 생각하게 한다. 봉사를 하게 되면 자신의 울타리에서 벗어나게 되고, 새로운 인맥을 구축할 수 있는 기회를 부여받게 된다.

우리 모두는 지나간 것에 대해 미련을 갖는 경향이 있다. 살면서 무시당했던 경험, 원한, 실패, 혹은 절대 통과할 수 없었던 일에 대해 후회와 반성을 하면서도 그보다 더 크게 놓쳐 버린 기회를 아쉬워하고 손에 넣었다가 빠져나간 승리를 안타까워한다.

혹자는 자기에게 주어진 기회가 다른 사람들에 비해 터무니없이 적다며 불평을 터뜨린다. 어떤 사람은 쏟아 부은 노력에 비해 언제나 적게 돌아오는 보상에 하늘을 탓하면서, 세상은 운이 좋은 자들의 것이라고 개탄하기도 한다. 하지만 다른 이들의 문제가 무엇인지 살피고, 그들이 안고 있는 문제를 해결할 수 있게 도와주다 보면 자기 삶에서 감사해야 할 일이 너무도 많다는 사실을 깨닫게 된다.

후반생을 살아가면서 여전히 혼자만의 삶에만 집착한다면 고립을 피할 수 없다. 그러나 타인과 어울리면서 내가 가진 것을 나눠줄 때 그의 삶은 풍성해진다. 타인을 배려하는 사람의 마음 바닥에는 감사함이 묻어 있다. 세상에 감사하는 마음이 없다면 결코 내 것을 타인에게 나눠줄 수 없기 때문이다. 자신의 행동을 내세우거나 잘난 체하지 않고, 그런 행동이 세상이 자신에게 베풀어준 것을 되돌려주는 작은 행동일 뿐이라고 생각한다.

후반생을 살아가는 사람이 매사에 감사하면서 마음의 문을 여는 습관을 가질 때, 그는 정말로 행복한 노후를 보낼 수 있다.

필자도 이 글을 쓰면서 느낀 점이 많다. 앞으로는 항상 감사하는 마음으로 살아가는 지혜를 익혀야겠다고 생각했다.

베이비부머의 삶, 새처럼 자연스럽게

연구소 앞 새집에서는 박새가 분주하게 활동하고 있다. 나는 그동안 무엇을 위해 나 자신을 담보로 스스로 자유를 잃어 왔는가?

그렇다! 이제부터라도 나는 새처럼 자유스럽게 날고 싶다는 생각이 든다.

퇴직 후 일자리를 찾지 못하고 집에 있는 50~60대 가장을 '젖은 낙엽족'이라 표현하기도 한다. '비에 젖은 낙엽족'은 1980년대 일본의 경제 거품이 꺼지고 경기 침체가 찾아오면서 일자리를 잃은 가장들을 지칭한 표현이었다. 비에 젖은 낙엽은 빗자루로 쓸려고 해도 쓸리지 않는 귀찮은 존재에 빗댄 말이다.

우리 사회도 일본의 암울했던 현상을 답습하고 있는 듯하다. 최근 들어 젖은 낙엽족의 숫자가 점점 많아지고 있지만, 그들에게 이정표를 제시하는 목소리는 미미하다.

은퇴 후 가족으로부터 왕따의 고통을 느끼는 가장들에게 전문가들은 자녀를 일보다 후순위로 두지 말라고 권고한다. 밖에서 돈을 벌어다 주는 것으로 가장으로서의 역할을 다했다고 생각해선 안 된다는 것이다.

또 은퇴 설계할 때 재무계획만 짤 것이 아니라 가족과의 관계 회복에 관한 계획도 필요하다. 퇴직 후 집에 머무르는 시간이 길어진 남편을 보면서 우울증의 동기 유발(은퇴남편 증후군)에 시달리는 아내의 입장도 배려해야 한다는 소리다.

미래를 향한 기획과 할 일은 스스로가 탐구해야 한다. 자연 속에서 길을 물어보아라. 녹색은 안정된 길을 가르쳐 준다.

우리 함께 넓은 공간을 자유롭게 새처럼 날아보자.

창살 없는 감옥을 참살이라고 말할 수가 있을까? 삶이란 사람다움을 표현하는 과정이다. 사람은 출생과 동시에 이름표를 달고 사람다움을 수행한다. 삶의 과정에서 자기 자신 안에 있는 기능을 표현하기도 하고 명성을 높이기도 한다. 또한, 일반인들은 꽃피는 나무와 같이 4계절을 1주기로 삼아 평범하게 살아가기도 한다.

결국, 자연스럽게 소박하게 살아가려고 하는 자도 있으나, 간혹 욕망과 우월감의 늪에서 표현의 자유를 스스로 구속하는 자도 있다.

삶에서 자기를 표현하는 방법으로 효과 있게 활용할 수 있는 지혜는 정도(正道)의 길을 수행하며 수련하는 것이다.

인생의 황혼길

인생의 황혼, 사람이라면 누구에게나 찾아오는 숙명이며, 각각의 마음속으로 고이 접어 간직하면서 제2의 인생 설계를 할 것이다.

필자의 산속 집 둘레에는 활엽수가 많다. 늦가을 단풍이 낙엽이 되어 뒹구는 모습을 바라보면, 인생의 황혼길에 접어든 나 자신을 보는 것 같아 쓸쓸하기가 그지없다. 자연의 순리는 사람의 생각과 의지와는 전혀 상반되게 움직인다.

자연은 봄이면 새싹이 피고, 잎사귀가 되어 단풍이 들고 낙엽이 되는 규칙적인 사이클을 보이는 반면 사람들의 생활주기는 불규칙한 사이클을 형성한다. 규칙적이고 바른 생활이란 자연과 어울리며 가는 길이 바른길이라고 할 것이다. 바른길의 선택은 각자의 몫이기도 하다. 각자가 가고자 하는 그 길은 시작과 끝이 있다는 이야기이다.

길이라고 하면 두 가지로 분류해본다. 한 가지는 생활에 필요한 교통수단인 일반적인 자동차 도로가 있고, 또 한 가지는 사람으로 태어나서 자기 몫을 수행하는 미지의 길이 있다.

제2의 인생, 황혼을 멋지게 사는 방법은 없을까?

제2의 삶을 찾고자 하는 대다수 사람이 생각해 보는 문제일 것이다. 제2의 삶을 추구해 본다면, 제일 먼저 하고 싶은 일은 평소 마음으로 생각하고 있었던 일을 실행하고 싶다. 그 일들을 구체적으로 본다면 현재하고 있는 직업의 연속이 아닌 반대 방향을 원하시는 분들이 많다는 것이다.

제2의 생활은 어디에서 할 것이냐는 물음에는 도심 속에서 현 거주지를 활용하여 생활하면서 취미 활동만 바꾸겠다는 사람들이 60%이고, 주거를 녹색으로 옮겨서 전원생활을 하겠다는 분들이 20%, 나머지는 중용의 견해가 있었다.

제2의 생활에서 제일 큰 문제는 경제 문제이다. 개인 사업을 하여 돈을 많이 벌었거나 공무원 생활을 하여 연금을 받는다면 별문제가 없다. 이런저런 이유로 노후 준비를 넉넉하게 하지 못한 사람에게는 생활비 문제가 큰 고민이다.

다음은 어떤 일을 할 것인지 결정하고, 그 일에 관련된 올바른 정보를 얻는 것이다. 현재는 바른 정보를 공급받을 수 있는 곳이 부족한 실정이다.

중요한 것은 희망을 잃지 말고 더욱더 큰 희망을 가져야 한다. 뿌리 깊은 나무를 보면 언제나 의연하다. 언제나 푸르고 평화를 안겨주는 녹색 나무처럼 듬직하고 차분한 마음으로 인생을 관조할 필요가 있다. 4계절 푸른 소나무의 생리를 세컨드 라이프의 길잡이로 활용해 보자.

우리 민족사 소나무의 애환을 잠시 들여다본다. "남산 위에 저 소나무"라는 애국가 가사가 있다. 소나무는 장수의 상징물이고 우리 국민이 선호하는 나무이기도 하다. 나라 잃은 설움을 달래주는 정신적 지주가 되어 주기도 했고, 4계절 푸름을 간직하면서 지쳐 있는 사람들에게 늘 희망의 꿈을 안겨주며, 생활에 피로를 풀어주는 기능인 피톤치드의 향기에 의한 기운을 발산하기도 한다. 또한, 소나무는 지난 세월의 애환도 서려 있다.

1960년경 경제 재건이 한창일 무렵 산골짜기에서 화전과 개간을 하는 농부들은 식량과 먹을 것이 부족하여 굶주린 배를 채울 때 구황식품으로도 사용했다. 먹는 방식은 소나무 내피를 말려서 쪄서 먹거나 내피를 씹어 먹기도 했다. 그 시절에는 1일 2식은 기본적이거니와 초근목피(草根木皮)로 연명하는 일은 다반사였다.

소나무는 그 어려운 시대를 극복하면서 민족의 혼을 지켰으며, 배고픈 이들에게 허기를 메워준 고마운 나무이다.

숲이 인간 생활에서 간과 허파의 구실을 한다면 생체에는 허파라는 기관이 있다. 사람의 폐 기능은 맑은 산소를 공급해 주는 역할을 하며,

공기가 좋고 나쁨을 두뇌로 하여금 감지할 수 있는 센서의 기능도 함께 한다.

사람의 폐가 좋아하는 곳이 원시림이다. 그 속에 오래 머물면서 자연인이 되고, 서로를 이해하는 소통의 길을 찾고, 생활에 있어 선(鮮)의 활동을 활력화해야 한다.

국내외적으로 경제가 어려워지면서 서민층의 걱정이 많다. 경제가 어렵다고 하여 마음마저 닫아버리는 옹졸함에서 탈출할 길을 찾아야 한다.

생애 중에 길이란 한 가지 길만 있는 것이 아니다. 우리 생체에도 혈관 기능 중에 그로뮤(동·정맥 문합점) 법칙이라는 원리가 있다. 혈액이 막히면 돌아갈 수도 있는 기능을 말한다.

강물이 흐름에 있어 중간에 조그마한 물막이 보를 가로막아 놓았다고 하여서 그 물이 흘러가지 않겠는가? 다만 잠시 주춤거릴 뿐 새로운 길을 통한 흐름은 연속적으로 이루어질 것이다. 이것처럼 사람 사는 세상에서는 살아가는 길 속에서 새로운 길은 끝없이 만들어진다. 이는 스스로 노력이라는 긍정의 자세를 요구한다. 길이란 찾으면 있고, 가고자 하면 반드시 열리게 되어 있다.

가슴을 움츠리지 말고 활짝 펴고 마음을 열자. 가슴으로 테르펜의 정기를 맞이하여 싱그러운 기운을 받자. 새로운 기운을 받아서 기존에 하는 일과 앞으로 하고자 하는 일들이 더 많은 성과를 올릴 수 있도록 해야 할 것이다.

하루에 한 번쯤은 소나무를 바라보자. 어려운 환란에서 꿋꿋하게 우리를 지켜주었으며, 지금은 생체에 유익한 테르펜을 공급해 주지 않는가?

소나무는 실용적인 길을 열어 주며 희망을 인도해 주는 마음의 등불과도 같다. 건축에서 집 짓는 용재 중 중추 역할을 하는 대들보처럼 그저 옆에만 있어도 마음이 든든하며 용기가 솟아나는 힘의 원천이 되기도 한다. 소나무 잎은 우리가 살아감에 있어 많은 자극과 반성의 기회를 충족하며, 생체적으로 침의 효과가 있다. 침술이라는 것은 사람들이 경락의 혈이 이상이 있거나 근육과 신경에 이상이 생겼을 때 치료 또는 응급요법으로 활용하는 방식이다.

필자가 사용했던 민간요법을 소개하고자 한다. 소나무는 조선솔을 선택하고, 솔잎 중에는 낱개를 모아서 봉을 만든다. 그 솔잎 봉으로 손과 발의 경락을 찾아서 침압을 해보면 시원스럽고 효과가 있다. 직장과 생활환경에 따라 다르겠지만, 대체적으로 도시의 공기는 생체의 호흡 순환에 적합하지 못하다.

공기의 오염도가 높을수록 생체의 기능은 저하된다. 기능이 저하되면 면역력이 약해져서 감기 기운이 감돌기도 하고 사람들의 마음을 움츠리게 하는 현상이 드높다. 도시에서는 소나무를 좀처럼 보기 어렵고 정원에 식재되어 있다 하여도 몇 그루 정도에 불과하다. 조경용에 불과하기 때문에 테르펜의 정기를 받기는 어렵다. 자기가 사는 가까운 숲을 찾아 1주일에 한 번 정도는 소나무의 정기를 받아보는 것도 바람직하다.

숲을 찾아간 시간은 버려진 시간이 되지 않을 것이며 마음이 신선해지며 가슴이 뚫리는 기회가 될 것이다.

소나무처럼 몇백 년을 살려고 하지 말자. 장수에 연연하기보다는 실리적인 삶의 영위가 중요하다고 본다. 세컨드 라이프의 성공을 위한 실리적 기초에는 비움이라는 교훈이 있다.

① 마음을 다스려야 한다. 전 직장에서 있었던 직위 따위에 허상의 올

가미를 벗어라.

② 전직과 관련된 지인들 및 친인척 관계, 생활 주변, 가치관 재정립의 필요성

③ 현재의 상태에서 소유의 재물을 재안배하라.

④ 개성 창조 및 여가 생활을 취미로 삼고 즐기려고 노력하라.

⑤ 자연의 진리를 득하고 삶의 가치를 바르게 탐구하라.

⑥ 자아의 내면세계를 바라보면서 스스로 자세를 낮추어라.

⑦ 배우자와의 관계에 있어 서로 사랑하며 존경하라

⑧ 지식 기부 운동과 공동체 생활에 적응하기 위한 노력을 하라.

위와 같은 기본적인 자세를 갖추고 나서 2차로 그 일들을 실행할 지역적인 선택이 남아 있다.

제2의 생활을 하는 데는 주변의 환경이 매우 중요하다. 근자에 들어서는 선호하는 지역이 도시 근교의 전원단지를 많이 찾고 있지만, 필자는 다른 의견을 가지고 있다.

전원생활만이 황혼의 생활로서 으뜸이라고는 말할 수가 없다. 장소 선택에는 일반적인 개념보다는 배우자와 합의하여 취향에 맞는 지역을 선택하는 것이 제일 바람직하다.

한 가지 사례를 들어본다. 필자 주변에도 세컨드 라이프를 꿈꾸며 전원생활을 시작한 사람이 몇 분 계신다. 이곳은 시골이며 산과 근접되어 있다. 전원이라기보다도 산골 생활이다. 산촌에서 임산물 생산이 아닌 전원생활을 한다는 것은 매우 어려운 일이다. 만약에 그래도 전원생활을 원한다면 전원단지를 찾는 것이 바람직할 것이다. 제2의 인생 창조란 황혼기의 삶을 이야기하는 것만은 아니다. 인생길을 걷다가 보면 방향을

바꾸어야 할 때도 있다.

방향 전환에 있어 미리미리 좋은 방향으로 준비를 해야 한다. 준비란 평상시에 마음으로 조금씩 지혜를 쌓아둔다는 의미도 있다.

우리는 빠른 속도로 물질과 문명이 바뀌는 시대에서 살고 있다. 오늘은 현재이고 내일은 미래라고 한다면, 내일은 보장할 수 없는 것이 우리가 살고 있는 미래가 된다.

그러므로 미래란 항상 새롭게 준비하는 자만이 자기가 원하는 자유로운 삶을 만끽하면서 살아갈 수 있을 것이다. 녹색의 자연 속에서 새처럼 자유롭게 지저귀고, 새처럼 자연스럽게 날개를 넓게 펴고 높고 멀리 날아보자. 희망의 구호를 외치면서…….

귀촌인이 알아야 할 농산어촌의 실정

젊은 층의 귀촌이 늘어난다

농촌에서 제2의 삶을 시작하려는 베이비부머 세대들이 늘어나면서 귀농, 귀촌에 대한 관심이 뜨겁다. 2012년 4월, 서울 대치동 서울무역전시장에서 열린 대한민국 귀농 귀촌 페스티벌에는 2만 8,000명이 넘는 관람객이 몰려 성황을 이뤘다. 이들 중 상당수는 가까운 시일 안에 귀촌할 계획이 있는 베이비부머들로 행사장에 차려진 41개 자방자치단체의 부스를 돌며 각 지역 귀촌 인프라와 지원책들에 대한 정보를 수집했다.

실제 2011년 도시에서 농촌으로 내려간 1만 500명 중 60%가 은퇴를 했거나 은퇴를 앞둔 40~50대의 연령층을 이루었다. 위와 같은 현상은 도시에서 경제적으로 쪼들리거나 치열한 경쟁에 지친 도시민들이 도피하듯이 농촌행을 선택하던 이전과는 달라진 풍경이며, 특히 은퇴를 일찍 준비하거나 농촌에서 새로운 사업 기회를 찾으려는 30~40대들이 많이 찾았다는 것이 색다른 변화라고 볼 수 있다.

일반적으로 귀촌하는 사람들의 목적은 농사, 단순 거주(전원생활), 농촌 관광 등 세 가지로 나뉘는데, 그중 농사를 짓기 위해 귀농하는 사람들에 대한 정책 지원은 사려가 깊어야 한다. 귀농인의 상당수는 은퇴 혹은 타의로 그동안의 직업을 접고 새로운 도전을 시도하는 사람들이다. 도시 못지않은 소득, 느리지만 참살이 등에 대한 꿈도 꾼다. 하지만 농사는 힘들고 농촌 현실은 차갑다. 귀농인들에 대한 세심한 정책적 배려가 필요한 이유다.

물밀 듯 밀려오는 시장 개방의 파고는 기존의 농민들도 넘기 어려운데, 새로 진입하는 사람들까지 국산 농산물 시장을 나누어 갖도록 유도하는 것은 바람직하지 않다. 이들은 직접 농사를 짓기보다는 가공 등 전후방의 틈새시장에 진출할 수 있도록 지도해 농식품의 시장 규모를 넓힐 수 있도록 유도하는 것이 필요하다.

또한, 국가는 그들이 귀농 귀촌 과정에서 실패하지 않도록, 현재 도시에서 나타나는 자영업 포화 문제가 향후 시설 채소 혹은 축산 등에서 나타나지 않도록 미리 배려해야 한다.

지금부터 우리 농촌은 귀농 귀촌을 더욱 증대시킬 수 있도록 경제, 사회, 문화 구조 재편에 돌입하여야 한다. 먼저 도시민들을 농촌 사회로 들어오게 하려면 적절한 생업 기반이 될 수 있는 환경을 조성해 주어야 한다.

농업 소득 증대뿐만 아니라 농촌에 들어와 농업, 농촌 관련 비즈니스 창업이나 취업할 수 있도록 다양한 대안을 마련해야만 한다. 가공, 유통, 마케팅 분야뿐만 아니라 교육, 복지, 문화 서비스 등 실로 다양한 일자리를 고려할 수 있을 것이다.

또한, 농촌의 생활 서비스 여건을 획기적으로 개선해야 한다. 농촌은 주거, 교통, 의료, 문화 등 각종 생활 서비스 이용 측면에서 불편하고 불리하다. 특히 자녀 교육이나 응급의료 등과 같이 약간의 불편함을 감수하는 차원이 아니라 타협의 여지가 없는 서비스라면 농촌 정주를 고민하게 하는 결정적 요인이 된다. 전국 어디에 살더라도 최소한의 서비스 기준을 충족시킬 수 있도록 중장기적 관점에서 투자하는 것이 정부의 역할이라고 말할 수 있을 것이다. 그러나 각각의 농촌 현장의 실상은 너무나도 부족한 점들이 많다.

또한, 농촌 사회에서는 공동체적 문화 형성도 중요하다. 많은 귀촌인들이 지역에 융화되지 못하고 농촌 생활 적응에 어려움을 겪는 경우가 많다.

귀촌인들은 지역사회로부터 고립되거나 귀촌 가정들만의 커뮤니티로 분리되어, 심한 경우 주민들과 반목하다 지역을 떠나는 사례도 있다.

새로 농촌에 들어오는 사람 처지에서는 농촌 공동체의 성격을 충분히 이해하고 소통하기 위한 노력이 필요하다.

귀촌, 충분한 준비 뒤에 실행해야 한다

귀촌을 원하는 이유는 전원생활에 대한 동경 때문만은 아니다. 더욱 현실적인 고민이 도사리고 있는 경우도 많다. 도시에서 자녀 뒷바라지하다 노후 준비를 제대로 못 한 베이비붐 세대들이 새로운 삶의 터전으로 농촌을 선택하는 것은 조심스럽게 접근할 필요가 있다. 즉 말해서 노후 자금이 준비가 안 된 상태에서는 도시생활이 더 편리하게 지낼 수가 있다.

농촌의 현실은 적정한 자금과 노동력을 요구한다. 돈이 없으면 확실하게 젊음을 투자하든지 해야 한다. 그렇지 않으면 농촌에서 살아가는 것은 무척이나 고행을 겪게 된다.

04
자연과 하나 되는 휴선의 지혜

휴선(烋仙)

휴선(烋仙)이란?

몸과 마음을 쉬면서 정신을 수양하여 자연과 하나 되는 행위

휴선(烋仙)은, 생활 속에서 자연과 일체화를 통해 삶의 질을 높이고 행복한 건강 생활을 가꾸어 가는 새로운 한국적 휴양 개념이다.

휴선(烋仙)은, 기존의 서구적 휴양 개념과 단순 휴식 개념의 휴양 문화가 아닌, 한국적 휴양 문화의 새로운 접근과 실천적 방법을 연구, 개발, 추진하는 신개념의 휴양 문화 운동이다.

휴선(烋仙)은, 우리의 농산어촌 자연자원을 활용한 생활 휴양 문화 시스템이며, 휴선(烋仙)의 3가지 테마인 기다림(氣茶碄), 선울림(仙蔚琳), 담체(潭体)의 유기적 결합에 의한 기본 27가지의 휴선 실용 프로그램을 제시하며, 이를 바탕으로 다양한 휴선 문화 프로그램 및 휴선 문화 산업에 대한 실천적 방법을 운용할 수 있도록 한다.

휴선 3요소 도형

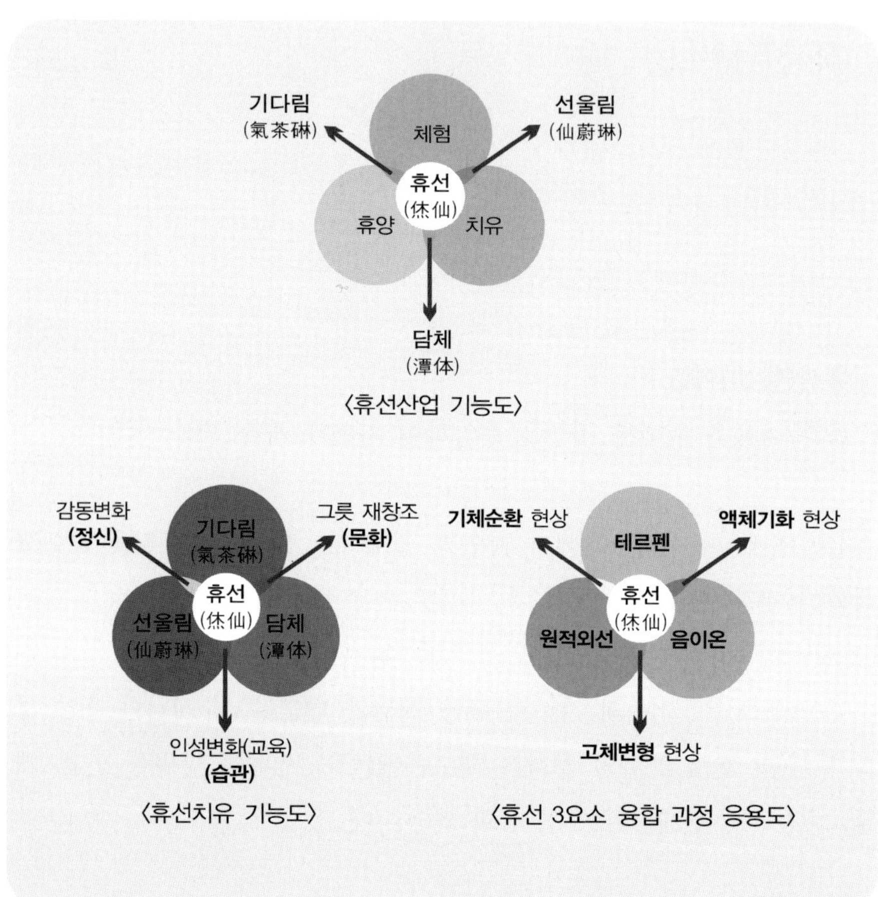

기다림
(氣茶醂)
체험
선울림
(仙蔚琳)
휴선
(休仙)
휴양
치유
담체
(潭体)
〈휴선산업 기능도〉
감동변화
(정신)
기다림
(氣茶醂)
그릇 재창조
(문화)
휴선
(休仙)
선울림
(仙蔚琳)
담체
(潭体)
인성변화(교육)
(습관)
〈휴선치유 기능도〉
기체순환 현상
테르펜
액체기화 현상
휴선
(休仙)
원적외선
음이온
고체변형 현상
〈휴선 3요소 융합 과정 응용도〉

기다림의 공간

기다림(氣茶砯)

기다림의 공간
미래 세계로 전진을 향한 기다림
기다림 속에는 꿈과 희망과 미래의 세계가 있다.
기다림의 세계에는 녹색 성장에 기반이 되는
기능성의 자원들이 우리를 기다리고 있다.

기다림은 자연을 통하여
우리들에게 깨달음의 기회를 제공한다.
맑은 공기[氣]
맑은 물[茶]
맑은 숲[砯]을 통한
자아의 실체와 가치를 새롭게 찾게 하고
삶의 질을 풍요롭게 하는 소통의 길을 열어 준다.

기대 속에

기다림의 수련은

성공과 함께 스스로에게 행복을 선물할 것이다.

기다림(氣茶磷)

자연자원에 대한 이해와 그 자연자원의 활용영역으로
맑은 공기, 산야초 차, 숲과 광물질 등
자연자원의 다양한 기능성을 활용하여,
자연과의 물질적 소통 영역(자연과학)

① 피톤치드(테르펜) 응용술
② 산소호흡법
③ 증기응용술

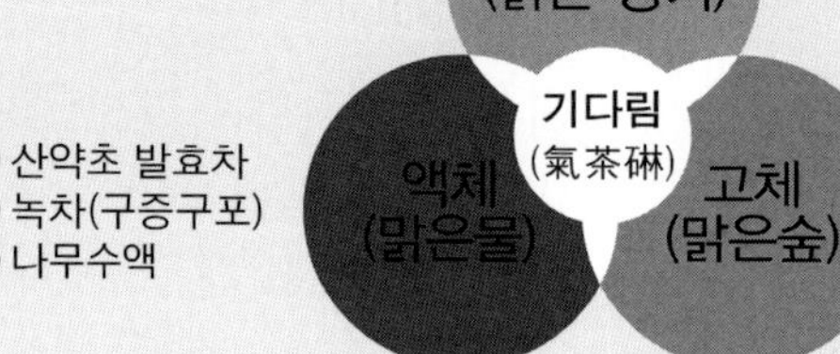

① 산약초 발효차
② 녹차(구증구포)
③ 나무수액

① 숲의 생태
② 무기광물질 응용
③ 생활문화(의,식,주)

녹색의 숲 공간은 자원이다

녹색의 숲 공간은 자원이다. 푸른 숲을 자원론의 자금(資金)으로 바라보자. 그리고 자연 공간 속에 있는 자원의 자금을 내 안으로 맞이하자!

미래를 바라볼 때 우리가 사는 생활공간은 녹색 자원을 에너지화하여 생활에 접목하는 삶의 패러다임으로 자리매김할 것이다.

지구 온난화로 말미암아 자원과 환경이 위기에 처한 국제사회에서 저마다 녹색 경쟁을 벌이고 있는 가운데, 우리나라가 일류 선진국으로 진입하려면 이러한 위기를 극복하고 녹색 경쟁에서 생존해야만 한다.

녹색 성장은 선택이 아닌 필수이며 꼭 가야 하는 길이기도 하다. 저탄소 녹색 성장을 향후 60년 새 국가 비전으로 제시한 바도 있다. 현재 세계적으로 저탄소라는 단어와 함께 지구 환경 개선에 관심사가 높다.

미래는 녹색 성장(Green Growth)이라는 생활환경의 길이 새롭게 열릴 것이다. 미래의 꿈과 희망찬 새 길을 맞이하기 위해서는 눈높이의 준비와 적극적인 투자가 필요할 것이다. 삶의 질을 향상하여 신선한 산소를 보존하고, 생활환경을 깨끗하게 하여 그 산소를 통한 건강한 삶을 추구하자는 것이 지구 전체 사람들의 생각인 듯싶다.

이제 대한민국도 글로벌 생활 속에 돌입하였고, 그에 준하는 문화생활을 영위함과 동시에 녹색 자원을 지혜롭게 보존할 수 있는 문화 시민의식을 드높여야 할 때이다.

지금 우리 사회는 모든 면에서 과거와는 비교가 안 될 만큼 많은 변화를 가져왔고 경제와 의식수준이 매우 높아졌다. 그러므로 삶의 질을 추구하기 위한 제반 조건이 갖추어져 있으며 추구권을 찾고자 많은 사람이 노력을 하고 있다. 자연환경 속에서 녹색 자원을 통한 삶의 질을 향상해야겠다는 의식은 많은 사람으로부터 공감을 얻고 있다. 그렇다면 어떻게 실행할 것인가에 초점을 맞추고 방법론에 접근해볼 필요가 있다. 미래를 향하여 사람들의 욕구를 충족하려면 공간 속에 있는 녹색의 자원을 생활 속으로 접근시켜 일상생활의 소품으로 활용해 보자는 것이다.

녹색 공간의 자원으로 기다림이라는 소재가 있다. 기(氣)라는 단어는, 사람들이 숨을 쉬기 위한 산소와 테르펜류의 자연 향기가 있다. 또한, 새롭게 맞이하는 태양의 에너지 원적외선의 기능도 있다.

다(茶)라는 단어는, 산과 들에는 나무와 풀과 맑은 물이 있다. 숲 속에는 사람들이 흔히 애음하는 차를 만들 수 있는 원료들이 많이 있다.

림(碄)이라는 단어는, 웅장한 산속에는 나무들이 자라고 있고 그 속에는 복합적인 광물질들이 함께 있다. 산림 복합 자원을 기능성으로 융합하여 실용생활에서 에너지화가 될 수 있도록 잘 조화시킬 필요가 있다.

앞으로 과제가 있다면 대중과의 소통이 첫 관문이 될 것이다.

기다림의 소재를 우리 생활 속으로 접근함에 있어 적절한 미션과 비전을 제시하고 실천하는 일이 큰 과정일 것이다.

실천의 접근성에서 크게 두 가지로 분류한다면 도시와 농어촌으로 나

눌 수 있고, 분야별로 접목할 수 있는 통로를 만들 필요가 있다. 도시민들은 가정이나 회사에서 교육을 통한 실습을 병행할 수가 있다. 농산어촌에서는 기존에 실행하고 있는 체험 마을과 연계하여 미래 녹색 휴양 관광 사업과 접목하여 농산어촌에 새로운 산업화가 될 수 있는 초석을 마련하고 경제적으로 부가가치를 창출할 수 있도록 해야 할 것이다.

기다림의 프로그램을 통한 파급 효과는 저탄소 녹색 성장 실천에 관한 의식변화와 탄소 순환 및 산소 마을을 조성하는 데 효과적이고 어메니티(amenity) 자원을 활용함에서 이해도를 높이는 기회가 될 것이다.

미래 녹색 산업 & 기다림의 에너지

원시림의 정기, 테르펜을 상품화

산림의 정기(精氣) 피톤치드는 한마디로 말해서 산림 향 그 자체이다.

삼림욕 효과를 주는 산림 향의 정체가 바로 피톤치드이다. 산림식물, 주로 수목이 만들어 발산하는 휘발성 물질로서 그 주성분이 테르펜(terpene)이라고 하는 유기화합물이다. 테르펜이 휘산되어 있는 상태의 대기에 인간이 접하는 것을 삼림욕이라 부르고 있다. 정유뿐만 아니라 천연수지, 천연고무에서 단리 되는 화합물의 모체가 되는 화합물이며, (C5 H8)n의 분자식을 갖는 쇄상 및 환상의 탄화수소로서 모체의 테르펜 탄화수소와 같은 탄소골격을 갖는 알코올, 알하이드, 케톤 및 그 외의 유도체까지 포함하여 말한다.

테르펜류는 모노테르펜(monoterpene), 세스퀴테르펜(sesquiterpene), 디테르펜(diterpene) 등으로 분류할 수 있다.

근자에 들어서 원시림을 찾는 이들이 많이 늘었다. 단순히 숲 속이 아닌 사람들의 발길이 안 닿는 곳을 선호한다는 것이다. 그 속에서 문명을 뒤로 한 채 자연을 체험해 보고자 하는 이들이 늘어나고 있다. 이유는 무엇일까? 사람이 생활에 있어 원시생활을 갈구하는 것일까?

아무튼 현대 사회에서 원시림이라는 숲과 원시생활 체험을 즐기는 자들이 늘어나고 있다. 이 속에는 글자 그대로 전기도 없고, 전화기도 없고, 담배도 없고, 현대 생활과는 동떨어진 생활 체험이다.

모든 동물은 회귀성을 가지고 있는데, 그중에서도 사람은 회귀성과 함께 원 순환의 고리 구조적인 관습을 가지고 태어난 듯하다.

우리가 살아 숨 쉬는 생체에도 원 순환적인 선순환의 생리적인 구조를 지니고 있다. 선순환의 환경으로서 산소로 하여금 동력원의 에너지를 얻기도 한다.

지구 공간에 사는 인간들은 좀 더 빠른 진화를 갈구하며 태양같이 뜨겁고 고대 예술 같은 밝은 문명을 요구하며 현대 사회에서 더 높은 이상을 희망한다. 아무튼 우주나 지구나 현대 사회에서 우리가 사는 생활의 공간이나 모든 일들은 원을 그리고 있으며 둥글게 돌고 돌아간다.

이 때문에 원 순환에 익숙해져 있으며 생명체에 필수 요소인 작은 알갱이 산소와 물을 절대적으로 요구하고 있는지도 모른다.

인간이 진화하면서 수천 년 동안 사용해 왔으며 근대까지도 별문제 없이 사용해 왔으나 언제부터인가 공기 오염 문제가 대두되어 왔다.

근래에 이르러 공해와 함께 건강을 위협하는 수준이라며 청정한 산소를 찾기 시작하고 도시에서는 이미 공기가 신선하다는 소리를 잃은 지가 오래되었다.

필자는 원시림의 정기를 마시는 기법을 오래전부터 연구해 왔다.

우리 몸속에서 필요로 하는 산소의 기능은 다음과 같다. 산소는 화학적으로 대사화학반응과 물리적으로는 엔트로피 증가와 감소시키는 작용을 한다. 그러므로 생체에서 필요로 한 산소를 흡입하는 것은 건강에 있어 매우 중요한 기능을 한다고 볼 수가 있다. 또한, 음식물과 산소는 궁합이 맞아야 소화와 흡수가 완벽하게 조화되었다고 볼 수 있을 것이다.

생체에 있어 건강의 우선순위는 혈액이고 선순환의 고리 구조가 원활하게 작동을 잘하느냐 못하느냐가 세포 활성 차원에서 많은 영향을 차지한다고 말할 수 있겠다.

이 때문에 생명 연장에서 장수 조건의 본래 모양은 생체에 엔트로피를 늘리고 줄이는 데 있고 산소는 병행 기능과 동시에 이율배반적인 작용을 한다.

산소 흡기법이란 공기 중에 있는 산소를 마심에 있어 필터링 기법과 숲의 향을 마시는 기법, 두 가지의 방법이 있다. 한 가지는 일상생활을 하면서 자연의 산소를 마시는 방법이고, 다른 한 가지는 산림 자원을 이용한 테르펜의 정기를 마시는 기법인데, 소재는 소나무와 잣나무를 활용할 수가 있다. 체험의 시스템에 있어서는 황토 기방을 통한 광촉매 흡기법을 적용할 수 있다.

체험 후 생체적 효과는 혈액에 산소 공급 기능을 촉진하며, 혈액을 맑게 하고 면역력을 증강시켜 주는 역할을 한다.

체험의 이용자들은 유방암 환자, 관절 치료자, 면역력 약자, 스트레스가 많은 자 등이 주로 이용하며, 치유의 개념으로 활용하기도 하고 자연에너지 기운을 체험하기도 한다.

본 시스템은 (1) 소나무 노천형 (2) 실외 돔형 (3) 실내 기(氣)방형으로 구분할 수 있다.

(1) 소나무 노천형

소나무 숲 속에서 행하는 방식으로 고정적인 시설이 필요 없어 경제적인 부담을 줄일 수 있다는 장점에서 큰 호응을 얻고 있다. 그러나 계절, 특히 겨울철과 우천 시에는 사용을 못 한다는 단점이 있다.

아직도 우리 생활습관에 익숙해 있지 못하다는 점이 아쉬운 부분이다.

이 시스템을 사용하는 데 시간과 장소의 제약을 받는다는 것이 단점이기도 하다. 장점으로는 산림 중 자연의 흡기법으로 효과 면에서는 가장 높다고 볼 수 있다.

(2) 실외 돔형

야외에서 양지바른 곳을 선정하여 기반 시설을 만들어 놓고 움막 형태의 구조물을 만든다. 실내에 기능성 소재를 선택함에 있어 자연 소재를 사용하는 것을 원칙으로 한다. 주로 사용되는 소재로는 볏짚, 황토, 광물질, 이온초로석, 광촉매 이온담체 등이 많이 사용되고 있다.

실내 면적은 일반형인 9.9제곱미터 내외로 한다. (때에 따라서는 실내 면적을 크게도 할 수 있다.) 기능적인 구조는 이러하다.

바닥에서 원적외선이 방사되고 측면에서는 음이온이 사출되어야 한다. 천장에서는 광촉매 원리에 의한 빛의 원적외선이 사출되어야 함과 동시에 실내에는 테르펜의 정유 기운이 넘쳐나 신선한 산소의 체험을 맛보게 할 수 있는 구조를 갖추어야 한다.

수용 인원은 2인 1조 부부형, 4인 1조 가족형으로 구분하여 손님을 맞이하는 방법이 제일 좋다. 이 기능의 특성은, 자연광을 활용한 시스템이므로 자연 친화적이라고도 볼 수가 있으며, 태양 빛의 원리를 배우는 자연학습장이 되기도 한다.

(3) 실내 기(氣)방형

위치는 남향으로 햇빛의 접근이 용이한 곳으로 한다.

주변에 숲이 있으면 좋다. 숲의 종류는 소나무, 잣나무가 형성된 곳이면 더더욱 좋다. 면적은 23제곱미터 내외가 적당하다. 크기가 크면 실내에 기운을 조정하기가 어려워질 수가 있으니 규격에서는 가급적이면 작게 하면 작게 할수록 기능은 효율적이다.

실내 기방 구조물 형식은 8각형 원형이며, 벽체 형식은 귀틀형 또는 찰쌓기가 바람직하다. 집을 짓되 기둥과 실내장식 나무는 조선 소나무를 사용하는 것을 원칙으로 한다.

실내에는 전기 시설은 가급적이면 지양하여야 하며 불가피할 때는 전파 차단 장치를 활용한다. 벽체에는 테르펜 박스를 장치하고 피넨이라는 정유설비가 내장되어야 한다.

방안의 온도 장치는 수관 보일러 형태가 아닌 장작불을 지피는 구조로 해주고, 여의치 않으면 물 없는 온수관을 활용하는 것도 좋은 방법이다. 이러한 공간 속에서 건강 체험을 하게 되면 삶의 의미를 새롭게 느끼게 된다.

생체 에너지 활성을 위한 원 순환 공간 조성

사람들이 살아가는 생활 공간 속에서 건강이라는 요소는 삶의 질을 높이는데 중요한 기여를 하므로 생체 에너지 활성화를 위한 원 순환 공간은 매우 유익한 역할을 하게 된다.

지구에서 대한민국은 작은 나라이다. 그럼에도 불구하고 대한민국은 결코 작은 땅덩이는 아닌 듯싶다. 대한민국 안에서도 각각의 작은 공간에서는 생명의 활동이 쉼 없이 24시간 돌고 돌아간다.

사람이 살아서 움직인다는 것은 생명이 존재한다는 것이요, 생명은 곧 생기가 있다고 표현할 수 있다. 세월이 흘러 세기가 바뀐다 하더라도 새로운 생명을 계속해서 추구할 것이다. 이 때문에 미래 산업으로 건강과 생명 산업을 추구하는 까닭이 이런 이유도 작용했다고 생각한다.

사람들은 자기만이 주어진 생애의 생활 공간에서 스스로의 배역과 임무 수행이라는 과정을 안고 산다. 완전한 자기 배역의 소화를 위해서 우리가 행해야 할 일에 대한 깊은 사유가 필요하다. 이 시대에서 나 자신에게 무엇을 요구할 것인가.

1960년대 농경사회로부터 2010년 과학의 시대에 이르러 생활하고 있으나, 우리들은 옛 정취의 환경을 동경하며 생활 체험을 하고자 한다.

인간의 욕구는 순환을 추구하는 고리 구조의 물욕을 지니고 있다. 인간의 힘이란 무한하고 사람의 능력 또한 무한하다. 약하면서도 강한 것이 사람의 힘과 능력이라면, 두려움이 없어야 한다. 땅에 발을 붙이고 사는 자는 어두운 밤을 싫어하며 두려워한다. 어두운 지하실이라는 공간은 미지의 세계 또는 죽음의 그림자를 의미하기도 하기 때문일 것이다.

양지와 음지를 논하고자 한다. 햇볕은 그림자를 수반하며 행복과 불행을 엮기도 한다. 그래서 행복은 짧고 불행은 길다는 표현을 하기도 한다. 그런데 이 부분은 경험자에 따라서 스스로 생각뿐일 수도 있다. 그래서 못난 사람들은 세상사 생각하기 나름이라는 정의를 내리기도 한다.

과연 그럴까? 현실은 냉정하다. 생각과 힘으로도 해결이 안 되고, 인위적으로는 그 힘 앞에 무릎을 꿇어야 하는 웃지 못하는 진풍경을 맞이하기도 한다. 이런 행위를 미신이라는 글자로 우리네 마음을 위안하곤 한다.

필자가 산골짜기에 살면서 깨달은 사항이지만, 풍수의 기운은 반드시 있다고 확신한다. 그렇다고 풍수학 전문가는 아니다. 산골에서 오래 살다 보니 산수지리와 풍수의 이치를 터득한 것이다. 도시와는 달리 시골에서 집을 지으려면 반드시 고려해 볼 사항이라고 권하고 싶다. 풍수지리적으로 액운을 막고자 할 때 불가분하게 나무를 이용하는 때가 있다.

도시나 농촌에서 집을 지을 때는 반드시 풍수조경이라는 이름이 동반된다. 풍수에 있어 잡귀가 불행을 가져온다면, 마음의 평온과 행운을 주는 기운도 있다.

우리가 살고 있는 주택을 돌아본다. 한 가지는 아파트형이고 또 한 가지는 단독주택형이다. 도심 아파트에서 살고 있는 사람들은 주거환경에 관하여 만족을 느끼지 못한 듯싶다. 단독주택에서 살고 있는 사람들은 그나마 조금은 나은 편인가 보다. 주거 공간에서 잠자리가 편해야 생체의 에너지 활성화가 잘된다고 볼 수 있다. 그런데 주택의 구조 문제, 잠자리 방향 문제, 실내건축 자재 문제 등으로 생체에 악영향을 미치는 요소가 많다고 불쾌감을 호소하는 이들이 많이 있다.

자기가 사는 주거 공간에서 잠자리부터 편한가를 점검해볼 필요가 있다. 아파트는 아파트 나름대로 방법론을 찾고 단독주택은 단독주택 나름의 방법론을 찾아야 한다.

단독주택에 있어서도 도심의 단독과 시골의 단독은 개념부터 조금 다를 수 있다. 다음은 원 순환 공간 조성에 관해서 알아보자. 도심의 아파트는 베란다와 거실이라는 공간이 있다.

식구가 적은 곳에서는 거실에서도 명상의 공간을 만들고 베란다에서는 화초 및 녹지의 공간을 만들어서 정적인 정신 활력의 장소로 사용하는 방법을 택하면 좋을 것이다.

시골 단독주택에서는 주택 주변에 22제곱미터 크기의 공간을 만들어 보자. 그 속에다 자신에게 맞는 화초목을 나열해 보자. 그리고 자기 자신의 마음을 편하게 할 수 있는 프로그램을 시행해 보는 것이 바람직하다고 볼 수 있겠다.

다색 향기 공간에서 0차원의 삶 체험

삶에 있어 선(線)의 공간이란?

모든 사람의 공통적인 마음은 청결과 깨끗함에 있다. 그러나 이 깨끗함을 지키지 못함에 죄스러워하는 이들이 많은 듯싶다.

선과 악의 논리

낮과 밤의 얼굴

낮에는 밭을 갈고 밤에는 씨를 뿌려 씨앗은 새 생명을 잉태하고 밭은 새 문화를 창조한다. 이윽고 시간과 함께 창조된 문화 공간 속에서 사람다움의 실체를 담는다.

낮은 밤을 기다리며 밤은 낮을 그리워한다. 낮에는 땀방울의 덕(德)을, 밤에는 반성의 기도를, 사람들은 밤과 낮을 왕래하면서 자기 실체와 가치에 관하여 고민을 하는데, 자기 실체는 미완성이며 자기 실체의 방향을 찾고자 노력을 하고 있을 뿐이다.

하루에 한 번쯤은 나를 돌아보는 시간을 갖는 것이 매우 중요하다.

명상……. 어둠 속에서 밝은 빛으로 나를 인도하자. 미래 세계를 향하고 명상을 위한 테르펜 수련장을 만들어 보자.

0차원의 공간 구조 형식은 여러 가지 형태와 형식으로 나누어진다. 가급적이면 방사 모양으로 하고 그 모양 면에는 돌기 부분이 있어야 한다. 6면체에 의거한 4개의 벽면에는 여러 가지 색상으로 준비하고 컬러는 스스로 변할 수 있는 기능을 삽입하도록 한다.

여러 가지 자연 향이 풍기는 소품으로 장식하고 테르펜 향이 휘산되도록 시스템을 가동하여 분위기가 형성되면 기본적으로 체험할 수 있는 환경이 조성되었다고 볼 수 있겠다.

체험장의 기능 준비가 끝나면 체험하고자 하는 수행자는 마음을 경건하게 한다. 마음으로 준비가 끝나면 자신의 실체를 공간 속으로 안내한다. 그 공간 속에서 프로그램에 따른 순서대로 내 마음을 들여보내 보자. 미래 0차원의 공간으로 진입을 한다는 의미이다.

다음은 조용히 명상의 지세를 갖추고 편안하게 생체를 안식한다. 이때 부부와 함께하는 체험이라면 효과를 증가할 수가 있다. 시작 후 5분이면 곧 자연의 기운을 느끼게 된다.

물론 처음 체험하는 사람들은 감도를 느끼는 시간과 일정이 걸릴 수도 있다. 체험에서 기운을 느끼면 그 기운을 통해 나의 반성을 토론함과 동시에 나의 바람을 구술하자. 이때 상대방에게 말을 하듯이 소리를 치면서 행위를 해도 좋다. 구술을 할 때는 테르펜의 기운이 인도하는 대로 비움의 자세로 접근을 하는 것이 바람직하다. 그 행위를 수 분 동안 하면 당신이 원하는 아이디어가 새롭게 창출될 것이다.

테르펜 수련 진행 중에는 에너지 약차를 한 잔 마시면서 자기 주변에 휘산되어 있는 기운의 흐름을 느낌으로 체험하면서 자기만의 세계로 들어가 본다. 그 세계 속에서 나의 현실적인 생활 속에 나의 관습을 볼 수 있는 영상이 떠오르게 된다. 그 영상에서 나의 생활 가치와 능력이라는 정도를 비추어 볼 수가 있다.

즉 말해서 현재 내가 처해 있는 위치를 알 수 있으며, 나를 위한 나침반을 찾고 나침반으로 하여금 내가 갈 길의 지혜를 얻을 기회가 주어질 수 있다는 의미이다.

이와 같은 체험은 도심의 주거 환경 속에서도 할 수가 있으나 집중력과 효과가 떨어지는 경우가 있다. 특히 부족한 것은 자연 재료를 공급하지 못한다는 단점이 있다. 가능하면 자연 속에서 일정한 시설을 통하여 체험을 하는 것이 바람직하다.

그리고 처음 체험을 하는 자는 조급한 마음으로 접근하지 말 것이며, 시간을 두고 여러 번 반복하는 기법으로 접근하였으면 한다.

다음은 자연환경 속에 놓여 있는 녹색 자원들을 활용한 자연 문화를 체험하고자 한다.

다(茶), 다식, 다례, 다도의 생활문화

빈 찻잔에 공기를 가득 담고 우주 공간에 휘산되어 있는 산소의 에너지를 섭생하자. 그것을 의미하는 과정에서 행복이 가슴 속으로 스며드는 것을 느낄 것이다. 그리고 마시고 먹는다는 의미 이전에 맛에 대한 의식(意識)을 깨닫게 된다.

또한, 의식의 과정에서 나만의 맞춤형 답을 구하자. 추운 겨울날 하얀 잔에다 하얀 백설차 한 잔을 의미하면서 말이다.

그리고 마주 앉아서 사람 사는 이야기를 논해 보자. 마주 앉아 있는 당신에게 내 마음속에 내재되어 있는 예를 갖추어 보자. 나 스스로 상대를 향하여 고개를 숙이는 만큼 상대의 마음이 보일 것이다.

일상생활에서 가정의 안녕을 기원하고자 한 잔의 물에 예를 갖추는 모습도 있고, 지정된 장소에 정화수 한 잔 떠 놓고 허공으로부터 답을 구하고자 하는 이들도 있다. 새로운 답을 구하고자 하는 마음으로부터 어떤 생각을 가지고 있을까?

예를 든다면 마음으로부터 부메랑 같은 기능을 갖는다. 나 스스로 예를 갖추는 만큼 복으로 돌아온다는 의미이기도 하다.

다도를 통한 생활의 방향을 설정해 보자. 옛말에 길이 아니면 가지를 말라는 말이 있다. 삶에서 스스로 가야 할 길과 가지 말아야 할 길을 선택하고 결정해야 한다.

마음으로 균형을 저울질하는 것은 쉽고도 어려운 과정이다.

자신이 좋아하는 차 한 잔의 맛을 음미하자. 담겨진 차의 맛과 향에 따라 길이 보일 것이다. 이것이 자신을 향한 운명 또는 자연의 순리라는 길이다.

비록 찻잔은 작지만 차 한 잔의 무게는 자신의 몸무게와 비례한다. 찻잔 속에 마음을 얼마나 함축하여 담았는가가 다를 뿐이다. 빈 잔에 생각을 가득 담고 마음을 비추어 보자. 잔 속에서 비치는 실상과 허상은 나를 어떻게 보이라고 말하고 싶을까.

다도를 통하여 마음을 정화하는 기회를 가져 보자. 일상생활을 하노라면 스트레스로 인한 마음을 치유해야 하는 이유가 많이 발생된다. 작은 공간에서 도(道)를 음미하며 치유의 틈새를 찾아보자. 마음 치유를 위한 차를 한 잔 음미하면서 새로운 길을 열어 보자. 나의 내면에 엉켜져 있는 허상들을 정리하고 실상을 찾아보는 것이 바람직할 것이다.

다도(茶道)

다도란 차를 마시는 과정에서 길을 표현하기도 하지만 차를 의미하는 방향을 제시하기도 한다. 과정에 있어서는 찻잎을 따기부터 차를 우려 마시기까지의 다사(茶事)를 통해 몸과 마음을 다스려 덕을 쌓는 것을 말하며, 차를 단순한 음료로 마실 때 그 방법을 논하는 것을 행다법(行茶法)이라고 한다.

방향 제시에 있어서도 다도에서 주원료인 녹차에서 벗어나 대용차로서 한국의 산과 들에서 자생하는 꽃과 약초, 약나무를 차로 만들어 음용하는 방법도 있다. 이를 전통 차 다도라고도 하며, 재료의 준비에서부터 달여서 음용하기까지 마음에 정성을 듬뿍 담는 것을 의미하기도 한다.

(1) 다도와 담체 정신

휴선(烋仙)에 있어서 다도정신은 세심(洗心)이라고 필자는 논하고 싶다. 일상생활에서 얼굴과 몸은 매일 세수와 세신이라는 명목으로 행함에 몸가짐을 단정히 하며 자기 실체를 표현한다. 일일신(日日新) 정신으로 새로운 지혜를 담기 위한 새로운 몸가짐을 준비하고 새로운 지식과 지혜를 준비된 그릇에 담자는 의미이다.

(2) 다례(茶禮)란

사람, 즉 왕에게 행하는 다례와 신하에게 바치는 제례(祭禮), 현대 사회에서 일반인들이 예를 갖출 때 행하는 의식이라고 볼 수 있다.

① 진다(進茶) : 사람에게 행하는 다례를 말하며 국민이나 사신을 맞이할 때 행사를 통하여 왕실의 평안을 축원하였고 신하에게도 차를 하사하였다.

② 헌다 : 유(儒), 불(佛), 선(仙) 공히 차를 제례로 사용하였다. 조선시대에는 정화수로 대신하였으며, 이때도 사용된 그릇을 다기(茶器)라 하였으며, 지금도 그 명칭을 사용하고 있다. 흔히 '다례를 지낸다'고 하면서 현대에는 술을 사용하고 있다.

③ 폐백 : 결혼 때 시댁에 보내는 예물을 봉차라 한다. 신부의 어머니가 정성으로 만들어낸 차식과 차로 시댁 어른들에게 예를 드린 것이다.

(4) 봉차의 의미

차는 떫고, 쓰고, 시고, 달고, 향긋한, 다섯 가지의 맛을 시집살이로 비유하기도 했다. 인내하고 살면 고생 끝에 행복이 온다는 당부와 1년 내내 푸르고 싱싱한 차나무와 같이 항상 건강하고 사랑스럽게 잘살라는 친정 부모의 교훈을 담고 있다.

다식(茶食)

일반적으로 다과 또는 다식이라고 표현을 많이 한다.

다과와 다식은 장소와 행사 내용에 따라서 그 품위에 맞는 메뉴를 선택하게 된다. 너무나 형식과 규격에 맞추려고 하는 것보다는 간편성으로 실용을 선택하는 것이 바람직하다고 할 수 있겠다.

필자가 열거하고자 하는 다과와 다식은 농산어촌에서 자연 체험, 생활 치유, 휴선 프로그램을 운영할 때 사용하고자 하여 지역 특산물의 기능성을 중점으로 했다.

그 때문에 지역에서 생산되는 산물을 위주로 하여 다과와 다식을 만들었으며, 체험 및 휴양 관광객들이나 일반 체험자들이 산약초의 기능을 가까이에서 맛으로 느낄 수 있도록 실용화한 프로그램이다. 그러므로 그 지역에서 생산되는 특산물의 기능을 체험함으로써 판로가 확보되고 더 나아가 휴양 관광산업을 육성하는 차원이라고 할 수 있다.

다음은 다식이라는 이름으로 몇 가지를 소개하고자 한다.

■ 흑미 다식

- 재료 및 분량

흑미 1컵, 소금 약간, 꿀 4큰술, 참기름 약간

- 만드는 법

① 흑미를 씻어 불려서 소금을 약간 넣고 빻는다.

② 흑미가루에 물 반죽을 하여 찜솥에 찐 다음 말려서 곱게 간다.

③ 마른 흑미 가루에 꿀을 넣고 반죽하여 참기름을 바른 다식판에 찍어낸다.

■ 송화 다식

- 재료 및 분량

송홧가루 1컵, 꿀 3큰술

- 만드는 법

① 송홧가루를 그릇에 살며시 넣고 가루를 날리지 않게 조심스럽게 꿀을 넣고 꼭 뭉친다.

② 반죽을 밤톨만큼 떼어 꼭꼭 눌러 다식판에 참기름을 발라 박아낸다.

③ 단맛이 강할 때는 꿀 1 : 설탕 1 : 조청1 : 물 1/4 비율로 섞어 끓인 후 식혀서 반죽하여 다식 틀에 찍어낸다.

송홧가루는 봄철 솔가지에서 떨어지는 노란 가루를 물 담긴 자백에 담아 위에 뜨면 건져 한지에 깔아 말려 두었다가 쓴다.

■ 녹차 다식

- 재료 및 분량

마 분말 30g, 인삼가루 10g, 녹차 분말 5g, 꿀 1.5 큰 술

- 만드는 법

① 마 분말, 인삼 분말, 녹차 분말에 꿀을 넣고 반죽을 한다.

② 다식판에 눌러 박아 낸다.

이 밖에도 산약초를 활용한 다식을 만드는 방식은 다양하게 많다.

차의 음용 방법

찻잔을 왼손바닥에 올려놓고 오른손으로 잡고 마신다. 차의 색상과 향기, 맛을 느끼며 마시되 3~4번에 나누어 마신다.

찻잔에 전해지는 차의 온기와 도자기의 질감을 음미한다.

차를 입 안에 넣고 머금었다가 삼킨다.

차는 다섯 가지의 맛과 풍취를 함께 느낄 수 있어야 진정한 차를 마신다고 할 수 있다.

차의 여향은 차 맛의 으뜸으로, 여향을 놓치지 않도록 한다.

초록빛 찻물이 모세혈관까지 퍼진다는 생각을 하며 마시면 심리적 평온도 동시에 느낄 수 있다. 차를 차갑게 마시는 것보다 따뜻하게 마시는 것이 좋고, 그때그때 우려 마시는 것이 바람직하다.

차의 효능에 대하여

차는 사람에게 무한한 은혜를 베풀고 있다. 차를 마시면 소화를 도와 속을 편안하게 하고 머리를 맑게 하며 마음을 상쾌하게 하는 효능이 있다. 차는 몽롱한 정신과 피곤한 몸을 가볍게 만든다. 또 갈증을 풀어주

고 우리 몸의 불순물을 소변으로 배설시켜 준다.

차는 눈을 맑게 하고 해독작용을 하며 피부를 곱게 하는 작용을 한다. 차를 오랫동안 마시면 비만과 알코올 해독에도 탁월한 효과가 있다.

차(茶) 문화에서 물의 이해

차 한 잔을 마시노라면 생각에 잠기게 하는 시간을 갖게 한다.

차 한 잔에서 대화의 통로가 형성되고 물 한 잔에서 건강이 형통될 수 있는 길을 접하게 되고, 한 잔의 물이 한 생명체를 구성하는 역할을 하기도 한다.

우리가 일상에서 접하는 차[茶]의 화학적 표현을 녹색 물이라고 부르기도 한다. 차의 종류는 많이 있으나 차라고 하면 근본적으로 녹차를 우선으로 하고 있기에 나온 말이기도 하다.

결과적으로 차[茶]라는 것은 녹색의 잎과 물이 어우러져 하나의 맛을 의미하는 결합체이기도 하다.

그렇다면 차에 있어 녹색 잎만 좋은 것을 찾을 것이 아니고 그에 수반되는 물의 기능과 수질을 같은 방식으로 찾아야 할 것이며, 기능을 위한 지혜를 접해야 바람직할 것이다.

그러므로 그 집 물맛에 따라서 차의 맛이 달라질 수가 있다.

또한, 차 맛에 따라서 그 집 주인장의 인성을 표현하기도 한다.

인체 속의 물

인체에는 두 가지 종류의 기본적인 물(bio water)이 존재한다. 한 종류는 결합수(bound water)이고, 다른 하나는 육각수(clustered water)

이다.

육각수는 물의 분자가 세포막을 자유롭게 드나들 수 있는 작은 집단으로 구성되어 있다. 반면 결합수는 단백질과 같은 커다란 분자 구조에 둘러싸여 있다. 그러므로 결합수는 세포막을 자유롭게 드나들 수가 없다.

몸속에서 물의 기능이 세포로의 영양 공급과 독소 제거인 점을 참작하면 육각수는 우리 신체의 건강에 매우 귀중한 물질이다. 즉 육각수는 빨리 감소함에 따라 인간은 그만큼 빨리 늙게 된다.

대부분 사람들은 물이 자기의 건강과 온전한 삶에 매우 중요한 역할을 한다는 것을 이미 알고는 있어도, 많은 사람이 모든 종류의 물이 몸 안에서 똑같이 유익한 역할을 할 수가 없다는 사실은 모르고 있다.

황토를 통한 지장수 응용

지장수를 활용하여 냉차나 온차를 마시는데 적용해 보자.

필자는 지장수를 휴선(烋仙)의 기다림 기법을 통해 만들어서 건강을 찾고자 하시는 분들께 활용해온 지도 25년이 넘었다.

지장수를 만들어보자.

① 지장수의 주재료는 황토이므로 품질이 우수해야 한다.

② 지역과 지형에 따라서 오염원이 없는 지역을 선택한다.

③ 지상물 수종이 침엽수와 활엽수가 있는데 필요에 따라 선택한다.

④ 가급적이면 소나무 수림을 선택하고 사면지에서 노출된 토양을 점검한다.

⑤ 지면에는 낙엽이 많이 쌓여 있는 곳이 좋으며, 물이 고여 있지 않아야 된다.

⑥ 지면으로부터 80cm를 파서 흙의 토질을 확인한 다음 필요한 양만큼 채취한다.

⑦ 전통 토기 항아리를 준비하고 황토를 넣는다. 그리고 청정수를 담는다.

⑧ 7~10일이 경과한 후에 2차 정제될 것이고, 한 과정 7일이 더 지나면 식용이 가능한 지장수로 만들어진다.

항아리 속에 그대로 보관하면서 사용하도록 한다. 여름에 약초 냉차나 온차의 맛이 새로운 느낌을 준다.

물안개 꽃 발효미 미학

물안개 꽃 하면 산신령님도 섭생했다는 산삼이 생각나고 깊은 산 속에는 정기가 살아 있음을 의미하기도 한다. 물안개의 세포 발효학은 영생의 음료를 표현해도 좋을 듯싶고, 그 속에서 산약초를 주재료로 한 발효 음료는 맛과 향이 자연스럽고도 새롭다.

오늘도 물안개가 영(嶺)을 넘나들고 있구나
신령님도 쉬어간다는 한계령 산자락에는
산양삼들이 여기저기에 자리를 하고 있다네
삶에서 지친 자들이여, 날 보러 오세
나 당신을 맞이하려 이곳에 꼭꼭 숨어서 지낸다오
내 안에 있는 기능은 다소 미약하나 당신에게 큰 힘이 되어 드리리다.

발효와 대사

미생물이 물질을 체내에 흡수하여 그것을 분해하거나 생체의 구성 성분으로 재합성하는 작용을 총칭하여 대사(代謝, metabolism)라고 한다.

대사는 두 종류가 있는데, 분해하는 작용을 이화작용(異化作用)이라 하고, 체성분을 구성하는 작용을 동화작용(同化作用) 또는 구성대사(構成代謝)라고 한다. 또한, 대사는 크게 나누어 1차 대사와 2차 대사로 구분할 수 있다.

1차 대사는 기본 대사 과정이라고도 하고, 에너지 획득을 위한 대사와 생체 고분자 합성에 필요한 소재를 공급하기 위한 대사로 구분할 수 있다. 1차 대사의 결과를 만들어진 대사산물인 유기산, 아미노산, 비타민, 알코올, 용매, 지방, 핵산 등을 1차 대사산물이라 한다.

2차 대사산물의 대부분은 특정 시기나 특정 조직에서만 생성되기 때문에 대사산물의 경제적인 유용성과 더불어 현장 발효의 조절에 관한 연구도 필요성을 느끼게 한다.

발효 음료를 식음하면 우리의 생체는 어떤 변화가 오는지 설명하기 위해서 발효와 대사 과정을 표면적으로나마 이론을 빌려 서술하였다.

청정 에너지원을 섭생하면 우리 몸속에 어떻게 유용한가를 알아야 진정한 명품의 생산자가 될 수 있을 것이다.

필자가 말하는 발효미 미학이란, 1차 발효의 과정을 지나 2차 발효 과정에서 효소를 만들어 내고, 그 효소를 다시 숙성시켜 세분화된 효소를 만들어 낸다는 의미이다.

발효미 미학은 필자만의 독특한 시스템에 의해 만들어지는 방법이다. 25년이라는 시간을 함께 했고, 기능적인 변화의 과정은 현재에도 실험과 연구를 병행하고 있다. 연구 성과물은 각각의 분야별 상업용으로 접목 중이며 일부는 상용화를 진행하는 상품도 있다.

약초목을 이용한 발효 응용 방법을 알아본다.

참나무 겨우살이

겨우살이라는 식물을 접한 지도 20년이라는 시간이 지났다.

이 고장에서는 자연산으로 많은 양이 기생 서식하고 있다. 발효를 위한 원재료의 공급이 원활하며 장기적인 측면에서 활착을 실험 중이다.

우리나라에서 자라는 겨우살이는 꼬리 겨우살이, 붉은 겨우살이, 동백나무 겨우살이, 돌배나무 겨우살이 등이 있다. 실험 연구에 의하면 다른 수종에도 서식이 가능하다고 생각한다.

겨우살이는 황금가지라는 찬사를 받을 만큼 다양하고 뛰어난 약효를 지닌 식물이다. 건강 측면에서 보면 겨우살이는 동맥경화, 고혈압을 치료하는데 탁월하다. 혈압을 완만하게 떨어뜨리면서 그 효과가 오래 지속되며 혈액 속의 콜레스테롤 수치를 낮추고 동맥경화로 인한 도움을 준다.

겨우살이는 당뇨병에도 도움이 되고 임산부들의 안태작용에도 도움을 준다.

다음은 발효 음료 만드는 과정을 본다.

① 겨우살이 나무를 2~3cm 정도씩 잘게 자른다.

② 흑설탕을 1:1 비율로 버무려서 항아리에 담는다.

③ 발효 온도가 적당한 곳에 6개월~1년가량 발효시킨다.

④ 항아리에 있는 내용물을 1차로 분리 정제한다.

⑤ 분리 정제된 내용물을 2차 용기에 담고 숙성시킨다.

음용 방법

① 발효 물질은 원액인 관계로 직접 마시기는 거북스럽다.

② 온더록스 컵을 기준, 8부의 내용물을 담는다. 이때 2부는 원액이고 6부는 물을 붓는다.

■ 약쑥 생약명 : 애엽(艾葉)

일반인들은 쑥이라고 하면 가벼이 생각하는 경향이 있는 듯싶다.

흔히 표현하기를 잘못된 사업, 못쓰게 된 현장을 보고 우리는 쑥밭이 되었다고들 한다. 농촌에서 농부들도 싫어하는 식물이기도 하다. 논두렁, 묵밭 등에는 제초제를 뿌려도 다시 자라나는 식물이기 때문에 어떤 연유에서 이런 표현들이 자리매김을 하였는지 모르지만, 필자가 접하고 연구하면서 기능을 살펴보니 보배 같은 약이 되는 재료였다.

쑥은 종류에 따라 매우 다양한 성분을 가지고 있는데, 주로 시네올(cineol), 아테닌(adenine), 콜린 (choline) 등을 함유하고 있다.

쑥은 30가지로 분류할 수 있다. 흔한 것은 참쑥, 물쑥, 산쑥, 제비쑥 등이 있다. 쑥의 기능은 모세혈관을 튼튼하게 하는 것과 혈액순환과 위염에도 도움을 준다. 여성에게는 요통, 산후조리하는 데, 아랫배를 따뜻하게 하는 등 활용도가 높다.

① 봄에 잎을 따서 쑥 술을 만든 후 조금씩 마시면 입 냄새를 없앤다.

② 여름에 잎을 따서 2~3일 그늘에서 건조하여 보관한다.

③ 말린 쑥잎 20~30g을 헝겊 주머니에 넣어 목욕하면 요통에 도움을 준다.

④ 말린 쑥을 차로 달여 마시면 신경통에 도움을 준다.

■ 쑥 발효 음료 만들기

① 5~6월에 쑥을 채취하여 이물질을 분리한다.

② 쑥을 깨끗한 물로 세척하고 수분을 탈수한다.

③ 쑥과 흑설탕 1:1 비율로 하여서 항아리에 층층이 담는다.

④ 내용물의 상단부에는 기포 방지용으로 무거운 추를 올린다.

⑤ 2개월 후에 내용물 쑥과 원액을 분리한다.

⑥ 암 냉소에 보관하면서 음용을 하되 냉·온수를 희석하여 마신다.

상기와 같은 내용은 1차 발효에 해당하는 과정이고, 2차 발효를 거쳐 효소로 가는 기법도 응용해 보기 바란다.

선울림(仙蔚琳)

만물의 창조자는 빛이다.
빛은 선으로 이어지고
소리와 색으로써 우리 인간 곁으로 다가온다.
그리고 빛은 파동, 진동, 감동이라는
울림이 있는 지혜의 공간을 조성해 준다.
파동 – 기능성 빛을 통하여 마음에 문을 열고
진동 – 맑은 소리를 통하여 정신세계를 열고
감동 – 색다른 색을 통하여 개성을 창조하게 한다.

울림의 지혜는 생명 탄생, 건강 증진, 생활 활력 등의
윤활유 같은 샘터의 기능을 준다.
생명이 있는 빛을 풍요롭게 맞이하는 자만이
행복이 가득한 부자가 될 것이다.

선울림(仙蔚琳)

원적외선, 자연소리, 자연색상 등의 파동과 진동을

자연 울림의 감동으로 승화하여

자연과의 감성적 소통 영역(힐빙생활)

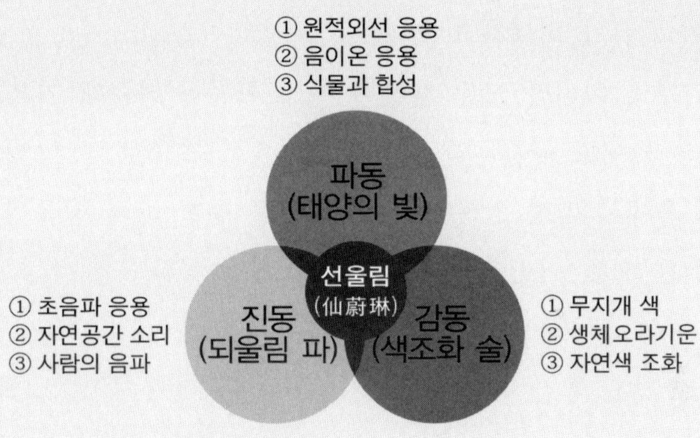

저 하늘에 떠 있는 태양의 빛은 자원이다.

태양 속의 에너지를 자원론으로 탐구해 보자. 그리고 그 빛 속에 있는 생육광선인 원적외선을 자금(資金)으로 탈바꿈하여 내 안으로 맞이하자.

우주 공간에 있는 색다른 빛을 에너지화하여 생활환경 속으로 접목하는데 우리 모두 관심을 기울여야 할 것이다.

지구 온난화로 말미암아 자원과 환경이 위기에 처한 국제사회에서 저마다 녹색 에너지화에 경쟁을 벌이고 있다. 우리나라가 선진국으로 진입하려면 녹색 에너지를 산업화하여 새로운 문화를 선도해야 한다.

미래는 녹색 성장이라는 생활 문화의 길이 새롭게 열릴 것이다. 미래의 꿈과 희망찬 새 길을 맞이하기 위해서는 대세적인 아이템 준비와 비전을 인지할 수 있는 지혜가 필요하다.

어떤 시대에서나 문명이 발달된 곳에는 물이 흐르고, 강이 있고, 녹색의 산이 있고, 태양의 빛이 있고, 자연이 있으며, 그 자연의 혜택을 충분히 활용하여 인류가 번영하고 있다.

우리 인간뿐만 아니라 모든 생물이 생명 활동을 하는데 기본적인 것은 음식물, 이외에도 공기, 빛, 열의 환경 요소들이다.

자연환경 속에서 녹색 광선(光線)의 자원을 통한 삶의 질을 향상해야겠다는 의식은 모든 사람으로부터 공감을 얻고 있다.

선울림이란 생활 공간 속에 노출된 파동(波動), 진동(振動), 감동(感動)의 에너지원을 생체 고유적인 기능과 연관하여 생활 치유에 도움이 되도록 창조되었고, 누구나 행복을 맞이할 수 있는 녹색 자연 시스템이다.

- 파동의 기능 – 자연 속에 있는 빛의 기능을 인간의 활동 영역 속으로 유도하여 생명의 유지성, 생활의 윤활성 등으로 응용하는 것을 말하며 우주 공간에서 다면적으로 발산되는 빛과 인공적으로 만들어진 원적외선이라는 광선을 말한다.
- 진동의 기능 – 맑은 소리 속에 있는 감성 에너지를 스트레스 해소 기능으로 변환하여 생활에 활력을 높여 주는 과정을 말하며, 자연 속에서 발생이 되는 생명체의 소리와 생활 공간에서 발생하는 인공

적인 정연(整然)의 기능을 의미한다.

- 감동의 기능 - 향기가 있고 숨을 쉬는 색상들을 통하여 마음으로부터 순결(純潔)한 감동을 느끼게 하는 공간 행위를 말하며, 자연 속에서 동식물이 발생시키는 색상과 인공적으로 만들어낸 기능성 소재로써 색상의 조화를 의미한다.

선울림의 세계

빛의 울림[波動]

빛은 어디에서부터 시작이 되었을까?

인간들은 언제부터 생활 속으로 빛을 맞이하였을까?

우주의 과학적 진화론에 따르면 지금부터 약 150억 년 전에 우주 속의 동전보다 작은 한 점이었던 초고온 초고압의 에너지 덩어리가 대폭발(big bang)을 일으켰으며, 그때의 대팽창으로 온도가 떨어짐과 동시에 에너지 물질의 기초를 이루는 입자인 쿼크(quark)로 변하고 빛을 만들었다고 한다.

빛은 인간의 눈을 자극하여 시각 환경을 만들고 있다. 쾌적한 시각 환경은 빛에 의한 조명으로 생활환경, 사업 활동 등을 포함한 사회 환경의 시스템에서 매우 중요한 역할을 하고 있다.

빛 중에서 파장이 짧은 자외선은 공기의 이온화와 살균작용을, 그리고 인체에 비타민 D를 생성시킨다.

또한, 녹색 식물들의 광합성으로 동물에서 배출된 CO_2를 흡입하여 산소분자 O_2의 배출 역할을 하기도 한다.

우리가 사는 주변에서 가시적으로 관찰할 수 있는 무지개의 빛으로 들어가 본다.

(1) 무지갯빛

모든 빛을 내 안의 주인으로 맞이하자. 빛의 다면적인 가치를 통하여 나 자신의 브랜드를 새롭게 창조해 보자는 것이다. 만인들이 우러러보는 반짝이고 영롱한 이름 석 자를 영속성이 있게 빛을 내보자. 그리고 자아 스스로 하여금 명품을 만들 수 있는 자세를 갖추도록 해보자.

태양의 빛과 무지갯빛! 저 하늘에 떠 있는 태양을 바라보며 그대는 하늘을 우러러 한 점 부끄러움이 없는가?

나는 태양을 향하여 당당하다. 태양의 빛은 나에게 사랑을 베풀 의무가 있다. 나는 태양의 사랑을 겸허히 받겠으니 나에게 기운을 달라.

(2) 무지개의 원리

비가 온 뒤 작은 물방울이 공중에 많이 떠 있다. 이 물방울들이 프리즘과 같은 효과를 주어서 백색광(빨강에서 보라색까지의 색이 합해진 빛) 물방울을 통과할 때 빛이 굴절되기 때문에 무지개가 생긴다. 이런 현상을 빛의 분산이라고 한다.

이 현상은 햇살이 잘 비치는 날 물 분무기를 들고 자신의 주변에다 뿌리면 무지개가 보인다. 이때 태양을 등지면서 무지개를 볼 수 있는 기회를 가질 수 있다.

또한, 무지개는 원래 원 모양이다. 하늘에서 보면 원의 모양인데 절반은 땅에 가려서 반원으로 보일 뿐이다. 무지개의 형성은 물방울에서 일어나는 두 번의 굴절과 한 번의 반사에 의해 만들어진다.

무지갯빛은 사람들로 하여금 어떠한 위안을 주는가? 푸른 하늘에 떠 있는 아름다운 희망이며, 나의 건강과 행복을 안내하는 이정표이기도 하다. 지구 표면의 공간 속에 있는 무지개는 빛의 조화로써 사람 사는 일상에 희망을 비춰 준다.

무지개의 빛을 가볍게 바라보면 쓸모가 없는 색상으로 보일 수 있다. 그러나 가볍고 평범한 색상을 통하여 우리가 살아가고 있는 공간에서 삶의 질을 높여줌과 동시에 생활을 명품화해 보자는 것이다.

현재는 가치의 시대이며 우아하고 품위를 갖추어야 할 시기이다. 가치와 명품을 통한 진정한 행복과 아름다움을 추구해 보자. 즉 생활에 있어 내면과 외면을 동시에 디자인하자는 것이다. 현재 우리가 사는 모습은 내면을 감춘 채 겉치레로 남에게 보여주기 급급한 모습으로 살아왔다. 이제는 한 단계 높은 계단을 올라가 보자는 의미이기도 하다.

새로운 아이템을 생활에 접목해 보자. 실용에 있어 응용의 범위를 폭이 매우 넓다. 우리가 생활하는 공간 속에서 사용을 할 수 있는 접목 가능성 품목부터 한 가지씩 생각해 보기로 하자.

상품으로 접목에 앞서 무지개란 색상의 기능을 알아보는 순서로 하자.

(3) 무지갯빛 색상의 기능

빨간색의 에너지는 힘과 활력과 정열적인 느낌을 준다.

주황색 에너지는 원만한 성격과 생체에 있어 선순환에 도움을 준다.

노란색 에너지에는 희망과 완성이라는 기대를 갖게 하고 생체에 있어

위장과 촉진과 안정감을 준다.

초록색의 에너지에는 사랑과 가능성과 마음이 평정한 느낌을 준다.

파란색의 에너지는 평화와 행복과 무한한 가능성의 감각을 준다.

남색의 에너지는 창의, 창작, 창조의 기반으로 육감을 발달시킨다.

보라색 에너지는 자아 내면의 각성과 영혼을 정립시킨다.

무지갯빛 색상을 통한 자연 프로그램을 몇 가지 만들어 보자.

푸른 하늘 속에 있는 태양을 바라보면서 내 마음에 잠재되어 있는 기운과 능력을 보았는가?

그렇다면 당신은 저 뜨거운 태양의 감정을 어떤 각도에서 표현해 보았는가?

필자는 저 이글거리는 태양을 바라보면서 자유로움과 행복한 기운을 받았다. 때로는 빛을 바라보는 관점에 따라서 내가 원하는 아이디어를 창출하게 하고, 그 아이디어가 실물로 변환되어 내 마음으로 다가왔다. 빛은 곧 마음을 말하는 것이고, 마음 씀씀이에 따라 생각대로 하고자 하는 일이 주어진다는 이야기이다.

(4) 빛을 통한 변화라는 체험 상품이 있다

어떤 사물을 바라보면서 아름다움에 도취하여 감동적인 전율을 느껴본 적이 있는가. 또한, 그 전율을 통한 생체에 있어 차크라의 부분에 땀을 흠뻑 흘려본 적이 있는가?

체험을 하고 난 뒤에는 감동의 느낌은 어느 정도였나?

그리고 그 감동을 통한 어느 부분의 깨달음을 얻었는가?

깨달음을 얻었다면 당신은 어떻게 변하여야 한다고 생각하는가?

미래 목표 설정에 있어 반드시 도움이 될 것이다.

감동적인 상품의 예시를 본다면,

- 원시림 속에서 쾌적한 산소를 체험하면서 살아 있음을 느낄 때, 자연과 생명의 존엄성에 대한 감사의 감동을 느낀다.
- 야생화 단지에서 아름다운 꽃들을 바라보며 환희의 기쁨을 느낄 때, 자기 자신이 선택할 수 있는 기회 제공에 대한 감동을 느낄 수 있다.
- 도심 속에서 야경을 바라보거나 불꽃을 바라보면서 감동의 소리를 외칠 때, 무한한 가능성 속에서 희망이 있다는 가능성에 대한 감동을 느끼게 된다.
- 인간의 기능적인 한계를 도전하는 스포츠의 세계에서 성취감의 눈물을 흘릴 때, 인내와 고뇌와 번뇌를 한순간에 녹아내리게 하는 사랑에 대해 감동을 한다.

위와 같이 감동적인 상품을 만들 수 있는 소재의 범위는 넓고도 많이 있다.

다음은 숲 속의 빛 체험이다.

산중에서도 조금 깊은 숲 속을 들어서면 아침 안개가 자욱할 때가 있다. 정오경 온도가 상승하고 햇살이 비치면 안개도 서서히 사라지고 햇살은 나뭇잎 사이로 숲을 향하여 비춰 준다. 이때 각도에 따라 무지개 현상이 나타나며 휘산되고 있는 색상으로 빛을 감상할 수 있다.

이 현상을 보고 있노라면 형용하기 어려우리만큼 신비의 세계 그 자체이며, 아지랑이 같은 오라의 기운이 나를 향하고 자아의 내면으로 기운이 쏙쏙 들어오는 감이 든다.

이와 같은 현상은 아침 숲 속의 또 다른 매력일는지는 모르지만, 한번 체험을 해본 이들은 신비의 오라 기운을 오랫동안 간직할 것이고 자기 가치를 새롭게 만드는 기회가 된다.

다음은 생육광선의 빛 체험이다.

일상에서 유용하게 사용되고 있는 특수한 빛으로서 원적외선이라는 빛이 있다. 원적외선은 전자파의 일종으로 가시광선보다 더욱 긴 장파장 측에 나타나고 특히 강한 열 작용을 갖는 방사선을 말한다.

농산어촌에서 응용할 수 있는 부분으로 어촌에서는 해초와 물고기 양식장에 응용이 가능하며, 농 · 산촌에서는 식물 재배 현장에서 응용할 수 있고, 도심에서는 베란다의 공간을 통한 채소 재배를 하는데 응용할 수 있다.

또한, 주거 공간과 사무실 공간에도 응용이 가능하며 활용할 수 있는 기법을 찾아보아야 한다. 이와 같은 기법을 통하여 실생활에 필요한 상품을 만들고 그 상품으로 하여금 명품을 만들어 볼 필요가 있다.

황홀한 빛은 녹색 성장의 자원이다.

자원을 자금으로 바라보는 안목을 갖자. 자연의 산물이라는 추상 속에 감성적으로 바라만 볼 것이 아니라 이제는 상용화의 시기에 도래했다.

태양의 빛은 우리가 사는 생활 공간으로 하여금 넓은 면적을 통하여 많은 빛을 제공해 준다. 그만큼 실생활에 응용할 수 있는 부분이 많다는 이야기도 될 수 있다.

소리 울림[振動]

어떤 물체가 진동할 때 그 물체 주위의 물질 분자가 소밀파를 일으키는데, 이 파동을 소리라고 한다.

공기 중에서 형성되는 압력 변화를 음파라고 하며 음파의 진폭이 크면 소리가 크고 진폭이 작으면 소리가 작다.

눈[雪]이 내리는 소리

액체에서 기체의 형상물로의 요술을
액체에서 고체의 형상물로의 마술을
유형의 물체에서 투명의 물체로
자연은 자유롭게 요술을 부린다.
눈은 요술을 부리기 위해서 마술사로 탈바꿈한 채
사람들의 곁으로 다가온다.
마술사가 한 가닥 실을 잡고서 하늘에서 내려오고 있다.

눈이 내리는 소리를 '소복소복'이라고 표현을 한 지혜는 깊이가 있어 보인다. '소복소복하다'는 쌓인다는 모습을 표현하는 형용사임에도 불구하고 피부에 닿는 감촉은 매우 포근하며 따뜻하다.

눈은 한 폭의 예술작품을 만들려고 매우 분주하게 활동을 한다. 한 시간이 지나고 두 시간이 지나면서 제법 예술성이 있는 작품들이 여기저기에 만들어진다. 이들이 작품을 만들고 있는 모습을 보고 있노라면 나도 덩달아 흥분을 하게 된다.

필자는 눈이 내리는 과정에서 행위예술의 소리를 듣는다.
나뭇가지에 쌓았다가 무너지면서 실망을 하는 소리
벌판에서 눈가루가 휘날리면서 만들어지는 칼바람 소리
벚나무 가지에서 꽃잎처럼 피었다가 일시에 떨어지는 소리.

자연 속에서 벌어지고 있는 행위예술에 도취되어 필자도 동화되어 마음으로 함께 작품을 만들어 본다. 마음속에 있는 복잡한 시간을 잠시 잊게 해주는 여유로운 공간을 제공해 주는 듯싶다. 어린아이들이 눈사람을 만들면서 즐겁고 행복해 하듯이 필자도 이 순간에는 더없는 행복감을 느꼈다.

가슴으로 와 닿는 진동의 주파수는 잔잔한 물결 같은 파장이었고 몸속에서 엔도르핀과 세로토닌의 호르몬이 순환하는 소리가 들리는 듯했다. 눈이 내려 있는 경관과 눈이 내리는 소리를 들으면서 생체적으로 감명을 받은 것은 참으로 오랜만의 일이었다.

각구봉 숲에 내리는 비

각구봉은 필자가 머무르고 있는 연구소 뒤편에 있는 산봉우리의 이름이다. 날이 저물어 가고 있는데 갑자기 봄비가 내리고 있다. 연구소 주변에 소리라곤 온통 빗소리뿐이다.

각구봉 밑에 우거진 소나무 숲에 내리는 빗소리
그 옆에 선 느릅나무 숲에 내리는 빗소리
은사시나무 숲에서 내리는 빗소리

음나무 숲에서 내리는 빗소리
붉나무, 동백나무에서 내리는 빗소리
이러한 잎들이 모두 제 나름의 빗소리를 만들고 있다.

봄비치고는 제법 많은 양으로 보인다. 국숫발보다는 가늘고 거미줄보다는 굵은 비가 내린다. 여러 가지 잎이 만들어내는 하나의 소리는 화합된 음으로 조화를 이룬 음률의 모임들이다.

필자는 바람 소리 없이 비만 내릴 때가 좋다. 비가 내리는 양에 따라 빗소리도 달라지고 마음의 소리도 달라진다. 장대 같은 비, 도랑물 같은 비, 눈물 같은 비, 가랑비나 보슬비 등이다.

온갖 나무와 풀들이 멜로디가 있는 빗소리를 만들어 내고 있다. 나무와 풀들은 위대한 악기로 변하기도 한다. 비는 공간적인 위대한 연주자가 되고 자연에 있는 산물들이 모여서 황홀한 악단을 만들었다.

또한, 자연의 악단은 나에게 즐거운 소리를 들려주었다. 나는 이 연주를 들으면서 유연성이라는 곡선을 새롭게 깨달았다. 음의 소리를 깨달음으로써 삶의 리듬 법칙을 새롭게 알았다.

색의 울림[感動]

색 속에는 따뜻한 힘이 담겨 있다. 그 색에 있는 감정을 색다르게 조절하는 그 무엇이 있다.

신체에는 에너지가 집중되고 있는 일곱 가지의 포인트가 있다. 우리는 이 포인트를 종합하여 '차크라'라고 부른다.

인공적인 색이 아닌 자연적인 색을 통하여 색다른 에너지를 발견하고 새로운 에너지를 내 안으로 맞이하여 보자.

자연 속에 있는 색들은 생명성이 있다.

자연 속에 있는 색들은 자유롭고 자유분방하다.

자연 속에 있는 색들은 아름다운 향이 있다.

자연 속에 있는 색들은 에너지를 발산하며 기운을 돋운다.

자연 속에 있는 색들은 식욕을 돋으며 건강을 준다.

자연 속에 있는 색들은 사랑하게 하며 행복감을 준다.

자연 속에 색다른 색을 제공해 주는 나무들은 사계절 녹색을 제공해 주는 침엽수류, 소나무, 잣나무, 전나무, 측백나무, 향나무 등…….

봄철에 녹색을 제공해 주는 활엽수는 뽕나무, 자작나무, 굴참나무, 음나무, 오갈피나무, 마가목 등…….

자연 속에 놓여 있는 산촌에는 봄, 여름, 가을, 겨울, 각각의 계절별 특색 있는 색을 연출한다.

온산 천지에는 글자 그대로 형형색색을 띠고 있으며 일일이 다 헤아리지도 못할 만큼 자연 속의 색상은 종류와 범위가 매우 넓다고 할 수 있다.

자연 속에 있는 색들은 사람들로 하여금 단순히 눈으로만 바라볼 수 있는 것이 아니라 생체의 건강과도 깊은 관계가 있다는 것이 신비를 더해 준다.

원적외선 기능을 생활 속으로

원적외선의 특징

원적외선은 전자파 중에서 파장이 3~1,000마이크로미터 사이의 파장 영역을 말하고 있으나, 상업용으로 응용되는 파장은 3~30 사이에 상당하는 부분이고, 이 파장 영역의 광양자는 0,5~0.04ev의 적은 에너지로서 거의 화학작용은 없다.

원적외선의 물성으로는 방사 공명 흡수작용과 심달력이 있다.

다음은 원적외선을 생활 속에서 응용한 사례를 알아본다.

원적외선의 방사 원리를 이용하여 그 기능을 생활의 지혜로 활용한 사례를 소개하면 다음과 같다.

(1) 생체 건강요법으로 활용한 사례

테르펜 뜸기욕장, 수족 온욕장, 단(丹)운동 좌욕장, 건포온욕 조사실 등이 있다.

(2) 주거 공간에 활용한 사례

거실의 공간, 침실의 공간, 침대의 기능성 등이 있다.

(3) 발효 및 숙성실에 활용하는 사례

산약초 발효실, 청국장 발효실 등이 있다.

(4) 원적외선 건조기에 활용하는 사례

고추건조기, 약초건조기, 곡물건조기 등이 있다.

(5) 음식 부분에 활용하는 사례

원적외선 고기구이기, 고구마, 밤, 감자구이, 빵 만들기 등이 있다.

위와 같은 내용은 필자가 개발하여 휴양관광산업 현장에서 이미 활용을 한 사례이다. 필자는 원적외선의 방사 원리를 이용하여 실용생활에 활용한 지는 벌써 25년이 지났다.

원적외선의 기능은 가정에서부터 산업용에 이르기까지 응용의 범위가 매우 넓다. 생활에 있어 응용 사례는 아직도 연구가 계속 진행 중이다.

원적외선의 신비로운 힘

따뜻한 온돌방에서 자고 난 후의 개운함, 숯불이나 돌 구이 맛의 뛰어남이 있다.

① 식생활 용기로 도자기 또는 옹기가 그릇으로 넓게 사용되고 있다.

② 방의 난방은 온돌 구조로 하였다. 온돌은 돌 위에 흙을 덮어 방바

닥을 만들었다.

③ 강한 해취력(解臭力)이 있다. 냄새나는 생선 또는 육류를 끓인 국물인 곰탕, 추어탕 등은 옹기그릇에 넣지 않으면 냄새가 강해서 먹기 힘들다.

④ 정화작용이 있다. 개울물 또는 우물물을 떠서 옹기 독에 넣어서 하룻밤 재운 후 음료수로 사용한다.

⑤ 선도 유지력이 있다. 김치는 옹기 독에 넣어서 땅속에 묻어 겨우내 신선한 맛을 즐길 수 있다.

⑥ 이상 발효를 억제하는 힘이 있다. 된장, 약주, 식초 등의 이상 발효를 억제하고 향기와 맛을 좋게 하였다.

⑦ 방충과 온도 조정 기능이 있다. 백미를 옹기로 만든 용기에 보존하면 여름에도 쌀벌레가 생기지 않고 경미의 현상도 일어나지 않는다.

원적외선을 통한 치유 효과

원적외선은 강한 열 작용을 갖는 전자파이다. 신체의 심부로부터 발한 때문에 피로가 회복되는 등 여러 가지의 효과가 있다.

① 온도 자극으로 인한 스트레스 해소

② 저온 사우나의 숙면 효과

③ 산소와 영양을 도와 피로 회복

④ 혈관이 확장하여 혈압을 저하시킨다.

⑤ 근육이나 조직의 혈행 촉진

⑥ 피로 물질 배설

⑦ 한선, 피지선의 세척작용

원적외선과 스트레스

내과 영역의 많은 질병과 스트레스의 인과관계가 명백하며 지금까지 위궤양의 90% 이상이 스트레스에 의해서 발생한다는 것은 상식으로 되어 있다.

생체에 어떠한 자극을 받으면 항상성이 흐트러진다. 자극이 짧은 시간으로 끝나면 생체의 항상성은 자율신경이나 호르몬의 작용으로 재차 평상으로 되돌아오지만 자극이 너무 강하거나 너무 길게 되면 신체에 이상이 나타난다.

자율신경계와 스트레스에 대하여 파장이 8~14마이크로미터라는 인체에 가장 감수성이 높은 파장을 정보로 하여 인체가 받을 때 인체 내부의 자기 조절 계통을 자극한다. 그 결과 평행실조의 비틀어짐을 교정하여 질환 및 건강을 회복하는 원적외선 정보 요법이 참고로 도움이 될 것이다.

원적외선 사우나의 생리작용

에너지 공간에서 8~14마이크로미터의 원적외선이 생체에 흡수되면 물과 유기화합물의 흡수 스펙트럼과 부합하여 생체 내의 분자가 공명 흡수하여 공진 운동을 일으키고, 그 결과 열에너지가 높아져서 체내의 세포가 활성화되고 대사가 촉진된다. 흡수 스펙트럼, 즉 신체가 요구하는 파장을 충분히 받으면 자기 발열작용을 일으켜서 심신 모두 충전된 상태를 만들 수 있다.

원적외선이 조사가 되면 인체를 구성하는 물질, 즉 수분, 단백질, 지방, 효소, 기타 분자의 내부에 원자 및 원자단의 고유 진동수와 동일한 원적외선이 공명적으로 흡수되어 분자 에너지가 높아진다.

이처럼 원적외선에는 단지 신체를 덥게 할 뿐 아니라 체내의 활동을 활성화하는 특징 있다. 즉 심신 모두 충전된 상태를 만들 수 있다.

기능성이 있는 원적외선 사우나의 경우 저온이라도 피하에 침투도가 높다. 원적외선 사우나의 온도는 40~50도 전후이며, 심장 부담도 가볍고 또한 매우 우수한 발열작용을 발휘한다. 원적외선은 열선이며 전자파이기도 하며 심달작용은 피하조직의 심부까지 도달한다. 따라서 심부로부터 데워진다.

그 결과 노폐물이나 성인병의 요인의 하나인 과잉 염분 등이 한선으로부터 땀과 더불어 피부로부터 배설되므로 여러 가지 효과가 있다.

원적외선 사우나의 경우 피부에 대한 자극이 부드럽고 피하의 심부까지 데워지므로 발한 양이 무척 많아진다. 원적외선 사우나에서 20분의 목욕으로 발한 양이 약 300ml 정도 된다. 땀의 양은 사우나의 시스템과 사람의 체질에 따라서 다를 수가 있다.

이 땀에는 체내에 축척된 유해 금속류가 포함되어 있으므로 피지의 배출과 함께 건강에 좋은 땀을 배출한다고 할 수 있다.

원적외선으로 인한 인체에 중요한 작용을 다시 간추리면, 첫째, 피부를 통하여 그의 내부 3~5mm까지 침투하므로 신체 표면의 근육층으로부터 혈관, 림프관 혹은 신경을 비롯하여 모든 세포에 작용하고 열 효과에 미친다.

둘째, 생체 반응으로서 신체 내부로부터 데워서 모세혈관을 비롯한 미세 동·정맥을 확장하고 그에 의하여 전신의 혈액순환이 활성화되고 이에 상반되는 신진대사의 강화가 일어난다.

셋째, 생체 내의 종합작용 및 보완작용을 가지므로 한선과 피지선으로부터 노폐물, 중금속, 독성 물질의 배제에 크게 기여한다.

피로 회복

원적외선 사우나의 최대 장점은 짧은 시간에 피로 회복 및 스트레스 해소에 효과가 있다는 것이다. 이러기 위해서는 체내의 피로물질이나 노폐물을 체외로 배설하는 것이 중요하다.

고온욕에 의한 피로 회복은 피로나 노화의 원인인 유산, 유리지방산 콜레스테롤, 여분의 피하지방 등을 피지선의 활성화로 신장을 경유하지 않고 피부로부터 직접 배설하기 때문이다.

또한, 발한으로 혈액순환 램프액 등의 순환을 촉진하고 피부의 운동을 좋게 하여 피부를 부드럽게 함과 동시에 한선으로부터 체내의 세포에 축척된 노폐물이나 불필요의 축척물을 수분과 같이 배출하여 휴식을 하도록 한 것이 하나의 표본이다.

황토 이온 테르펜 뜸기욕장

황토 이온 원적외선의 사우나 시스템은 여러 가지 종류로 분류할 수 있다. 온도는 고온과 저온으로 분류되고 소재는 자연 소재와 인공 소재가 있다.

사우나의 체험으로는 테르펜의 이온 뜸기욕장이 가장 효과가 있다고 말할 수 있다. 필자가 오랜 시간 연구를 해오면서 얻은 결과물은 황토의 광물질과 소나무, 잣나무, 전나무의 기능을 통한 피톤치드의 기법으로 응용할 수 있는 뜸기욕장의 실용화였다.

생활 주변 공간에 있는 원적외선이란 전혀 눈에 보이지 않는 태양광선 중에서 가장 파장이 긴 빛이며, 우리는 태양의 빛을 받아서 에너지화를 통하여 생체 중의 세포 하나하나에 활성화를 이루는데 도움을 주고 있다.

예로부터 적당한 일광욕은 건강을 유지하고 증진하는데 매우 유익하다고 하였다. 그러나 여름의 강열한 빛에 장시간 노출되면 피부에 나쁜 영향을 준다. 그러나 290~380mm의 근적외선은 피하에서 비타민 D가 광합성 되고 뼈나 치아 형성에도 도움을 준다.

원적외선은 태양광선 중에서 가장 깊이 피부나 피하조직에 침투하여 혈행을 좋게 하고 몸을 따뜻하게 한다. 이와 같은 중대한 대사를 촉진하므로 한선으로부터 생체에 괴어서 모인 노폐물이나 불필요의 유해물을 수분과 더불어 배설한다.

원적외선의 온열작용은 대사를 촉진하고 혈액순환을 촉진하는 작용을 하기도 하며 어깨의 뻐근함, 요통, 근육의 피로, 관절의 기능 회복에 기여한다.

황이폭포에서 음이온을 이해하다

황룡의 전설이 숨을 쉬는 황룡폭포에서 깊은 명상에 잠겨 보았다.

황이폭포는 누런(황토색) 황룡이 살았는데, 그 자리에서 용이 승천하였다는 전설을 가지고 있는 폭포이다. 위치는 강원도 양양군 서면 서림리의 황이골이라는 지역이다.

황이폭포의 특성을 살펴보면, 폭포 주변 경관이 매우 웅장하다. 폭포의 소[潭]를 중심으로 넓고 웅장한 바위들이 있고 주변에는 수십 년이 넘는 수령의 소나무들이 경관을 감싸고 있다.

폭포가 자리하고 있는 이 지역은 원시림이 잘 보존된 청정지역이기도 하다. 아직까지도 관광 자원으로 활용하고 있지 않은 관계로 청순함 자체로 관찰할 수가 있었다.

황이폭포를 탐사하고 난 후 필자의 소감을 표현한다면, 한마디로 경이로웠다.

아……! 이것이 대자연의 산물이라는 것을 새삼스럽게 생각에 잠기게 하였다. 부분적으로 자연의 요소들을 관찰하였다. 산소, 물, 바위, 나무들, 물의 색, 단풍의 색, 폭포가 흐르는 소리, 숲에서 새들이 지저귀는 소리 등은 생명체의 존엄성을 가르쳐주는 듯싶었다.

또한, 자연이라는 창조물의 순결성은 이런 것이라는 깨달음을 주는 듯했다. 마치 인간의 생명이 있는 세계와 자연의 생명이 있는 세계를 비교하면서 들여다보게 하였다. 자연의 존엄성 앞에 인간의 존엄성을 논한다면 인간은 한 단계 아래로 보였다.

경관적인 생태 자체는 생명의 가치와 윤리적인 지혜를 가르치는 선생님이었다. 이를 통하여 필자는 음이온의 기능들을 새롭게 탐구하는 기회가 되었다.

그렇다면 왜 폭포 옆에서 음이온을 논할까!

음이온 하면 일반 사람들은 느낌으로 이해하기가 어려운 부분이 있어, 이해를 돕기 위해 폭포라는 물체를 비유하게 되었다. 폭포라는 공간은 물이 흘러내리면서 물방울 분자 활동을 왕성하게 한다. 그 때문에 사람들이 폭포 옆에 서서 있으면 상쾌한 느낌을 느끼게 된다.

공기 이온이란 공기 중의 원자, 분자 등이 양(+)또는 음(−)으로 대전

된 상태를 말한다. 공기 이온의 발생에는 리듬이 있다. 음(-)이온은 아침 6~11시 사이에 많이 발생한다. 또는 일조 관계로 지표가 따뜻해져서 수증기가 상승할 때에도 많이 발생한다. 반대로 밤이 되면 대기 중에는 양(+)이온이 많아진다. 추운 날이나 흐린 날에는 양(+)이온이 많아진다. 이것은 지표의 공기가 냉각되는 것이 하나의 이유가 될 수 있다.

도시 환경의 오염으로 말미암아 현대인들은 체질이 산성화되어 간다. 대기오염이 심각한 공기 중에 먼지가 증가하면 양(+)이온이 증가하고, 동시에 흡연 습관이나 운동 부족으로 산소의 양이 감소하여 산소 결핍 상태로 되면 체내의 근육에 젖산이 대량 고이게 되어 혈액이 산화된다.

젖산으로 세포의 안쪽이 산성화되면 세포막이 굳어지고 쪼그라든 상태로 세포의 바깥으로부터의 영양이나 산소를 끌어들일 수 없게 된다.

이 상태가 길게 되면 혈액의 정맥에 젖산이 넘쳐흘러 혈류가 나빠져서 신체는 차가워진다.

음이온은 세포막에 의한 신진대사를 활발하게 하는 작용을 하므로 우리 신체는 건강하게 유지된다. 음이온이 공기 중에 $1cm^3$당 1,000개 이상으로 풍부해지면 뇌에서 알파파(즐겁고, 행복하며, 젊음을 유지하는 등 인간에게 즐거움을 주는 베타 엔트로피 물질을 방출)의 활동을 활발히 하여 긴장을 완화한다.

또한, 천식과 같은 호흡기질환을 일으키는 신경호르몬인 세로토닌(seroton)과 자유히스타민(free histamine)을 억제하여 전신 운동 수행능력과 긴장 완화와 같은 개인 심리 상태의 개선뿐만 아니라 천식, 편두통 등 기관지염에 우수한 효과를 주는 것을 체험할 수가 있다.

음이온이 인체의 생리작용에 미치는 효과는 다음과 같다.

■ 혈액정화

혈액 중의 미네랄 성분인 칼슘, 나트륨, 칼륨 등의 이온화율이 상승하여 알칼리화가 진행되면서 혈액을 정화한다.

■ 자율신경계 조절

자율신경을 조절하여 인체 내의 내분비선의 활동을 좋게 하고 조형기능도 개선한다.

■ 세포 활성화

혈액 중에 음(-)이온이 많아지면 세포막에서의 전기적 물질 교류를 촉진시켜 신진대사가 왕성하여 세포의 활성화와 체내의 노폐물을 빠르게 배출한다.

■ 저항력 증진

혈청 중에 포함된 면역 성분인 글로불린의 양을 증가시켜서 감염 증세에 대한 저항력을 향상한다. 또한, 내분비의 활동도 좋아지고 조절작용을 개선한다.

(※ 상기 내용들은 체험자들의 체질에 따라서 느끼는 감각이 다를 수 있다. 필자 스스로 연구한 내용이므로 과학과는 의견이 다를 수가 있다.)

대자연에 있는 에너지를 통한 스트레스를 풀어보자. 음(-)이온은 자연요법에 있어 중요한 자연의 산물이다. 현대인들 누구나 자연스럽게 즐길 수 있는 여가 공간이기도 하다.

음(-)이온을 자연으로부터 많이 섭취하는 것은 건강상으로 빠른 회복을 하는 데 많은 도움을 준다. 폭포 근처에 가면 흘러 떨어지는 물보라가 신체에 부딪혀 차갑게 느껴진다. 또한, 폭포의 낙하에서 생기는 충격파의 파동도 정신적의 안정에 크게 작용을 한다. 즉 이것은 신체에 닿는 폭포수의 물 파동에 충격과 청각으로부터 입력되는 낙하수의 파동이 정신의 안정이나 정신 집중에 효과적으로 작용하고 있기 때문이다.

폭포 주위에서 공기욕, 즉 음(-)이온화된 공기를 호흡함으로써 물 분자는 폐에 깊숙이 들어가서 음(-)이온이 체내로 들어간다.

그리고 음(-)이온은 폐로부터 호흡뿐만 아니라 신체에 스며들도록 피부로부터 흡입할 수 있다. 즉 파동에 공기욕을 더함으로써 더욱 건강한 심신의 긴장을 풀어주고 휴식의 효과를 높여주는 기회가 된다.

황이폭포는 자연이 만들어내는 아름다운 오케스트라이며, 장엄한 황룡의 숨소리라고 부르고 싶다.

담체(潭体)

사람의 그릇

우주의 기운을 받고 모태로부터 인간이라는 한 생명체가 탄생할 때 사주팔자가 담겨 있는 그릇을 선물로 받는다. 만물의 영장으로 이 세상에 태어난 우리는 혼신의 힘을 다해 명품 그릇을 창작해야 할 것이다.

그릇의 크기는 공부와 노력 여하에 따라 달라진다. 사람의 가치를 직접적으로 나타내는 것은 유형의 재산도 아니고, 그의 행적도 아니며, 오직 그 사람의 됨됨이라 하겠다.

현대 사회는 과학문명이 고도로 발달해 가고 있지만, 정신문명은 제자리걸음만 되풀이하고 있다. 따라서 현대인들의 정신연령은 과학 연령에 비하여 많이 뒤떨어져 있어서 이른바 불균형(저능아)의 인격을 가진 불행한 사회라고 말할 수 있다.

이 시대에 살고 있는 우리들은 너무 빨리 돌아가는 인생이어서 현기증을 느끼는 탓인지 정신적 저능아가 되어 가치관을 세울 능력을 상실하고 있는 것 같다.

인간은 물질적인 문명이 풍부하다고 해서 삶이 행복하다고 말할 수 없다.

정도(正道)적인 인격체라면 올바른 정신과 선(鮮)한 마음의 바탕 위에서만 제 역할을 할 수가 있고 지식도 값있게 쓸 줄 아는 사람이 될 것이다.

자기 자신이 어떤 위치에 있고, 어떤 역할을 하고 있으며, 어떤 인생의 목표를 설정하고 있는지조차 의식하지 못하고 살아간다면 그것은 그저 생물체로서 생리적인 작용만 하는 것과 다름이 없다.

이에 우리들은 자연 공간을 통한 자아를 돌아볼 수 있는 에너지원을 얻음과 동시에 자신을 새롭게 하고 질이 높은 인격체로 만들어 보는 기회로 삼아야 한다.

인간은 사회성을 가진 동물이다. 그러므로 사람다움의 인격체를 가지고 사회의 한 구성원이 되어야 한다. 그 구성원이 되기 위해서는 법정인격체를 만들어야 한다. 법정 인격체란 국가가 정한 법률 속에서 규칙을 준수하고, 타인에게 피해를 주지 않으며, 사회를 위해 배려와 봉사정신이 정립되어 있어야 한다.

담체(潭体)

인간은 자연의 일부라는 이치를

자신의 몸으로 체험하고 담아보는 영역으로

자연과의 환경적 소통 영역(그릇 창작)

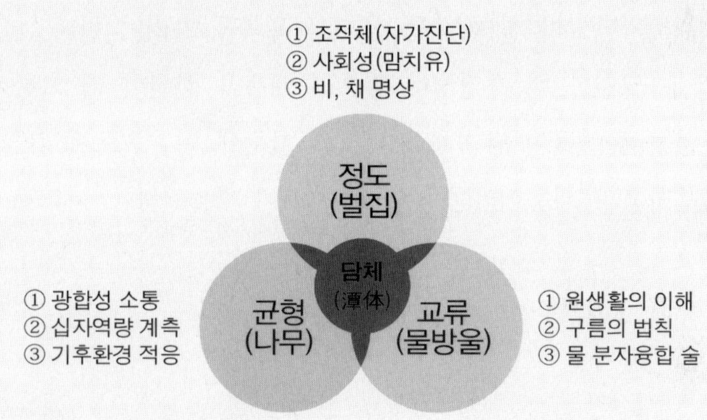

담체(潭体) 속에 담겨 있는 콘텐츠는 정도(正道), 균형(均衡), 교류(交流)로 나누어진다.

■ 정도(正道, honey comb) : 벌집의 기능을 통하여 몸체에 정량을 담고 꿈과 희망을 폭넓게 펼쳐야 한다. 그리고 준비된 그릇 안에 담을

수 있을 만큼만 담아야 한다. 허황된 생각은 버리고 성실하게 노력하여 훗날 후회할 자격을 잃지 않도록 해서 사람다움의 가치를 추구하자는 의미가 담겨 있다.

■ 균형(均衡, Tree cross, H) : 나무의 생리를 통해서 균형 감각을 깨달아야 한다. 인간 본능 중의 하나가 자아의 실체를 표출하고, 그 빛을 통하여 욕심을 담으려 하며, 그에 공통적인 욕망이 있다면 성공과 출세를 원한다는 것이다.

그러나 욕망을 담고자 할 때에는 반드시 옥석을 가려야 한다. 마음으로부터 비움을 실천할 때 순정성이 없으면 채움을 실천할 때 그릇 속에는 가치가 없는 물질들이 담기게 된다. 그 때문에 인간으로서 탐하고자 하는 욕망을 비움과 채움이라는 균형을 통하여 저울질하는 기회로 삼아야 한다.

■ 교류(交流, water drop rolling) : 물 유체학을 통하여 사교술을 익혀야 한다.

우리네 삶은 물 흐름과 같다. 그러므로 자연 공간 속에서 생동적으로 활동하는 물 흐름의 법칙과 순리를 깨달아야 한다.

교류를 통한 교감을 하고자 하는 사람은 생체적으로 감각과 감성을 먼저 익혀야 하며, 사교술을 알고자 하는 자는 정체성, 순환 법칙, 원점 법칙을 익혀야 한다.

인간의 인격체는 완벽하지도, 완벽한 인간도 없다. 다만, 완벽에 가까이 가려고 노력을 하고 있을 뿐이다. 사람의 일생에는 기본 생활규칙이라는 것이 유·무형적으로 자신 속에 존재한다. 그러므로 정도, 균형, 교류라는 사회적인 규격 속에 생활규칙들이 작은 공간 범위 속에서 실행되고 있다.

이러한 규칙을 잘 숙지하고 활용을 잘하는 사람이 인생이란 항로에서 순탄한 항해를 할 수 있다. 삶의 질 향상을 위해서 과학문명 속에 살고 있는 우리들은 기계화가 되어 가는 생활환경 속에서 노예화를 벗어나 참된 삶의 길을 찾아야 한다.

사주팔자 명품 그릇

사주가 하늘이 내린 운명이라면 팔자는 꿈을 창조하는 희망의 열쇠이다. 사주를 인생의 설계도라 칭한다면 팔자는 행복한 집을 짓는 창작술사와 같다. 현실에서 자신이 원하는 집의 설계도가 아니라면 수정을 해서 맞춤형 집을 지어야 할 것이다.

우주의 기운을 받고 모태로부터 인간이라는 한 생명체로 탄생할 때 사주팔자가 담긴 그릇을 선물로 받는다. 또한, 부모로부터 선물 받은 팔자라는 그릇에는 자신의 오라(aura) 속에 4가지의 기운이 담겨 있다는 의미와도 같다.

이와 같은 과정을 두고 우리는 타고난 팔자, 또는 운명이라 하고 자신의 신세를 저울질하는 경향이 있다. 혹자는 점술가의 조언을 들으면서 팔자가 좋다고 해서 기대에 부풀어 있거나 점술가가 팔자가 나쁘다고 하면 쉽게 체념하거나 액땜을 하기도 한다.

혹자는 팔자와 운명이 대세를 이룬다 하여 대통령이 될 그릇, 또는 장군감이 될 그릇 등 그릇이라는 예언 속에서 목표를 향한 그릇 만들기 수순을 밟아가는 이들도 있다.

필자는 사주팔자에 관해서 깊은 지식은 없다. 하지만 오랫동안 산속에서 자연과 더불어 살면서 식물들의 생리학을 관찰하게 되었으며, 그 통계로 생명에 관한 존재 과정을 깨닫게 되었다. 그러므로 이 기법은 살아 있는 생활 통계학이라고 해도 과언이 아닐 것이다.

우주 공간 속에는 인간이나 식물이나 팔자와 운명은 동일하게 존재하고 있다. 필자가 생각하건대 팔자와 운명이라는 기운에 매개체는 존재하고 있으나 절대성의 이론보다 상대성의 이론에 가까운 것이라고 본다.

그 때문에 자신의 팔자는 스스로 만들어가는 것이고, 자신이 만들어가고자 하는 의지와 노력에 따라서 운명의 가치는 높게 평가된다.

그렇다. 이제부터 자신의 팔자를 담을 수 있는 그릇을 만들어야 한다. 부모로부터 선물로 받은 그릇이 작거나 못생겼다고 해서 좌절하거나 포기하는 일은 없어야 한다.

반대 방향을 한 번 바라보자. 태어나면서부터 장애인이 된 사람도 있다. 그런가 하면 살아가면서 불의의 사고로 장애인이 된 사람도 있다. 하지만 작거나, 못생기거나, 장애인이 되었다고 해서 팔자타령이나 운명이라는 말로써 자신을 비하해서는 더더욱 아니 된다.

인간의 생명체는 존엄성과 동시에 평등하게 존재해야 할 권리가 있다. 그 때문에 주어진 현실 환경에서 인간답게 살 수 있는 자신의 역할이 많이 있다. 다만, 많은 사람은 인내를 가지고 길을 찾고자 하는 노력이 부족한 것 같다.

담체의 발상지, 백담골[百潭谷] 이야기

지금 이 순간에도 백담은 숨을 쉬고 있다. 백 개의 못[潭]에서는 물의 생명성 환원을 위한 순환운동이 진행 중이며 생기와 활력이 넘쳐난다.

설악산 대청봉에는 백담골이라는 훌륭한 계곡이 있다. 그 계곡 안에는 아주 오랜 역사를 가지고 있는 백담사라는 사찰이 있다.

백담사의 유래를 잠시 들여다본다. 백담사는 신라 진덕여왕 원년(647년)에 자장율사가 창건하였다고 전해진다. 창건 당시 절 이름은 한계사(寒溪寺)라 했으며, 위치도 현재의 위치가 아니라 한계령 중턱 장수대 근방이었다. 이 한계사는 불타 없어지고 지금은 석탑만 남아 있을 뿐이다. 불탄 자리에 다시 절을 중건했으나 이나마도 불타버렸다.

이후 백담사는 많은 화재와 사연을 지닌 채 1,300년을 존속해 왔다.

전해 내려오는 이야기에 의하면, 사찰이 계속 화재로 소실되어 폐허가 되므로 이름을 고쳐 보려고 애를 쓰던 중 어느 날 주지 스님의 꿈에 신령스런 백발노인이 나타나 대청봉에서 지금의 절까지 담(潭)을 세어 100개가 되는 장소에 사찰을 건립하면 삼재를 면하리라고 현몽했다. 그래서 현 위치에 건립했으며, 담(潭)자는 불의 기운을 막을 수 있다고 하여 백

담사라 하였다고 전해진다.(자료 : 백담사 유래 중에서)

필자가 용대 2리 백담마을과 인연을 맺은 시기는 2002년이었다. 현재 백담마을에는 필자의 창작 작품들이 이곳저곳에 많이 만들어져 있다. 용(龍)을 상징한 조형물을 비롯하여 스님 조각물, 관음자모 돌탑, 습지 자연공원 등 여러 가지 관광 상품으로 활용되고 있다.

간혹 한 번쯤 백담마을을 방문하면 옛 생각이 나기도 하고 작품에 대한 자부심이 들기도 한다. 그때 그곳에서 일을 하면서 백담사와 백담골에 관하여 깊은 내력을 알게 되었고, 그 이후에 백담골 자연과 신비성에 관하여 깊은 관심을 가지고 연구를 하게 되었다.

설악산 대청봉의 높이는 1,708m이고, 백담골은 백두대간 줄기에 자리하고 있다. 그리고 백담골은 설악의 정기를 담은 물을 흘려보내는 시발점이기도 하다. 대청봉은 우리나라에서 한라산과 지리산 다음 세 번째로 높은 산봉우리이다.

100개의 담(潭)이 자리를 하고 있는 곳은 대청봉을 기점으로 해서 백담사가 있는 곳까지라고 한다. 짧게 설명하면, 대청봉에서 백담사까지 이어지는 계곡에 못(潭)이 100개가 있다.

물론 백담사에 이르는 공간적인 환경은 원시림 자체를 보존하고 있으며, 자연이 주는 신선함과 쾌적함 그 자체이다. 계곡 경관은 수려함과 동시에 선(仙)의 지혜를 얻게 하는 과정이 담겨 있다. 그리고 계곡에 특징이 있다면 깊은 산에 비하여 계곡의 폭이 넓은 편이다.

백담계곡이 바로 담체의 발상지이다.

백담사를 향하는 계곡을 따라서 트레킹을 하노라면 계곡 쪽에서 물이 흐르는 것도 웅장하고 흘러내리는 물속에 자연스럽게 만들어진 소[潭]의 모습들은 신비스러움과 동시에 마음으로부터 매혹을 느끼게 한다.

그 소[潭]들은 당장 발이라도 담그고 싶은 충동을 느끼게 한다. 아니 옷을 벗고 풍덩 뛰어들어가고 싶다는 유혹을 받기도 한다.

필자는 이곳에서 왜 백담이라는 단어를 깊게 생각하게 되었을까? 필자 자신의 마음도 모른다. 자연스럽게 운명적인 만남이라고나 할까. 우연한 산책길에서 자연스럽게 흐르는 물을 바라보고 있노라니 내 안에 있는 몸체의 생리가 감동하게 되었다. 이것이 인간이 살아가는 데 필요한 생활의 실체라고 느끼게 되었다. 동시에 한 개 한 개의 못(潭)에 담겨 있는 개체들이 사람 개개인의 몸속에 있는 개체의 속성과 같은 생체 생리로 보였다. 이것 또한 그릇에 물을 담는 원리적인 이론을 성립하게 되었고, 물을 그릇에 담을 때는 비움과 채움이라는 순리적인 과정을 깨달았다.

인간의 몸체 속에는 물을 담고 있다. 물을 담을 때에는 좋은 물을 담아야 하고, 이미 몸속에 담긴 물은 관리를 잘해야 생체가 건강하게 유지하게 된다.

물[水]은 화를 다스린다. 일상생활에서 화를 잘 다스리면 마음으로부터 평화를 찾아온다. 또한, 화(火)를 잘 다스릴 수 있는 지혜가 행복을 담을 수 있는 공간이 되는 것이다.

그렇다면 담(潭)을 통하여 행복을 담을 수 있는 방법이 무엇이 있을까?

담(潭) 속에는 어떤 지혜가 담겨 있을까?

이런저런 생각들이 필자의 머리를 혼란스럽게 만들었다. 그렇다면 실체 속으로 한 번 들어가서 파헤쳐 보자는 결정을 하게 되었다. 연구 주제는 담(潭)과 사람과의 순리순응 과정이다. 즉 말해서 사람들은 담(潭)

을 통하여 일상생활에서 어떤 깨달음을 얻을 수 있는가를 생각하게 된 동기가 되었다. 그리고 깨달음을 통해서 행복을 찾고 자연스럽게 살아가는 방법을 익혀 보자는 것에 주안점을 두었다.

그리하여 담체(潭体)라는 화두를 만들었고, 그 속에서 응용할 수 있는 프로그램을 만드는 연구가 진행 중이다.

백담은 사람들의 삶의 질 향상을 위한 생활 지혜를 창조하도록 이끌어 준다. 또한, 백담골에 있는 기운들을 모아서 마을로 하염없이 보내주고 있다. 그래서 마을이 풍성하게 번창하고 있는지도 모른다.

백담골에서 흐르고 있는 기운과 물은 가까운 백담마을만 풍성하게 해주는 것이 아니라 머나먼 여정을 흘러가면서 지천에서 살고 있는 마을들까지도 풍성하게 해준다.

설악산 백담계곡의 풍경은 매우 빼어나다는 평가를 받는다. 백담사에는 많은 뜻을 담고 있다. 만해 한용운 스님께서 이곳에서 머물며 독립운동을 하였고, 전두환 전 대통령도 잠시 체류했다. 전국적으로 백담사가 널리 알려진 동기에는 만해 한용운 스님의 〈님의 침묵〉이라는 시를 통하여 더욱더 유명세를 타고 있다.

담(潭) 속에는 많은 사연과 지식과 지혜를 담고 있다. 위와 같은 사연들은 담체라는 화두를 통하여 한 가지 한 가지씩 풀어가야 할 숙제라고 생각한다.

자연 속에 담겨 있는 침묵

자연이란, 눈에 보이는 사물들이 자연스럽게 놓인 그대로의 상태이다. 그 공간을 통하여 마음으로부터 편안함을 느낄 때, 자연 속에 있는 색상으로 하여금 마음의 평화라는 용어를 이해할 때 자연이라는 단어를 말할 수 있을 것이다.

침묵이란, 아무 말 없이 잠잠히 있다, 또는 정적이 흐르는 그런 상태, 또는 일의 진행 상태나 기계 따위가 멈춘 것이라고 표현할 수 있다.

녹색 공간 속에는 아무 말도 없이 잠잠하다. 그리고 녹색의 숲 속에는 정적감이 흐르기도 한다. 또한, 숲 속에는 시간 개념을 잊어버리게 하는 그 무엇인가가 있다. 녹색 숲 속에서 나뭇잎 사이로 흐르고 있는 깊이가 있는 무언(無言)을 침묵이라고 칭하고 싶다. 그리고 그 침묵은 맑은 공기 속에서 이념을 담고 맑은 물속에서 또 다른 생각을 담아서 생체 호르몬 속으로 기운을 보내는 언어(言語)를 모양새가 좋은 침묵이라고 표현하고 싶다.

자연 공간에서 만물의 생명이 평화적으로 존속될 때만이 침묵이라는 단어가 존재한다. 침묵이라는 단어를 가벼이 여겨서는 아니 된다. 또한,

가치가 있는 침묵을 선(鮮)의 침묵이라고 말할 수 있을 것이다.

자연 속에서 하루는 말도 없다. 그러나 무언의 소리는 귓가를 즐겁게 해준다. 여기서 우리는 침묵이라는 깨달음을 얻어야 할 것이다.

자연의 침묵

침묵은 금이다.

또한, 자연 속에는 금이 담겨 있다.

〈님의 침묵〉이 현시대를 사는 우리에게 민족혼이 담겨 있는 정신문명을 깨닫게 해주었다면, 자연의 침묵은 인간에게 생존해야 하는 이유, 즉 사람으로서 공동체 삶의 가치를 깨우치게 하는 방향을 제시해 준다.

자연 속에 놓여 있는 새순들은 오늘도 새싹이 되어 잎으로 변해가고 있다. 철쭉, 금낭화꽃, 용담꽃, 민들레꽃, 동백꽃, 배꽃, 복숭아꽃 등은 꽃이 피기도 하고 지기도 하면서 하루의 저녁을 맞이한다.

식물들은 말이 없는데 나뭇가지에 걸터앉은 새는 무엇이 그리도 반가운지 쉼 없이 지저귀고 있다. 자연 공간 속에 있는 숲은 인간들에게 꼭 필요한 산소와 쾌적한 생활환경을 제공해 준다. 그러나 자연은, 자연의 산물들을 자연스럽게 제공할 뿐 대가를 바라지 않는다.

반대로 인간은 스스로 자연의 가치를 만족하지 않고 자연을 활용한 상업화에 더 많은 관심이 많다. 자연 속에 담겨 있는 기능과 정보들을 사람들에게 제공해 주면서 대가를 받으려고 한다.

자연 속의 공간 개념과 인간들의 공간 개념 사이에는 불공정한 거래가 성립된다.

그동안 인간들은 지구를 보존함에 게으름을 피우고 관리를 소홀히 하여 왔다. 그 대가로 자연은 인간들에게 충고와 동시에 화를 내면서 날카로운 매를 들고 상처를 주기도 한다.

자연은 인간들로부터 대가를 바라지는 않지만 강력한 무언의 메시지를 남기곤 한다. 물을 오염시키면 홍수로써 정화를 시키고, 지구를 파괴하여 균형을 잃게 되면 지진 또는 화산 폭발로써 인간들을 자각시키고, 난개발을 계속하면 사나운 태풍으로 경고와 훈계를 하곤 한다.

요즘 지구 전체에서 벌어지고 있는 재난의 징후들은 자연이 내부적으로 안고 있는 시름의 소리를 대변해 주는 자연의 침묵이 있고, 침묵 속에서 고통의 리듬을 담은 몸부림이라고도 할 수 있다.

모든 자연물은 자연스럽게 보존할 때 자연 속에 있는 물질들은 인간들에게 자연스러운 느낌으로 다가오려고 할 것이다.

자연과 인간과의 싸움이 시작되는 현장들을 들여다본다. 사람들은 자연스럽게 생겨나는 잡풀을 제거하고자 맹독성 제초제를 밭이나 토양에 살포한다. 제초제를 장기적으로 사용하므로 풀들은 점점 면역이 커지고 있고, 풀들을 죽이려고 인간들은 더 많은 양의 제초제를 살포하는 악순환을 반복하고 있다.

그래서 토양 오염과 동시에 지구의 생명체인 물이 오염되어 가고 있다. 지구 표면에서 흐르고 있는 강물은 물론이거니와 지하에서 흐르고 있는 지하수조차도 서서히 오염되어 가고 있는 실정이다.

생명이 존재하는 모든 동식물은 생명에서 한계성이라는 분기점이 존재한다. 그렇다면 자연의 침묵 값으로 생명 보존을 위한 한계성과 생명을 지킬 수 있는 탄성의 분기점 수치는 얼마나 될까?

자연에 놓여 있는 만물들의 생태에는 한계점이라는 작은 점이 존재한다. 인간들은 이 작은 점을 향하여 귀를 기울여야 한다. 작은 점이라고 할지라도 한 치의 소홀함이 있어서는 아니 된다.

침묵을 자연스럽게 하고자 할 때 비로소 침묵이 자연스럽게 보존되고 존재하게 된다. 침묵을 풀어가기 위해서는 가벼움과 단순함이 담겨 있는 식(識)을 알고자 함이 자연의 침묵을 풀어갈 수 있는 열쇠가 되어 준다.

자연 속에 놓여 있는 만물의 구조는 복잡하면서도 단조로움을 지니고 있다. 그러므로 우리 인간들은 삶의 질을 향상하기 위해서는 가고자 하는 길 또한 단조로움이 담겨 있어야 한다.

현대인들의 삶은 단순한 길을 추월하여 미로처럼 복잡하게 얽힌 길을 걷고 있다. 이런 미로 속에서 탈출하지 못한 채 방황하는 이들이 많이 생겨난다. 그래서 도시민들은 녹색이 있는 자연 속으로 들어가고자 한다.

자연의 진리 속에서 삶의 지혜가 담겨 있는 해답과 새롭게 걷고자 하는 길을 찾고자 한다. 그런데 자연은 사람들이 얻고자 하는 해답과 길을 쉽게 내어주지 않고 묵묵히 침묵으로 일관하면서 답을 줄 뿐이다.

자연의 침묵 앞에서 필자는 아주 작은 흰 점을 발견하게 된다. 침묵의 겸허함 속에 담겨 있는 진실을 생각하는 기회가 되었다. 자연 속의 물질들은 두려움이 없다는 것이다. 풀잎을 칼로 베어도 말이 없고 나무를 기계톱으로 절단하여도 거부하거나 비굴하게 대처하지는 않는다.

그렇다면 바보처럼 말이 없어야 침묵인가. 아니면 희생을 하면서 대꾸가 없어야 침묵인가. 인간과 자연물 사이에는 침묵에 관한 기준점이 다르다는 것을 느끼게 된다. 또한, 인간과 자연물에 있어 침묵에 관한 무게를 저울질한다면 인간보다 자연물들이 무게도 무겁고 말[言]의 깊이도 또한 깊다.

인간들은 대자연 앞에서면 작은 점에 불과하다. 그렇기 때문에 인간들은 대자연의 능력에 따라갈 수가 없으며, 대자연의 재앙을 막을 수도 없다. 대자연 앞에서는 인간들은 운명이라는 말로 마음을 위안하면서 삶을 살아간다.

침묵은 말이 없으나 침묵이라는 얼굴은 존재한다. 그 얼굴에는 밝은 미소가 담겨 있다. 새들도 새와 같은 소리를 들려주면 정겹게 사람 곁으로 다가온다. 풀꽃들도 예쁘다고 하면 더더욱 예뻐진다. 나무들도 잘 자란다고 칭찬하면 병치레도 없이 잘 자라 준다. 가을철 단풍나무에게 단풍잎이 참 아름답다고 하면 더욱 아름다워진다.

위와 같은 현상들을 바라볼 때 인간들이 먼저 자연에 접근해야 한다.

접근 방법론에서 자연의 침묵을 깨닫고자 한다면 먼저 자연과 교감하려는 노력이 필요할 것이다.

비로소 자연은 참이 담겨 있는 침묵의 사연을 인간들에게 깨닫게 해 줄 것이다. 그리고 참이 담겨 있는 자연의 침묵은 나눔을 실천하는 자에게 먼저 다가갈 것이다.

탐하지 마라, 담을 그릇과 주인은 따로 있다

남의 그릇에 담긴 떡이 더 크게 보이고, 남의 밥그릇에 담겨 있는 밥이 더 맛있게 보일 때가 있다. 그러나 남의 그릇에 담긴 물체를 탐한다는 것은 자신 스스로 게으름을 보여주는 행위이다. 남의 그릇에 담긴 물체가 욕심이 나거든 땀을 흘려라. 그리고 발품을 팔아라. 그러면 자신의 그릇에도 같은 물질이 담기게 될 것이다.

깊은 산속에는 산삼이 자라고 있다. 귀한 물건이라고 해서 많은 사람들이 탐낸다. 인간들은 산삼의 기능에 관하여 탐을 내지만 산에 가서 한 번 직접 캐보려고 노력은 하지 않는다.

오로지 산에 오르는 심마니들을 통해서 물질을 얻고자 함이 스스로 게으름이라고 할 수 있다. 물론 일반인들이 산에 오른다고 하여서 산신령님은 산삼을 아무에게나 보여주지는 않는다. 많은 사람들이 산행을 한다 하더라도 산삼의 특성상 눈에 띄는 자와 눈에 띄지 않는 자가 따로 있다.

그렇다면 산삼은 누구에게 주는 것일까? 산삼의 주인이 되는 자는 일상생활에서 양심을 가지고 선(仙)하게 살아가는 사람이라고 필자는 믿고 있다.

그러면 어떻게 살아가야 할까?

① 양심은 어두움을 밝히는 태양과 같다. 항상 봉사하는 정신으로 살아가며 태양을 우러러 한 점 부끄러움이 없어야 한다.

② 양심은 영원히 갈증을 해소해 주는 나무뿌리와 같다. 양심을 실행함에 있어 보여주는 식보다는 타인이 안 보이는 곳이라 할지라도 법규를 준수하며 선행을 많이 하여야 한다.

③ 양심이 있는 생활은 깨달음과 마음에 평화를 가져다준다.

순수성이 있는 생활 속에는 행복과 평화가 담겨 있다. 그래서 모든 면에서 부족하지만 항상 만족을 하면서 살아갈 수 있는 맑은 지혜를 준다.

양심은 깨달음과 평화로 우리의 영혼을 안내하는 등대 불빛과 같으며, 양심을 지키는 사람은 사람으로서 아름다울 수 있는 근본이라고 생각한다. 양심이 없는 육체는 아름답지 못하며, 양심이 없는 재물은 도둑과 같다. 그리고 세상을 어둡게 만드는 것은 양심을 잃어버린 사람의 마음으로부터 시작된다.

현대 사회에서 녹색 자연이 살아 있는 농촌마을에서는 아직까지 서로 양심을 존중하면서 살아가는 것 같다.

필자가 살고 있는 산골 마을은 울타리가 없다. 이웃과 음식물도 나누어 먹는다. 식량 생산에 있어서도 이웃과 두레 활동은 물론이고 정보도 교환한다. 산중에서 이렇게 양심적으로 살아가노라면, 언젠가는 산신령님께서 산삼 한 뿌리를 줄 것이다.

우리네들은 스스로 물건을 가질 수 있는 능력과 기회를 위한 원인을 제공하지도 않은 채 먼저 물건에만 관심을 두고 자기 욕심을 채우려고 하는 경향이 많이 있다. 자연 속에서 생산되는 물질들은 생산자와 소비자가 따로 있다는 말과도 같다.

그래서 모든 물질의 주인은 따로 있다는 말이 존재하게 된다. 설악산에는 에델바이스라는 꽃이 있다. 이 꽃은 암벽에서 주로 서식하고 있다. 꽃은 매우 아름다워서 탐내는 사람들이 많지만, 일반인들은 쉽게 손에 넣기 어렵다.

물건이란 주인이 따로 있는 것은 아니고, 얻을 수 있는 신령님께서 산삼 한 뿌리쯤 선물로 주실 것이라는 소박한 바람이 있다. 기회의 순간이 따로 있다는 것을 의미한다.

인생은 물과 같고 물이 흘러가는 과정과 같다

물이라는 물체 속에도 물의 얼굴은 존재한다. 물 표면에는 인생에서 느낄 수 있는 여러 가지 얼굴 모습들을 보여준다. 그 모습들은 지리적인 위치와 수심에 따라서 각각의 형상이 다르게 보인다.

사람 인(人)자와 물 수(水)자는 어떤 관계일까?

사람과 물의 내면세계에는 상호 간 어떤 인연이 담겨 있을까?

인간이라는 생명체는 작은 입자들의 모임이다.

필자에게 인생이 무엇이냐고 묻는다면, 인생은 작은 일들을 실행하는 모임체이고 원심력에 의한 생존 법칙을 익혀가는 과정이라고 대답할 것이다. 인생을 어떤 물질로 표현하겠느냐고 묻는다면, 나는 인생은 물[水]이라고 말하고 싶다.

인생의 방식은 물이 자유롭게 흘러가는 과정과 같다. 물이라는 물질은 그릇에 담을 수는 있으나 손바닥 위에는 담을 수 없다. 물을 그릇에 담는다는 것은 여유로운 지혜를 담는 것이요, 물을 손바닥으로 잡으려는 자(者)는 어리석음을 잡고자 하는 일이다.

그 때문에 한 가닥의 줄을 잡고자 질주하는 자(者)는 어리석음을 쫓는 길을 걷는 것이요, 스스로 힘으로 바른 생활을 찾고자 하는 자는 지혜가 담겨 있는 길을 걸어가는 것과 같다.

자연 속에 있는 사람들의 마음은 그 마음을 그릇에 담을 수는 있으나, 밥을 먹듯이 마음을 먹여줄 수는 없다. 마음이란 자유로운 물질이라 끈으로 묶어 놓을 수도 없고 목을 매어 놓을 수도 없다. 일반적으로 사람들은 살아가면서 마음을 그릇에 담으려고 하지 않고 상대의 마음을 손가락으로 잡으려고만 한다. 그 때문에 어리석음의 길을 걷게 되고, 스스로 고행의 굴레 속으로 밀어 넣는다. 대인관계에 있어 바른 방법은 상대방의 마음을 내 안으로 맞이하면서 맞춤형 그릇에 담아야 한다.

소하천에서 흐르고 있는 저 물소리를 들어보라.

졸졸졸……. 물 흐르는 소리가 반복적으로 들리는 것 같지만, 소리의 크기와 리듬은 시간대별로 다른 형태가 이루어진다. 즉 말해서 시시각각 변화성이 있다는 말이다.

물이라는 물질은 시간과 변화 속에서 자기가 원하는 방향을 선정하고, 가고자 하는 길을 숱한 장애물과 부딪치면서 흘러가는 특성이 있다.

졸졸졸……, 그 소리는 처음에 만나서 교감하는 소리요.

졸졸졸……, 그 소리는 상대에게 마음을 열어가는 소리요.

졸졸졸……, 그 소리는 자기 자국을 남기면서 다음을 가약하는 소리이기도 하다.

우리들이 일상에서 느끼면서 생활을 하는 과정과도 흡사한 점이 많이 있다.

사람 인(人)자를 잘 관찰해 보라. 인간은 혼자서는 살수가 없으며 공동체로서 함께 살아야 한다. 때로는 서로 부딪치면서 갈등을 해소하기도 하고, 때로는 사랑이 담긴 힘을 얻고자 정(情)으로써 의지하려고 한다.

생활 공간에서 쓴맛과 단맛이 내재되어 있는 시간을 가슴 속으로 담아가는 것이 사람들이 살아가는 생활이고 삶의 지혜라고 말할 수 있을 것이다. 이 때문에 상호 간에 교류를 통한 교감이라는 기능이 필요하게 된다.

교감의 기능을 잘 활용하는 자는 대인관계에서 원만할 것이고, 교감의 기능을 무시하는 자는 주변에 참된 사람이 없게 된다. 그러므로 교감이라는 물질을 조율하는 것은 쉽고도 어려운 일이다. 마치 피아니스트가 부드러운 음을 내기 위해 건반을 조율하듯이 말이다.

사람들은 교감이라는 물질을 느낌으로 전환하여 마음속으로 스며들게 하는 기능을 익혀야 한다. 마음을 열다, 또는 열어간다는 의미는 마음을 비운다, 또는 마음을 비우고자 스스로 비우는 자세를 준비한다고 표현할 수 있다.

교류의 기초가 되는 것은 자신이 먼저 마음을 열어 놓는 것이다. 마음의 문을 열게 되면 제일 먼저 찾게 되는 것이 신선한 산소이다. 신선한 산소는 두뇌에 영양을 주어서 정신을 맑게 한다. 맑은 정신은 사람들에게 밝고 투명한 정도(正道)의 길을 안내해 준다.

정도의 길을 걷는 자들에게는 행복의 물질인 편안함이 그대 곁을 방문할 것이다. 또한, 정도의 삶을 추구하는 가진 것에 만족한다. 그러므로 항상 웃는 얼굴에서는 미소가 넘쳐나서 행복하고 그를 통한 삶의 질이 윤택해가는 것을 볼 수가 있다. 또한, 타인과의 교류가 원활하기도 하다. 항상 얼굴에서 미소가 흐르고, 삶에서 행복이라는 물질은 물 흐름의 법칙 속에서 탄생한다.

인생은 여행을 떠나는 것과 비슷하다. 물이라는 물질은 고여 있는 것이 아닌 흐름의 성질을 가지고 있다. 인간의 생리는 유동성이 있는 물질이다. 생체 생리적으로 생각을 하면서 움직이고자 하는 요구를 가지고 있다. 그래서 미지의 세계를 동경하며 그곳으로 향하고 싶어 하는 본능이 있다. 그리고 그곳에서 새로운 것을 보고 자기 모습을 새롭게 포장하려고 한다.

미지의 세계를 떠나기에 앞서 사람들은 모든 것을 계획하지만 때로는 길을 잘못들 수도 있고, 다른 길로 가서 지도에도 없는 곳에서 예상치 못했던 일을 겪기도 한다. 그때는 순간적으로 정신을 잃을 수가 있겠지만, 나중에는 중간에서 항로 수정이라는 것을 하게 된다.

항로 수정이란 생활에 있어 후회를 의미하는 것이고, 삶에서 실수를 통한 후회는 한두 번이 아닌 여러 번을 반복하면서 자기 자신이 한 단계 성숙해가는 과정을 보여주게 된다.

물 흐름은 자연이 창조한 공간 공학의 법칙에 속해 있다. 인간의 인위적인 능력으로는 물 흐름을 막을 수 없다. 다만, 작은 양을 잠시 동안 고이게 할뿐이다. 물 흐름의 길 속에는 앞에 장애물이 있으면 부딪치거나 조금 돌아갈 뿐이지 물길을 원천적으로 막지는 못한다.

생명이 존재하는 인격체의 운명 또한 이와 같다고 생각한다.

사람으로 태어나서 삶을 영위하고자 할 때 살아가면서 장애물과 시련은 다소 있을지언정 그 사람의 내부에서 흐르고 있는 역량과 능력은 고여 있는 것이 아닌 외부로부터 표출되어 흘러가게 되는 과정을 만든다.

삶에서 자기 안에 있는 역량과 능력을 찾고자 하는 자는 물 흐름의 법칙을 익혀야 할 것이다.

아침 명상

명상(meditation 瞑想)

마음을 자연스럽게 안으로 몰입시켜 자아 내면의 수행을 위한 정신집중을 하는 행위.

명상법 개요

명상은 한 번에 한 가지 생각을 하고 그 생각의 형태로 되어 가는, 하나의 생각하는 기술이다. 생각한다는 것은 하나의 차원이지만, 명상에서 필요한 것은 생각을 경험하는 것이다. 그것은 또한 자아를 완전하게 알아 가는 과정이기도 하다. 그러므로 명상을 간단히 정의하면, 평화로운 마음과 긍정적인 생각을 올바르게 사용할 수 있도록 도움을 주는 기법이라고 할 수 있다.

아침 명상(朝光明想 Sun shine Meditation)

필자는 기존에 이용되고 있는 명상(瞑想) 기법에서 새로운 명상(明想) 기법을 활용하여 색다른 논리를 전개하고자 한다.

아침 명상법 개요

자연 속에 놓인 빛[光]과 사물[自然物]의 기능들을 시각(vision)을 통하여 자연스럽게 자신 표면으로 몰입시켜 자아 내면의 의식을 확립하고 정신을 집중시켜 바른 의식(意識)을 표출시키도록 도움을 주는 행위.

시각(vision) 기법을 전개해 보면 사람들은 시각을 통해 외부환경에 배열된 물체의 양상을 정적으로 또는 동적으로 감지하기도 하고 물체의 명도, 크기, 형태, 색상 등을 구분하기도 한다. 이와 같은 시각 환경을 인식하게 됨은 광원으로부터 눈에 들어온 자극원이 각막, 안방수, 수정체 및 초자체를 거치는 동안 각 부위의 굴절률에 의해서 일정한 비율로 굴절된다.

망막 위에 비쳐진 빛은 시각의 수용기인 망막(retina)에 있는 원추체와 간상체의 시각 물질에 화학적 변화를 일으켜 시신경의 흥분을 유발시킨다.

시신경의 흥분은 전도로를 거쳐 대뇌피질의 시각 영역에 전달되며 대뇌로 하여금 양쪽 눈에 맺혀진 영상을 분석하게 함으로써 물체를 인식하게 한다.

그러므로 아침 명상 기법은 자연 속에 있는 사물의 변화를 관상술(觀像術)의 기법을 통해 시신경계로 전달시켜 주는 조화(造化)의 과정이라고 말할 수 있다.

아침 명상 수련 과정

명상 수련 장소는 밀폐된 공간보다는 자연 숲 속에서 실행하는 것을 원칙으로 한다. 그리고 명상을 할 때는 나의 참된 본질에 관한 생각에서부터 시작한다.

영혼과 영혼의 품성들에 대한 생각으로 마음을 채운다. 처음에는 생각의 속도가 빨라도 생각들이 올바른 방향으로 움직이고 있기만 하면 별다른 문제는 없다. 그러나 생각이 여기저기를 방황하면, 자신에 대한 평화스러운 생각 안으로 다시 부드럽게 불러들인다. 평화에 대한 생각들을 실제로 체험하기 시작하면, 생각은 점점 느려지고 곧 그 의미를 맛볼 수 있게 된다.

아침 명상 집중력 수련을 위한 10가지 기법

① 자연 속에 놓인 공간 환경과 수련자의 취향이 일치했을 때

② 매일 같은 장소에서 같은 시간에 규칙적으로 수련한다.

③ 자세는 무리하지 않는 상태에서 등을 바르게 펴고 앉는다.

④ 때와 장소에 따라서 수련 자세를 현장과 일체화한다.

⑤ 눈을 뜬 자세로 정면에 놓인 사물을 관찰하면서 집중한다.

⑥ 자연 속에 있는 물소리, 새소리 등을 집중의 매개체로 활용하라.

⑦ 정면에 놓인 사물들의 움직임에 따라서 인식할 것과 기억할 것을 분류해서 자신 내면으로 받아들인다.

⑧ 동식물들의 움직임을 바라보면서 감성 기법을 익히는 습관을 기른다.

⑨ 가족이나 부부가 함께 평화, 사랑, 신뢰 회복을 위한 수련 공간을 만든다.

⑩ 명상 수련 후에는 수 분간 앉아서 평화와 정적만의 귀중한 시간을 즐겨본다.

자연과 일체화하는 휴선 명상 기법을 깨닫다

아침 명상 관상술 체험을 위한 캐나디안 로키산맥공원 대자연의 공간

으로 들어가 본다. 캐나다는 웅장하게 솟은 산맥과 아름다운 호수를 가진 나라이다. 아메리카 대륙의 줄기를 형성하는 로키산맥 중 캐나다에 해당되는 부분을 일컬어 캐나디안 로키라고 부른다. 이 캐나디안 로키는 세계적으로 그 풍광이 뛰어나기로 잘 알려져 있다.

캐나다의 로키산맥은 선캄브리아와 백악기 사이에 형성된 지형으로 편암, 백운암, 사암, 석회암 등으로 구성되어 있다. 산지 지역, 아고산대 지역, 고산지대로 구분 가능한데 각 지대마다 독특한 식생이 나타난다.

필자는 로키산맥의 대자연 앞에서 완전히 압도되었다. 캐나디안 로키의 역사를 살펴본 후에는 나 자신이 너무나도 작게 보였는데, 마치 들판에서 기생하는 풀잎 같다는 생각이 들었다.

그 순간 자아의 내면으로 신선한 의식이 다가왔다. 아침 명상의 필요성과 수련 과정들이 부분별로 요약정리가 되었다.

그동안 산속 생활 30년이라는 세월 속에서도 깨달음을 얻지 못한 숙제였다.

그런데 대자연이 명상에게 관상술 기법을 선물과 동시에 과제를 주었다고 생각한다. 앞으로 아침 명상을 위한 관상술 기법을 잘 다듬고 정리해서 타인들에게 지식 기부의 기회를 가져보고자 한다.

보우 강 폭포에서 울림 명상을 수련하다

캐나다 플레이스 동쪽의 보우 강과 보우 폭포는 마릴린 먼로 주연의 영화 〈돌아오지 않는 강〉이 촬영됐던 곳이다.

보우 폭포는 나이아가라 폭포만큼 웅장하거나 규모가 큰 것은 아니다.

그러나 필자에게 다가온 특색은 흥분한 감정을 포옹하는 듯한 스릴감을 느끼게 했다. 마치 쾌락과 분노가 합성되어 고뇌가 담긴 몸부림을 치는 듯했다.

삶의 과정에서 쾌락도 분노도 하얀 물거품에 불과하다. 그러므로 순간 순간 자아 내면으로 다가오는 감정들을 물거품으로 전환해서 유유하게 흘려보내야 마음으로부터 평화를 찾는 기회가 될 것이다.

폭포에서 울림 명상을 할 때에는 폭포를 향하여 내면에 담겨 있던 비움의 물질들을 단계별로 도출시키면서 반면에 새롭게 담아야 할 물질들을 단계별로 담고자 하는 수련을 반복해야 좋은 효과를 볼 수가 있다.

보우 호수에서 거울 명상을 수련하다

보우 강을 따라 북쪽으로 가면 강 상류에 보우 호수가 있다. 크로풋 빙하가 녹아 흘러들어 간 물에 의해 생긴 것이다.

호수에는 40㎢ 빙원으로 향한 5개의 빙하 중 하나인 보우 빙하를 볼 수 있다.

크로풋 빙하의 풍경이 보이는 보우 호숫가 곁에 명상을 위한 자세를 취해본다. 보우 호수는 거울 같았고, 그 거울 속에는 산과 빙하와 나무, 그리고 나 자신의 모습을 비추고 있었다. 이 순간 마음은 평화로움 그 자체였다.

보우 호수는 사람의 마음으로 하여금 평화로움이 무엇이라는 것을 자연스럽게 가르쳐주는 것 같았다.

그 때문에 앉아서 평화를 경험하는 것과 그것을 활용하여 실제로 인생을 변화시키는 것은 전혀 별개의 일이다. 의식과 행동 사이에는 커다란 차이가 있음을 대자연을 통해서 자각하게 되었다.

명상하는 시간 동안에는 맑은 생각들이 자연스럽게 뇌리를 스치면서 신선한 영감들이 샘솟는 듯했다.

에메랄드 호수에서 색 조화술 명상을 수련하다

이름 그대로 매우 아름다운 에메랄드 호수는 요호의 가장 큰 호수로 필드 가까운 곳에 있다. 요호는 인디언들이 사용하던 말로서 '굉장한 곳'이라는 뜻을 가지고 있다. 개발이라는 인간의 손길이 미치지 않은 순수한 자연의 신비와 아름다움을 간직한 자연공원으로 유명한 곳이다. 만년 빙하가 녹아서 흘러내리는 낙차 400m의 타카카우 폭포는 엄청난 굉음으로 유명하며, 빙하가 녹은 물로 형성된 에메랄드 호수와 오하라 호수가 있다.

오하라 호수는 다양한 생태계와 눈부신 산의 경치와 하이킹 트레일이 있어 탐험을 좋아하는 사람들에게 좋은 장소이기도 하다.

호숫물의 색상이 마음의 감성을 움직였다. 그래서 순간 수영을 하고 싶은 충동이 들었으나 수영복이 없어서 수영을 못해 본 것이 아쉬움으로 남는다. 그래서 나는 호숫가에서 족욕 체험을 하는 것으로 만족했다.

호숫가에 명상을 위한 자세로 편하게 자리를 잡았다. 에메랄드 색상의 호숫물은 나 자신에게 무엇인가를 전하고 싶어 하는 듯했다. 나는 물속으로 좀 더 가까이 다가가서 얼굴을 씻으며 피부와 소통의 시간을 가져 보았다.

자연 에너지와의 소통은 인간으로서 생명의 존재 가치를 깨닫게 해주는 순간이었다.

호숫물의 색상은 에메랄드 색상이다. 인간에게 다가온 에메랄드 색의 원리는 물에 떠 있는 광물질 입자와 빛의 분산이라는 조화술에 의한 것이라고 필자는 생각한다.

그렇다면 인간들도 자연에 한 조각이므로 상호 간에 조화술을 통한 에메랄드색상 같은 보석을 만들 수가 있을 것이다.

이 자리에서 명상 수련 시간이 짧은 것이 매우 아쉬웠다.

밴프에서 동물 명상을 수련하다

캐나디안 로키산맥공원에는 캐나다의 큰 동물들 중 몇 종류가 서식하고 있는데, 거기에는 큰뿔양, 산염소, 고라니, 순록, 사슴, 그리고 곰 등이 있다.

또한, 캐나다의 고유 동물인 비버는 밴프국립공원 버밀리언 호수와 같이 로키의 낮고 습한 지역에서 서식하고 있다.

동식물을 통한 자연 명상법

자연과 일체화하는 행위라는 말을 이곳에서 실감 나게 체험했다. 이곳에서 살고 있는 동물들은 사람이나 차량을 무서워하지도 않고 순간적으로 도망가려고도 하지 않는다. 물론 동물들은 야생이다.

자연 천국에서 '생명의 존엄성이 무엇'이라는 깨달음을 주는 대목이다. 이성적인 존재와 비이성적인 동물과의 상생과 신뢰감 형성을 쌓는 일은, 어쩌면 우리네 인간들이 원초적으로 실행해야 할 일이라고 생각한다.

또한, 일상생활에서 배려와 상생의 정신으로 실천하면서 살아가는 일이야말로 인간이 선행적으로 명상을 해야 할 이유라고 생각한다.

참고문헌

장재윤(2007) 창의성의 심리학, 가산출판사
이동운(2010) 인생 후반전 이렇게 설계하라, (주)홍익출판사
정만호(2007) 신념의 마력, 일호프러스
청년제테크를 연구하는 모임(2004), 청년재테크, 넥서스북

2012년 9월 3일 1판 1쇄 인 쇄
2012년 9월 7일 1판 1쇄 발 행

저 자 | 조 명 상
펴 낸 이 | 박 정 태
펴 낸 곳 | **북 스 타**
등 록 | 2006. 9. 8. 제 313-2006-000198호
주 소 | 경기도 파주시 문발동 500-8
파주출판문화도시 광문각빌딩 4층
전 화 | 031-955-8787
팩 스 | 031-955-3730
e-mail | kwangmk@unitel.co.kr
홈페이지 | www.kwangmoonkag.co.kr

• ISBN : 978-89-97383-05-4 03040
• 값 : 12,000원